어메이징
세계사

어메이징 세계사

초판 1쇄 발행 2012년 10월 10일 ＼**초판 4쇄 발행** 2016년 12월 1일
지은이 도현신 ＼**펴낸이** 이영선 ＼**편집이사** 강영선 ＼**주간** 김선정
편집장 김문정 ＼**편집** 임경훈 김종훈 하선정 유선 ＼**디자인** 정경아
마케팅 김일신 이호석 김연수 ＼**관리** 박정래 손미경 김동욱

펴낸곳 서해문집 ＼**출판등록** 1989년 3월 16일(제406-2005-000047호)
주소 경기도 파주시 광인사길 217(파주출판도시) ＼**전화** (031)955-7470 ＼**팩스** (031)955-7469
홈페이지 www.booksea.co.kr ＼**이메일** shmj21@hanmail.net

도현신 © 2012
ISBN 978-89-7483-538-5 43900
값 11,900원

이 도서의 국립중앙도서관 출판시도서목록(CIP)은 e-CIP 홈페이지(http://www.nl.go.kr/ecip)에서
이용하실 수 있습니다.(CIP제어번호: CIP2012004362)

▶상식을 뒤집고　▶오류를 바로잡고　▶진실을 파고드는

어메이징
세계사

도현신 지음

서해문집

역사, 좋아하십니까?

지금 이 책을 배우고 있는 청소년, 그리고 우리나라에서 중고등학교를 다닌 성인들 중 이 질문에 쉽게 "그렇다."라고 대답하는 사람은 많지 않을 것이다.

그것은 사실 입시 위주의 우리 교육 시스템 탓이 크다. 시험을 치르고 그에 따라 점수를 매겨야 했기 때문에 청소년 시기 학교 역사 수업은 전체적인 역사 흐름을 조망할 수 있는 내용보다는 연대표나 중요한 사건들의 암기가 많을 수밖에 없었다.

《어메이징 한국사》《어메이징 세계사》두 권의 책은 청소년 시기 역사 수업, 역사 교과서의 부족했던 부분을 채워 주고, 역사로 더 깊이 들어갈 수 있는 계기를 만들어 주기 위해 쓰게 된 책이다. 구체적으로, 교과서가 한정된 지면 때문에 일부분만 소개한 역사적 사건 중 꼭 알아야 하고 흥미를 끌 만한 것들을 찾아내 그 내용에 깊이를 더하고 풍부한 주변 이야기들을 덧붙였다. 또한 강대국의 시선으로 보고 서구의 입장에서 해석했던 내용들을 다시 끄집어내 균형된 시각으로 다시 풀어냈으며, 우연한 계기에 의해 잘못 알려진 역사적 지식을, 사실과 상식적 논리에 입각하여 바로잡았다. 그리고 일반에게 잘 알려지지 않은 역사적 사실 중 특히 지금 시기에 의미를 줄 만한 것들을 찾아서 소개했다. 전체적으로 교양 역사서의 모습을 띠면서도 실제 청소년들의 역사 교과와도 긍정적인 상호작용을 할 수 있도록 힘을 기울였다.

우리나라는 지정학적으로 강대국들에 둘러싸여 있고, 활발한 무역과 해외교류를 통해야만 국가경제가 유지되는 상황에 있다. 또한 남과 북의 통일이라는 의미 있는 세계사적 사건을 준비해야 한다. 따라서 우리와 세계의 역사적 흐름을 이해하고 그것을 통찰하는 능력이 있어야만 시시각각 변하는 국제정세 속에서 우리의 목소리를 내고 우리의 미래를 우리 힘으로 결정할 수 있다.

그 시작은 바로 역사에 흥미를 갖는 것에서부터 출발한다. 소중한 초석을 쌓는 일에 《어메이징 한국사》《어메이징 세계사》가 작은 보탬이 된다면 더 바랄 것이 없다. 마지막으로 이 책을 쓰는 데 도움을 주신 많은 분들께 감사드린다. 특히 영화 〈300〉에 대한 이란인 교수의 비판을 힘들게 번역하고 그 내용의 인용을 허락해 주신, 다음 '토탈워 카페'의 KWEASSA님께 감사의 말씀을 전한다.

2012년 9월,
저자 도현신

1

플라톤이 말한 '아틀란티스'는 어디에 있었을까?

고대 역사에 대해 잘 모르는 사람이라도 '아틀란 티스'에 대해서 한 번쯤은 들어 보았을 것이다. 그만큼 아틀란티스는 수천 년 전부터 지 금까지 전 세계의 문학, 미술, 영화, 만 화, 드라마, 소설, 게임 등 대중문화 전반에 걸쳐 그 소재로 무수히 다루어져 왔다.

예를 들면 1990년대 국내에서도 TV로 방영된 애니메이션 〈이상한 나디아〉에서 악당 가고일이 속한 조직은 새로운 아틀란티스란 뜻의 '네오 아 틀란티스'였다. 1998년 방영된 일본 애니메이션 〈에스카플로네〉에서 행성 가이아의 왕국들은 아 틀란티스의 힘을 찾기 위해 싸운다. 미국의 영화 사 디즈니는 2001년과 2003년, 아틀란티스를 다 룬 애니메이션 두 편을 잇달아 내놓기도 했다. 간 단히 예를 든 것만도 이 정도니, 아틀란티스를 주 제로 한 문화예술 작품들을 모두 나열한다면 그 야말로 셀 수 없을 지경이 될 것이다.

아틀란티스의
출처는 어디인가?

우리에게 아틀란티스는 익숙하지만, 그리스 신화를 다룬 〈일리아드〉
나 〈오디세이아〉 같은 서사시에서는 물론이고, 로마 시대와 중세 유
럽의 어느 역사서에서도 그 이름은 찾아볼 수 없다. 그렇다면 우리가
아는 아틀란티스에 대한 지식은 대체 어느 문헌에서 나온 것일까?

그 해답은 의외로 간단하다. 기원전 360년, 그리스 아테네의 철학
자인 플라톤이 제자들과 나눈 대화를 기록한 자료인 〈티마에우스
Timaeus〉와 〈크리티아스Critias〉에서 아틀란티스가 거론된다.

〈티마에우스〉와 〈크리티아스〉에 언급된 아틀란티스에 관한 내용
은 다음과 같다. 플라톤이 살았던 시대로부터 9000년 전, 헤라클레스
의 기둥 너머의 바다 한복판에 리비아와 아시아(터키의 소아시아 반도)
를 합친 것만큼 거대한 섬이 있었다. 그 섬은 바다의 신 포세이돈의
아들인 아틀라스Atlas가 다스리는 나라였는데, 그의 이름을 따서 아틀
란티스Atlantis라고 불렀다.

아틀란티스는 아틀라스를 포함한 그의 형제 10명이 공동으로 왕이
되어 다스렸는데, 섬에 세워진 건물들은 세 가지 색깔의 대리석(붉고
하얗고 검은)으로 만들어졌으며, 그 위에 신비의 금속인 오리하르콘
Orichalcum과 주석 및 금과 은으로 장식을 했다.

이렇게 부강한 나라인 아틀란티스는 코끼리와 전차가 포함된 백만
대군을 양성했고, 해외로 손을 뻗어 리비아와 이집트에 이어 유럽 대

1669년 그려진 아틀란티스의 지도. 아프리카와 아메리카 대륙 사이에 있는 것으로 설정되었다.

류의 대부분을 점령하고 수많은 민족을 노예로 부렸다.

그런 아틀란티스는 마지막으로 대군을 보내 아테네마저 정복하려 했었다. 하지만 아틀란티스의 군대가 아테네에 발을 디디기도 전에, 아틀란티스는 갑자기 일어난 어마어마한 지진과 화산 폭발로 인해 단 하루 만에 바다 밑으로 가라앉았고, 섬에 살던 사람들도 모두 바다에 빠져 죽고 말았다. 이것이 우리가 아는 아틀란티스 이야기의 전부이다.

플라톤은 아틀란티스가 천재지변으로 멸망한 원인을 신들의 분노를 샀기 때문이라고 주장했다. 그들은 광활한 영토에서 생산되는 풍부한 식량과 금은보화를 가졌음에도 불구하고 만족하지 못했다. 다른 나라를 무자비하게 침략하여 노예로 삼은 그들의 잔인함과 탐욕이 포세이돈을 비롯한 신들의 진노를 불러일으켰고, 마침내 사악한 아틀란티스인들에게 심판을 내렸다는 것이다.

이러한 플라톤의 주장은, 같은 시대를 살던 아리스토텔레스 같은 철학자들도 아테네를 돋보이게 하려는 애국주의적인 발상이라며 믿지 않았다. 아틀란티스가 다른 나라들을 정복했을 때는 가만히 있던 신들이 아테네가 공격당하려 하자 갑자기 심판을 내렸다는 얘기가 영 납득이 가지 않았기 때문이다.

어찌됐든 아틀란티스에 관한 내용은 플라톤의 두 대화집에서 다루어졌고, 그 외의 역사서나 사료에서는 다루어지지 않았다.

하지만 플라톤이 아틀란티스를 허무맹랑하게 꾸며낸 것 같지는 않다. 그는 아틀란티스의 전설에 관한 출처를 밝히기를, 자신보다 오래전에 산 그리스의 현자 솔론이 이집트의 수도인 사이스에 갔을 때, 그곳의 사제에게서 들었다는 형식으로 말하고 있으니 말이다.

2000년 서구인들의 이상향

〈티마에우스〉와 〈크리티아스〉에서 비롯된 아틀란티스는 그로부터 2400년 동안 서구인을 비롯한 전 세계인의 마음을 매혹시켰다. 고대 그리스의 지리학자인 스트라보Strabo와 포시도니우스Posidonius는 플라톤의 말대로 아틀란티스가 실제로 지브롤터 해협 너머의 대서양에 존재했다고 믿었다. 서기 4세기의 로마 역사가 암미아누스 마르켈루스 Ammianus Marcellinus는, 갈리아에 살던 켈트족의 드루이드(사제)로부터, '원래 켈트족들은 아득한 옛날, 먼 서쪽 바다의 섬(아틀란티스?)에서 살았는데 섬이 지진으로 가라앉는 바람에 대부분의 사람들이 죽었고 일부만 살아남아 갈리아로 도망쳐 왔다'는 이야기를 들었다고 기록했다.

미국의 인기 만화 시리즈인 〈코난 사가〉. 1982년, 아놀드 슈왈제네거에 의해 영화화 되었다.

훗날 미국의 SF 작가 로버트 앨빈 하워드Robert Alvin Howard는 암미아누스가 남긴 자료를 바탕으로 아틀란티스의 생존자로 설정된 키메르족(켈트족) 전사 코난이 펼치는 모험 활극인 판타지 소설 《코난The Conan Saga》을 집필했다.

그런가 하면 계몽주의 시대의 작가 프란시스 베이컨Francis Bacon은 1627년에 쓴 수필에서 아틀란티스가 미국 동부 펜실베이니아 주의 벤살렘Bensalem이라고 주장했다. 아이작 뉴턴은 1728년, 아틀란티스의 신화와 고대 왕국의 연대기를 밝히는 작업에 몰두하여 그 결과물을 논문으로 발표했다.

오늘날 대서양이 영어로 아틀란틱Atlantic이라고 표기되는 이유도 아틀란티스가 헤라클레스의 기둥이라고 알려진 지브롤터 해협 너머의 바다에 있었다는 플라톤의 이론에 근거한 것이다.

아틀란티스의 위치는
어디였을까?

그렇다면 아틀란티스는 과연 대서양 한복판에 떠 있는 커다란 섬이었을까? 그렇게 생각한 수많은 고고학자와 지질학자들이 19세기와 20세기에 걸쳐 대서양 밑바닥의 지층을 여러 차례에 걸쳐 탐사했으나 결과는 참담했다. 대서양의 어떠한 지층에서도 리비아와 터키를 합친 것만큼 큰 섬이 가라앉은 흔적을 찾을 수 없었다.

　더욱이 알프레트 베게너가 주창한 대륙 이동설이 나오면서 아틀란

1882년 그려진 아틀란티스. 19세기 말인 당시까지도 아틀란티스는 대서양 한복판에 있었다고 여겨졌다.

티스의 전설은 엉터리라는 조롱을 받았다. 바다 위에 떠 있는 지층은 1년에 3~4센티미터 정도밖에 움직이지 않는데, 어떻게 하루 만에 몽땅 바다 밑으로 침몰할 수 있단 말인가?

그러나 아틀란티스를 찾으려는 사람들의 노력은 여기에서 그치지 않았다. 먼저 아틀란티스가 헤라클레스의 기둥 너머에 있는 섬이라는 사실에 초점을 맞추어 북대서양의 중심부에 위치한 현재의 포르투갈 영토인 아조레스 제도가 아틀란티스라는 주장이 제기되었다.

특히 아조레스 제도는 지금도 화산활동이 활발하게 일어나고 있으며, 기원전 5세기경에 페니키아 상인들이 섬을 발견하여 정착해 산 곳이다. 페니키아는 시리아와 레바논을 근거지로 활동하던 민족으로, 전 지중해를 누비며 활발한 해상무역을 통해 막대한 부를 축적했다. 훗날 로마와 120년 동안 포에니 전쟁을 벌인 카르타고도 페니키아인들이 세운 식민지이다. 이들은 이집트의 파라오 네코Necho의 명령을 받아 기원전 430년에 아프리카 대륙을 배를 타고 일주하는 대항해를 무사히 마쳤을 만큼 뛰어난 뱃사람들이었다.

즉, 아조레스 제도에 있던 페니키아인들의 거주지가 어느 날 갑자기 일어난 화산 폭발로 멸망하고 간신히 살아남은 생존자들이 그들의 고국 페니키아가 있는 동쪽 지중해로 도망쳐 자신들이 겪은 이야기를 말한 것이 아틀란티스 전설의 토대가 되었으리라는 이론이다. 실제로 1749년, 포르투갈 탐험대는 아조레스 제도에서 페니키아인들이 믿던 달의 여신인 아스타르테의 신상과 그들이 사용한 화폐를 발견했다.

아틀란티스는 크레타 섬의
미노아 문명?

하지만 플라톤의 말을 획기적으로 해석해, 아틀란티스의 위치와 사회적인 성격을 상세하게 설명하는 이론이 1990년대 말부터 등장했다. 아틀란티스는 대서양 너머에 있지도 않으며, 존재했던 지점도 아테네에서 가까운 크레타 섬이라는 것이다.

이러한 주장에 따르면, 우선 플라톤은 아틀란티스의 존재 기간을 잘못 말했다는 것이다. 기원전 360년에서 9000년 전이라면 아테네는 고사하고 그리스나, 심지어 이집트마저도 존재하지 않았던 시기이다. 그러나 9000년에서 숫자 '0'을 하나 뺀다면 900년이 되고, 플라톤의 시대로부터 그 정도 세월을 거슬러 올라가면 그가 말한 아틀란티스의 모든 조건에 딱 들어맞는 지역이 있는데, 그것은 바로 크레타 섬을 중심으로 활동했던 미노아 문명이다.

그리스인들이 아직 원시적인 수준에 머물러 있던 시절, 크레타인들은 강력한 해군을 양성하여 에게 해를 비롯한 동부 지중해의 수많은 섬들을 정복하면서 세력을 넓혀 갔다.

크레타의 국력은 소머리 괴물 미노타우로스로 유명한 미노스 대왕 시절에 최고조에 달했는데, 아테네를 비롯한 그리스의 모든 도시국가들이 공물을 바치고 그들의 속국임을 맹세해야 했을 정도였다.

번영을 거듭하던 크레타는 기원전 13세기 무렵, 갑자기 발생한 대규모 화산 폭발과 지진으로 인해 치명적인 타격을 입는다. 그리고 평소에 억눌러 왔던 그리스 도시들이 그 틈을 노려 대규모 침략을 감행하는 바람에 멸망하고 말았다.

이런 크레타의 특성은 플라톤이 설명한 아틀란티스와 많은 부분이 맞아떨어진다. 실제 역사에서도 크레타는 아테네를 비롯한 많은 그리스 도시들을 복속시키고 위협했으며, 소아시아와 이집트를 대상으로 해상무역을 벌이면서 동부 지중해에서 막강한 영향력을 행사했다. 거기에 화산 폭발과 지진으로 나라가 망할 정도로 피해를 입었다는 부분은 크레타와 아틀란티스 모두 비슷하다.

그러나 크레타가 곧 아틀란티스였다는 이론에는 몇 가지 문제점이 있다. 크레타는 그리스 본토보다 더 작은 섬인데, 리비아와 소아시아를 합친 것만큼 거대한 영토였다는 아틀란티스와는 어떻게 동일시될 수 있는가? 게다가 크레타가 아테네와 대립하다 멸망한 역사는 이미 많은 그리스인들도 알고 있었을 텐데, 직접적으로 크레타라고 말하면 될 것을 왜 아틀란티스라는 이상한 이름을 써 가며 우회적으로 표현했겠는가?

아틀란티스에 관한 이야기와 해석들은 일일이 거론하자면 책 몇 권을 써야 할 정도로 많다. 그리고 앞으로도 아틀란티스의 수수께끼를 파헤치려는 사람들은 계속 나올 것이다. 어쩌면 인류가 존재하는 한, 아틀란티스를 주제로 한 예술 작품과 의문점들은 계속될지도 모른다.

2

야만과
문명을 보는
눈,
영화 〈300〉과
페르시아
전쟁

2007년 미국에서 제작된 영화 〈300〉은 뛰어난 액션과 박진감 넘치는 스토리를 갖추고 영웅적인 주인공들의 활약을 그려 전 세계적인 흥행돌풍을 일으켰다. 영화 제목인 〈300〉은 글자 그대로 서기 480년, 테르모필라이 전투에서 그리스를 정복하려던 페르시아 제국의 대군과 용감히 맞서 싸운 스파르타 전사들의 숫자인 300명을 뜻한다. 제목에서부터 벌써 강렬한 느낌이 물씬 풍겨져 나온다.

프랭크 밀런 원작의 만화 〈300〉을 각색한 이 영화 〈300〉은 한국에서도 인터넷이나 TV 개그 프로에서 큰 인기를 불러일으키는 등 대중적인 관심을 끌었지만 다른 한편으로는 이 영화의 성격을 두고 논쟁이 벌어지기도 했다. 미국을 스파르타에 비유하고 미국의 가상 적국인 이란을 고대 페르시아와 일치시켜 미국 우월주의를 나타냈다든지, 인종차별을 은유적으로 표현했다든지 하는 부분에서 말이다. 심지어 일부에서는 테르모필라이 전투가 실제로 존재했느냐는 근본적인 의문까지 제기하고 나섰다.

스파르타인들은
벌거벗고 싸우지 않았다

영화 〈300〉은 많은 부분에서 허구와 진실을 포함하고 있는데, 우선 작품의 기둥 줄거리를 이루는 스파르타에 관한 부분을 들춰 보기로 한다.

영화 본편에서 스파르타 전사들은 투구와 방패를 착용하고 망토와 장화, 그리고 가죽 팬티를 걸쳤지만 그 외의 나머지 부분은 모두 벌거 벗은 모습으로 나온다. 하지만 이는 사실과 다르다. 페르시아가 그리스를 침공할 당시인 기원전 5세기 무렵의 모든 그리스인 중장보병(호플라이트)들은 청동으로 만들어진 흉갑과 정강이 보호대를 착용했다. 페르시아 전쟁 이후, 무장이 다소 가벼워지기는 하지만 그래도 직물을 겹쳐 만든 갑옷을 입었으며 결코 상의를 모두 벗고서 싸우는 일은 없었다.

스파르타 보병들을 새긴 고대 그리스 부조.

그리스 도자기에 새겨진 중장보병. 투구와 방패뿐 아니라 갑옷과 정강이 보호대도 갖추어 입었다.

아테네인들도
비겁하지 않았다

〈300〉에서 그리스를 침공하는 페르시아 군대의 수는 명확하게 묘사되지 않지만, 레오니다스 왕을 영접하던 페르시아 사신이 "크세르크세스 황제의 군대는 너무나 그 수가 많아 군대가 행군하면 일어나는 먼지가 하늘을 가리고, 병사들이 물을 마시면 강물이 말라 버린다."라고 말하는 장면이 나온다. 이런 묘사는 고대 그리스의 역사가인 헤로도토스의 저서 《역사》에 묘사된 페르시아군이 그리스를 지나가면서 생긴 일화들을 스크린에 그대로 옮겨 놓은 것이다. 《역사》에서 페르시아 침공군은 그 수가 170만 명에 달한다고 하지만, 오늘날 많은 역사가들은 5만에서 10만, 많아야 20만 명 정도로 추측하고 있다. 통신과 보급 시설이 발달하지 않은 고대에 100만이 넘는 대군이 한꺼번에 움직이는 것은 거의 불가능하다는 이유에서이다.

항복을 권유하는 페르시아 사신의 말에 레오니다스 왕은 "철학자와 동성연애자(게이)들의 나라인 아테네도 싸우기로 했다는데, 우리가 어떻게 항복한단 말인가?" 하고 거부한다. 그 말에는 '평상시에도 혹독한 군사 훈련을 받는 용감한 스파르타에 비해, 헛된 몽상(철학)이나 하며 동성애나 일삼는 나약한 아테네인들'이라는 뉘앙스가 담겨있다.

혹독한 군국주의 국가였던 스파르타에 비해 자유로운 분위기의 아테네에서 철학과 동성애가 흔했던 것은 사실이다. 그러나 아테네인들은 결코 겁쟁이가 아니었다. 그리스에 남은 페르시아군에게 최후의 결정타를 날린 플라타이아 전투에서 페르시아 군대의 요새를 함락시켰던 장본인은 스파르타인들이 아닌 아테네인들로 구성된 보병 부대였다. 헤로도토스는 《역사》에서 당시 요새 공략 전술을 구사할 수 있었던 유일한 병사들은 아테네인들밖에 없었다고 기록하고 있다.

덧붙여 남성들 간의 동성애는 아테네인뿐만 아니라 스파르타인들도 즐겨 하던 일이었다. 사실 엄밀히 따지자면 당시 모든 그리스인들이 남성 간 동성애를 생활 속의 익숙한 일로 여기고 있었다.

영화 속에서 지나치게 과장하긴 했지만, 스파르타인들이 용감했던 것은 엄연한 사실이다. 테르모필라이 전투를 다룬 《역사》를 보면 페르시아 군대의 최정예 부대인 1만 명의 불사대조차 스파르타인들의 방어진을 뚫지 못하고 번번이 밀려나는 바람에, 후방에서 그 모습을 지켜보고 있던 크세르크세스 황제가 안타까운 마음에 세 번이나 의자에서 벌떡 일어났다고 한다. 테르모필라이에서 용맹을 인정받은 스파르타인들은 그 후 페르시아에 맞서 독립 전쟁을 벌인 이집트로 불려가 고액의 연봉을 받으며 용병 생활을 하기도 했다. 또 국왕 아기스 2세의 지휘 아래 페르시아의 영토인 소아시아 깊숙이 원정을 감행하기도 했다.

페르시아인들은
흑인이 아닌 백인들이었다!

많은 사람들이 〈300〉에서 가장 문제 삼았던 부분이 바로 페르시아에 대한 묘사가 너무나 부정적이라는 점이다. 이는 원작 만화를 그린 작가의 지식 부족이라기보다는 오히려 서구인들이 가지는 전형적인 동방-아랍의 이미지가 반영된 것이라고 봐야 한다.

우선 영화 첫머리에서 등장한 페르시아 사신은 흑인으로 묘사되며 중반에 사람들이 들고 다니는 대형 가마에 탄 크세르크세스 황제는 팬티만 입은 채 벌거벗은 모습에다 피어싱을 한 괴물 같은 인물로 그려진다. 물론 이는 만화적 상상력이 빚어낸 왜곡이다. 실제로 고전 시대 페르시아인들은 결코 흑인의 모습이 아니었다. 오히려 북유럽계의 백인들과 더 닮았다.

이런 말을 하면 사람들이 좀처럼 믿지 않겠지만, 페르시아인들은 원래가 백인계 유목민인 아리안족에서 유래했다. 기원전 15세기 무렵, 중앙아시아에 거주하고 있던 아리안족은 서쪽으로 대이동을 했는데, 그들이 정착한 곳은 인도 북부와 페르시아, 그리고 유럽

1971년, 이란 북부 길란Gilan에서 촬영된 금발 머리와 녹색 눈의 이란 소녀. 겉으로 보아서는 북유럽의 백인과 차이가 없다.

이었다. 고대 인도의 언어인 산스크리트어가 오늘날 영어와 구조가 정확히 일치하며, 산스크리트어가 영어의 기원이라는 학설은 이미 학계에서 공인된 사실이다. 페르시아에도 아리안족의 흔적은 강하게 남았는데, 지금 이란의 동북부 지대에는 금발 머리와 붉은 머리, 그리고 푸른 눈을 가진 유럽인과 동일한 외모를 가진 사람들이 매우 많다.

이란인의 외모에 관련된 재미있는 에피소드가 하나 있는데, 미국의 대표적인 영화 배우인 척 노리스는 이란인 테러리스트가 나오는 영화 〈스트롱 맨The Hit Man〉을 촬영하기 위해 이란인 배우를 모집한다는 광고를 낸 적이 있었다. 그 광고를 보고 미국에 거주하는 이란계 사람들이 찾아왔는데, 그들을 본 척 노리스는 "이 백인 배우들은 대체 뭐야? 나는 이란 배우를 찾고 있지, 백인 배우를 찾는 게 아니야!" 하고 놀라워했다. 실제로 당시 영화 촬영장에 모인 이란인들은 미국인들의 눈에 자신들과 전혀 다를 바 없는 '백인들'의 모습이어서 영화 스태프들도 당황했다고 한다.

반면 그리스인들의 외모는 어떠했을까? 영화 속에서 등장하는 금발 머리와 푸른 눈을 가진 스파르타 병사는 미국인들의 상상으로 만들어진 이미지이다. 그리스의 수많은 도기에 새겨진 고전 시대 그리스인들의 모습에서 그러한 백인의 모습은 찾아보기 힘들다. 짙은 검은색 머리카락과 검은 수염, 그리고 갈색으로 그을린 피부를 가진 그리스인들이 절대다수였다. 오히려 당시 그리스인들은 포로로 잡힌 페르시아 병사들의 하얀 피부를 보고 그들이 너무 나약하다고 비웃을 정도였다.

크세르크세스 황제를 묘사한 그림. 결코 벌거벗은 모습
이 아니었다.

크세르크세스 황제의 모습도 영화와 전혀 달랐다. 그는 결코 벌거벗거나 몸에 피어싱을 하지 않았다. 만약 죽은 크세르크세스가 영화 〈300〉을 본다면 너무 놀라 기절하거나 아니면 부끄러워 눈을 가리고 볼 것이다. 페르시아인들에게 옷을 벗는 것은 대단히 수치스러운 금기였다. 페르시아 사회에서 중죄를 지은 범죄자들은 감옥에 수감되기 전에 옷을 강제로 찢기는 처벌을 받기도 했다. 실제로 크세르크세스 황제는 기하학적인 문양이 그려진 비단 옷을 입고 머리에 삼중관을 썼으며 곱슬거리는 머리카락에 수염을 길렀다.

임모탈은
닌자가 아니었다

또한 영화 중반에 등장하는 페르시아군의 정예 부대인 임모탈은 사실과 너무 다른 모습으로 그려 놓았다. 항상 1만 명의 정원을 유지하며 페르시아 황제의 친위 부대를 맡는 일명 '불사부대(임모탈)'가 존재했다는 것은 엄연한 역사적 사실이다.

하지만 영화에서 등장한 임모탈은 페르시아군의 모습이 전혀 아니다. 오히려 일본의 자객 집단인 닌자忍子의 모습에 더 가깝다. 진짜 페르시아군의 임모탈 병사들은 철로 된 가면을 쓰지도 않았고, 두 자루의 장검을 어깨에 차고 다니지도 않았으며, 검은 옷은 더더욱 입지 않았다.

오늘날 이란의 페르세폴리스 유적지에 남아 있는 임모탈 대원들의 모습은 곱슬머리에 화려한 문양이 그려진 로브(겉옷)를 입은 채, 창과 방패를 들고 화살통과 활을 찬 차림새이다. 영화 속에 나온 국적 불명의 임모탈과는 너무나 다르다.

영화의 종반부에 등장하는 플라타이아 전투에서 스파르타 병사는 "저 페르시아인들은 우리보다 세 배나 많지만 우리를 두려워하고 있

페르시아 황제들의 친위대인 임모탈 병사들의 모습을 새긴 페르세폴리스 유적의 부조. 오랜 세월에도 불구하고 매우 선명하게 남아 있다.

다. 그건 저들이 테르모필라이 전투에서 스파르타인들의 용맹을 맛보았기 때문이다."라고 일장 연설을 한다. 하지만 플라타이아 전투의 진실은 조금 다르다. 당시 스파르타와 함께 싸운 그리스 연합군의 수는 약 7만5000명이었고, 반면 페르시아군 측은 5만 명 수준이었다. 오히려 수적으로 그리스 쪽이 더 우세했다.

덧붙인다면, 그리스와 페르시아

간의 전쟁에 승패를 좌우한 결정적인 전투는 살라미스 해전이었다. 테르모필라이에서 스파르타군이 페르시아군을 맞아 시간을 버는 사이, 동맹국인 아테네는 시민들을 대피시키고 해군을 모아 전의를 가다듬었다. 그리고 테르모필라이에서 스파르타군을 힘들게 전멸시키고 남하하는 페르시아군과 그들의 병력을 수송하던 함대를 살라미스에서 격멸시켜 끝내 크세르크세스로 하여금 그리스 정복의 야욕을 접게 만들었다. 플라타이아 전투는 크세르크세스가 페르시아로 철수하면서 남기고 간 잔여 병력을 소탕하는 일에 불과했다.

영화에서 강조되는 주제는 '거대한 압제자 페르시아에 맞서 자유를 지키려는 영웅적인 스파르타 전사들'이다. 하지만 과연 페르시아가 폭압적인 제국이었는지에 대해서는 많은 역사학자들도 의문을 제기하고 있다. 당시 페르시아 제국은 중동에서 발생한 왕조들 중 대단히 관용적인 통치 체제를 가졌다. 자신들과 다른 신앙과 문화를 가진 민족도 페르시아 정부에 세금만 내면 계속 그대로 자신들의 풍습을 지킬 수 있도록 배려했다. 또한 전 왕조인 신바빌론에 의해 포로로 잡혀 온 유대인들을 다시 고향으로 되돌려 보내는 작업도 벌였다. 이로 인해 구약성경에서 페르시아 제국의 초대 황제인 키루스는 신이 보낸 구세주로 묘사되어 열렬한 칭송을 받았다.

반면 스파르타인들은 어떠했는가? 그들이 과연 자유를 지키는 용감한 투사라는 이미지에 들어맞는가, 하면 그렇지 않다. 스파르타의 사회구조는 대단히 억압적이고 가혹했다. 아이가 한 명 태어났을 때, 우선 의사가 검사해서 허약한 아이로 판명되면 가정에서 키울 수 없으니 산이나 들에 내다 버려야 했다. 그런 심사를 거쳐 살아남은 아이도 일곱 살이 되면 강제로 집을 떠나 병영에서 생활했다. 잠자고 밥 먹는 시간만 빼면 군사 훈련만 받으며, 그나마 주어지는 식사라고 해봐야 돼지의 피를 굳힌 선지와 계란을 섞어 만든 검은 색의 수프가 전부이다. 이렇게 스파르타인들이 먹는 식사인 '검은 죽'을 맛본 한 아테네인은 "아테네의 돼지가 먹는 사료도 이보다는 낫겠다!"라고 혹평했다.

30세가 되기 전까지는 결혼도 할 수 없었고, 결혼을 해도 아이를 낳기 전까지는 계속 병영에서 생활해야만 했다. 남자들만 그래야 했던 것이 아니었다. 여자들도 똑같이 창던지기 같은 군사 훈련을 의무적으로 받았다. 이처럼 스파르타는 완전한 군국주의 사회였다. 후세의 나치 독일이나 제국주의 일본보다 훨씬 심했다.

스파르타인 자신들도 이랬으니 그 사회에서 하층민이던 노예들의 처지는 더욱 열악했다. 스파르타 사회에서 노예인 헬로트들은 전혀 인권을 보장받지 못했으며 스파르타인들의 기분이 내키는 대로 죽임을 당하는 가축과도 같은 처지였다. 참고로 스파르타인들이 받던 군사 훈련 중에는 아무도 몰래 헬로트들이 사는 거주 구역으로 들어가 그들을 죽이고 돌아오는 일도 포함되었다.

전쟁이 터지면 헬로트들은 주인인 스파르타인들을 따라 전쟁터로 끌려갔는데, 간혹 거기서 전공을 세우면 신분 해방 같은 보상을 받는 것이 아니라 한밤중에 끌려 나가 살해되었다. 스파르타인들은 자신들보다 수적으로 훨씬 많은 헬로트들을 매우 두려워했고, 행여 그들 중에 뛰어난 군사적 자질을 가진 자가 나오면 반란을 선동할까 봐 죽여 없애기 일쑤였다. 아무런 잘못도 저지르지 않았는데 평소에도 수시로 죽임을 당하고, 전쟁터에 나가 용감히 싸워 공을 세워도 죽어야 하니 스파르타 사회에서 헬로트들의 신세는 말할 수 없이 비참했다. 이렇게 가혹한 처우를 받으니 많은 헬로트들은 스파르타인들을 극렬히 증오했고, 기회가 있을 때마다 그들에 맞서서 봉기를 일으켰다.

영화 속에서 스파르타의 레오니다스 왕은 "이제 곧 어둠의 시대가 가고 자유의 시대가 온다!"라고 역설했지만, 기실 헬로트들의 입장에서 본다면 페르시아보다 스파르타가 몰락하는 것이야말로 자유의 시대가 열리는 것이 아니었을까?

굳이 영화를 보는 데 이런 역사적인 사실들을 전부 곁들일 필요가 있느냐고 말할 사람도 있을 것이다. 물론 〈300〉은 어디까지나 오락을 위해 만들어진 영화이다. 하지만 그렇다고 사실이 아닌 부분들을 사실로 믿어 버릴 수는 없지 않은가. 비판적인 사고를 멈춘다면, 그것이야말로 '노예의 삶'이 아닐까?

3

알렉산드로스대왕 원정 이후 페르시아와 인도

보통 세계사 교과서에서는 알렉산드로스대왕의 동방 원정으로 동서양의 문화가 융합되고, 그의 뒤를 이어 네 명의 부하 장군들이 방대한 영토를 나눠 가져 이집트와 시리아, 그리고 마케도니아 등으로 제국이 분열되고 내란이 발생했다는 정도에서 설명을 끝낸다.

하지만 교과서에서 미처 얘기하지 않은 사실들도 매우 많다. 특히 알렉산드로스대왕 원정 이후, 멀리 동방인 페르시아와 인도에서 생긴 일에 대한 부분은 교과서에 거의 등장하지 않는다.

이번 장에서는 알렉산드로스대왕의 죽음 이후, 페르시아를 지배했던 셀레우코스 제국과 파키스탄, 아프가니스탄, 인도를 지배한 박트리아 왕국, 그리고 인도-그리스 왕국에 대해서 알아보기로 한다.

페르시아를 200년 넘게 지배했던
셀레우코스 제국

먼저 셀레우코스 제국Seleucid에 대해 알아보자. 이 나라는 알렉산드로스대왕의 부하 장군이었던 셀레우코스 1세Seleucus I가 알렉산드로스 사후, 바빌론을 중심으로 세력을 잡아 세웠다. 셀레우코스 제국은 기원전 305년에서 63년까지 242년 동안 존속했다.

　셀레우코스는 알렉산드로스대왕의 군대에서 활동하던 장군이었으므로, 자연히 그가 세운 나라의 군대는 알렉산드로스대왕의 편제를 그대로 계승했다. 군대의 주력인 보병은 길이가 5미터나 되는 길고 큰 창인 사리사Sarissa로 무장한 페제타이로이Pezhetairoi라는 병사들로 이루어졌다. 페제타이로이 부대는 투구와 갑옷 및 정강이 보호대로 무장을 했고, 양손에는 장창을 들고 방패를 목이나 팔에 걸고서, 병사들끼리 서로 바싹 붙는 밀집 대형phalanx을 이루고 싸웠다. 페제타이로이 부대는 5열까지 한 조가 되어 장창을 밀집한 상태로 겨누었고, 정면에서는 어느 누구도 뚫을 수 없는 무적이었다.

　그러나 페제타이로이는 정면에서는 매우 강했으나, 갑옷과 무기의 무게 때문에 측면이나 배후에서 공격을 받으면, 대열 전환이 늦어져 불리했다. 그래서 측면이나 외곽에서 페제타이로이 부대를

제국의 창건자인 셀레우코스 1세의 초상이 들어간 동전.

알렉산드로스대왕의 군대에서 사용되었던 팔랑크스 전술을 펼치는 보병 부대.

지원하는 가볍게 무장한 보조병인 펠타스트peltasts 부대가 함께 편제되었다.

보병뿐 아니라 기병도 상당히 중요했다. 알렉산드로스대왕은 3.5미터의 장창을 갖추고 돌격 전술을 펼치는 컴패니언 기병대Companion cavalry를 이끌고 동방 원정에 큰 성과를 거두었다. 셀레우코스 제국은 기존의 컴패니언 기병대를 더욱 중무장시킨 카타프락트Cataphracts를 편성했다. 카타프락트 기병대는 약 4미터에 이르는 무거운 장창과 검을 갖추고, 말과 사람 모두 갑옷을 착용하여 적의 공격에 대비했다. 이들은 컴패니언 기병대가 그랬던 것처럼, 적의 대열에 맹렬한 돌격전을 감행했다.

또한 셀레우코스 제국은 알렉산드로스대왕의 군대가 미처 갖추지 못한 병과도 하나 갖추고 있었는데 그것은 바로 코끼리였다. 일찍이 알렉산드로스대왕은 인도 원정에서 포루스 왕이 이끄는 전투 코끼리 부대에 강한 인상을 받았다. 이후 셀레우코스는 인도에서 약 500마리의 코끼리들을 들여와 전투용으로 사용했는데, 코끼리를 처음 본 적들은 그 엄청난 체구에 놀라 겁을 먹고 달아나고는 했다.

　셀레우코스 제국의 군대는 페제타이로이를 비롯한 보병 부대가 중심에 서고, 기병과 전투 코끼리 부대가 측면을 엄호하는 식으로 편성되었다. 전투가 벌어지면 중무장 보병 부대인 페제타이로이가 펠타스트 부대의 지원을 받으면서 적들을 정면에서 압박해 들어가는 한편, 기병과 전투 코끼리 부대가 재빨리 적의 왼쪽과 오른쪽 양 측면을 파고 들어가 공격함으로써 적을 포위하여 섬멸하는 식으로 싸웠다. 알렉산드로스대왕이 불패의 연전연승 행진을 거둘 때, 사용했던 '망치와 모루' 전술을 그대로 계승한 것이다.

　이렇게 강력한 군대를 갖춘 셀레우코스 제국은 최전성기에 지금의

기원전 200년, 셀레우코스 제국의 최대 판도를 나타낸 지도.

터키인 소아시아 반도에서부터 멀리 인도의 서부 변경까지 지배할 만큼 강력한 제국이자, 알렉산드로스대왕이 남긴 후계 국가들 중에서 제일 거대한 영토를 가진 나라였다. 기원전 3~4세기 당시, 셀레우코스 제국은 전 세계를 통틀어 명실상부한 최강대국이었다.

어쩌면 알렉산드로스대왕의 유산인 그리스계 왕국들을 모두 통합하여 다시 대왕의 업적을 부활시킬 수도 있었을지 모르는 이 나라는 누구도 예상하지 못한 악재를 만나 갈수록 그 세력이 악화 일로를 걷게 된다.

셀레우코스 제국의 발목을 잡은
이집트와 유대인

세력 악화의 첫 번째 원인은 이집트를 비롯한 주변국들과의 분쟁 때문이었다. 셀레우코스와 함께 알렉산드로스대왕의 부하 장군이었던 프톨레마이오스는 대왕의 사후, 재빨리 그의 시신을 훔쳐 이집트로 가져갔다. 그리고 자신들이야말로 알렉산드로스대왕의 정통 후계자라고 선언하며 이집트를 지배하는 왕이 되었으니, 후세 역사가들은 그와 그의 후손들이 지배하는 이집트를 가리켜 프톨레마이오스 왕조라고 부른다. 로마의 장군 카이사르와 안토니우스와의 로맨스로 유명한 전설적인 이집트 여왕 클레오파트라가 바로 프톨레마이오스의 후손이다. 그러니 세간에 알려진 것과는 달리, 클레오파트라는 이집트인이나 흑인이 아닌, 마케도니아계 혈통을 가진 서구인이었다.

프톨레마이오스 왕가가 통치하는 이집트는 시작부터 멸망할 때까지 시종일관 셀레우코스 제국과 적대 관계에 놓여 있었다. 두 나라는 서로 중동의 지배권을 놓고 수백 년 동안 전쟁을 벌였다. 나중에 두 나라가 서쪽에서 쳐들어온 로마 제국에게 제대로 저항하지 못하고 손쉽게 멸망하게 된 원인도, 두 나라가 기나긴 전쟁을 치르는 동안 군사력의 대부분을 소모해 버렸기 때문이었다.

셀레우코스 제국과 이집트가 벌인 전쟁 중 가장 큰 전투가 기원전 217년에 벌어진 라피아Raphia 전투였다. 당시 셀레우코스 제국의 안티오코스 3세는, 6만2000명의 보병과 6000명의 기병, 102마리의 전투 코끼리로 구성된 대군을 이끌고 7만 명의 보병과 5000명의 기병, 73마리의 전투 코끼리로 이루어진 프톨레마이오스 4세Ptolemy IV의 이집트군과 라피아에서 대격전을 치렀다.

만약 이 전쟁에서 셀레우코스 제국이 승리했다면, 그 여파로 이집트는 셀레우코스 제국에 복속되고 중동의 패권도 모두 제국에게로 넘어갔을 것이다. 그러나 전투의 결과는 참담했다. 셀레우코스 제국은 1만 명의 보병과 300명의 기병 및 5마리의 전투 코끼리들을 잃었으며, 4000명의 보병들이 이집트군에게 포로로 잡히는 참패를 당했다. 그 이후로 셀레우코스 제국은 이집트와 다시 전투를 치렀지만, 제대로 된 승리를 거두지 못하고 계속 손실만 보아야 했다.

셀레우코스 제국 서부의 강적이 이집트였다면, 동부 지역에는 파르티아Parthian가 적대국이었다. 파르티아는 백인계 유목 민족인 스키타이족Scythian에서 갈라져 나온 유목민 파르티아족이 지금의 우즈베키스탄을 근거지로 삼고, 기원전 247년경 세운 나라이다.

페르시아인들은 파르티아를 가리켜 도적떼란 뜻인 '다하에^{Dahae}'
라고 불렀다. 그럼에도 불구하고 파르티아인들은 자신들이 알렉산드
로스대왕에게 멸망당한 옛 페르시아 제국의 계승자라고 주장했다.

파르티아의 군대는 유목민의 전통을 살려 보병을 경시하고 기병을
중시했다. 파르티아 군대는 갑옷을 입지 않은 경무장 기병이 적을 향
해 화살을 퍼부어 기세를 약화시키면, 사람과 말이 모두 갑옷을 입은
중무장 기병인 카타프락트가 적진을 향해 돌격하여 분쇄하는 식으로
싸웠다. 파르티아의 카타프락트는 셀레우코스 제국의 카타프락트보
다 더욱 중무장을 했는데, 사람은 눈만 제외하고 온몸을 갑옷으로 감
쌌으며, 말 역시 다리만 제외하면 몸 전체에 갑옷을 걸쳤다.

파르티아인들은 셀레우코스 제국의 국경과 맞닿은 남쪽으로 서서
히 내려왔다. 셀레우코스 제국은 이들을 경계하여 대규모의 군사를
보내 격파하게 하였으나, 오히려 같은 해인 기원전 247년 파르티아인
들에게 역습을 당해 참패하고 만다.

이후 파르티아인들은 셀레우코스 제국의 영토를 잠식해 들어가,
기원전 143년 무렵에는 지금의 이란 영토 대부분을 셀레우코스 제국
으로부터 빼앗기에 이른다. 셀레우코스 제국은 외부의 강적인 이집트
와 파르티아에게 시달리다가 기원전 63년, 로마 제국의 장군인 폼페
이우스에게 마침내 멸망당하고 말았다.

두 번째 원인은 셀레우코스 제국의 강압적인 정책이었다. 셀레우
코스 제국은 알렉산드로스대왕의 다른 후계자 국가들처럼, 왕을 비롯

그리스인들이 숭배하던 최고신 제우스와 그의 딸이자 전쟁의 여신인 아테나가 새겨진 셀레우코스 제국의 은화.

한 지배 계층은 그리스 계통이었다. 그런데 유독 셀레우코스 제국의 지배층들은 그리스 문화에 대한 우월의식이 높았다. 거기에 반비례하여 다른 문화를 멸시하거나 업신여기고, 지배하는 민족들에게 그리스 문화를 일방적으로 강요하여 큰 반발을 샀던 것이다.

셀레우코스 제국의 그리스 문화 강압 정책이 일으킨 가장 큰 사건은 기원전 167년, 유대 지방에서 유대인들이 일으킨 대규모 반란이었다. 당시 셀레우코스 제국의 왕인 안티오코스 4세Antiochos IV는 유대의 수도인 예루살렘 안에 알몸으로 운동하는 그리스식 운동장인 김나지움을 세우고, 제우스를 비롯한 그리스 신들을 숭배하는 신전을 세웠다.

이런 안티오코스 4세의 행동은 많은 유대인들에게 충격과 분노를 일으켰다. 안티오코스를 비롯한 그리스인들은 인간의 몸이 우주에서 가장 아름답다고 여겨, 알몸을 보이는 것을 아무렇지도 않게 여겼다. 그러나 유대인들은 치욕을 느꼈을 때 옷을 찢을 만큼, 남들 앞에서 알몸을 보이는 것을 수치로 여겼다. 이런 유대인들에게 알몸으로 운동을 하는 운동장을 만든 일은 유대인들을 모욕하는 처사로 받아들여졌던 것이다.

또한 엄격한 유일신인 야훼(천주교, 기독교의 하나님 혹은 여호와 하나님) 신앙을 믿는 유대인들에게 그들의 성스러운 도시인 예루살렘 안에 그리스의 신들을 숭배하는 신전을 세운 일 역시, 유대인들의 신 야훼를 욕되게 하는 신성모독으로 여겨졌다.

이런 유대인들의 반응은 아랑곳하지 않고, 안티오코스 4세는 다음과 같은 칙령을 발표했다. 그 내용은, 앞으로 모든 유대인들은 솔로몬 왕이 세웠던 예루살렘의 성전 안에서 야훼에게 제물과 술을 바치는 등의 숭배 의식을 하지 말 것이며, 일주일 중 하루를 쉬는 안식일이나 기타 유대교의 축제일을 지키지 말라는 것이었다. 또한 제우스를 비롯한 그리스 신들을 숭배하는 그리스식 제단과 신전을 세워서, 거기에 유대교에서 더럽게 보는 돼지와 낙타 같은 동물들을 희생 제물로 잡아서 바치라는 것이었다. 또한 유대교에서 남성에게 하는 의식인 할례(포경 수술)도 금지시켰다. 한마디로 유대인들에게 그들의 모든 종교와 문화 의식을 금지시키고, 그리스식 의식을 무조건 따르라고 강요한 셈이었다.

여기에 안티오코스 4세는 유대교의 율법서를 가지고 있다가 들키거나, 유대교의 율법을 지키다가 발각되면 누구나 사형에 처한다는 명령까지 내렸다. 한 예로 왕의 명령을 어기고 자기 아이들에게 할례를 받게 한 여자들은 법령에 따라서 사형에 처하고 그 젖먹이들도 목을 매달아 죽였다. 그뿐 아니라 그들의 가족과 그 아이들에게 할례를 베푼 사람까지 모두 죽였다.

뿐만 아니라 안티오코스 4세는 이집트 군대와 싸운 원정에서 돌아오는 길에 대군을 이끌고 예루살렘 성전으로 쳐들어갔다. 거기서 그는 성전 깊숙이 들어가서 황금으로 만든 제단과 술잔, 그릇과 금향로, 휘장 등을 약탈하고 성전 정면에 씌웠던 황금 장식을 벗겨 가져갔다. 또 금은은 물론 값비싼 기물들을 빼앗고 감추어 두었던 보물들을 찾아내는 대로 모두 약탈하였다.

아무리 참을성 많은 민족이라도 이런 모독을 받고 가만히 있을 수는 없다. 셀레우코스 제국의 일방적이고 강압적인 그리스 문화 강요에 반발한 유대인들은 요하립 가문 출신의 제사장인 마타시아스를 중심으로 제국에 저항하는 봉기를 일으켰다.

안티오코스 4세의 부하들은 마타시아스에게 "당신이 왕의 명령에 복종한다면, 금과 은을 선물로 받고 유대의 지도자가 되어 부귀영화를 누릴 것이오."라고 회유했으나 마타시아스는 큰소리로 다음과 같이 거절했다.

"왕의 영토 안에 사는 모든 이방인이 왕명에 굴복하여 각기 조상들의 종교를 버리고 그를 따르기로 작정했다 하더라도 나와 내 아들들과 형제들은 우리 조상들이 맺은 계약을 끝까지 지킬 결심이오. 우리는 하늘이 주신 율법과 규칙을 절대로 버릴 수 없소. 우리는 왕의 명령을 따를 수 없을뿐더러 우리의 종교를 결코 포기할 수 없소!"

마타시아스의 말이 끝났을 때 어떤 유대인 한 사람이 나와서 모든 사람이 보는 앞에서 그리스 신들을 섬긴 제단에 제물을 바치려 했다. 이것을 본 마타시아스는 화가 치밀어 올라 앞으로 뛰어 올라가 제단 위에서 그 자를 죽여 버렸다. 그리고 사람들에게 그리스 신들을 숭배하라고 강요하기 위하여 온 안티오코스 4세의 사신까지 죽이고 제단을 헐어 버렸다.

마타시아스는 셀레우코스 제국이 보낸 침략군과 싸우다 전사했으나, 그의 죽음에도 불구하고 자유를 갈망하는 유대인들은 결코 포기하지 않았다. 마타시아스의 아들인 마카베오 유다는 아버지를 따르는 사람들을 모아 세력을 키워 셀레우코스 제국에 더욱 거세게 저항했다.

이에 안티오코스 4세는 기원전 166년, 4만6000명의 보병과 8500명의 기병, 306기의 전투 코끼리로 구성된 대군을 보내 마카베오가 이끄는 유대 저항군을 진압하게 했다.

그러나 놀랍게도 마카베오가 이끄는 5000명의 저항군은 예상을 뒤엎고, 5만4000명의 제국 군대에 맞서 승리를 거두었다. 당시 마카베오는 전투에 앞서, 병사들에게 기도를 올리도록 했다. 일종의 정신무장을 시킨 셈인데, 효과가 있었는지 유대 저항군 병사들은 자신들보다 수적으로 10배 이상인 셀레우코스 제국 군대의 압박을 이겨내고 그들을 달아나게 만들었다.

이때 셀레우코스 군대가 입은 손실은 사상자까지 합해서 약 5000명 정도로 그다지 많지 않았다. 하지만 제국의 패배가 불러온 파장은 매우 컸다. 당시 전 세계에서 로마 및 중국과 더불어 최강대국에 속하던 셀레우코스 제국이 한낱 보잘것없는 유대인 반란군과 싸워서 참패를 당했던 것이다. 이는 결코 가볍게 넘길 일이 아니었다. 풍부한 인력과 군수물자, 뛰어난 전략 전술과 우수한 무기를 갖춘 셀레우코스 제국에 비해 가진 건 종교적인 열정 밖에 없었던 유대인들의 힘이 기적을 만든 셈이었다.

물론 전체적인 국력에서 셀레우코스 제국은 유대인들보다 훨씬 우위에 있었다. 셀레우코스 제국이 마음만 먹으면 다시 대군을 모아 유대인들을 공격할 수 있었다. 하지만 불행히도 셀레우코스 제국을 둘러싼 지정학적인 환경은 매우 불리했다. 셀레우코스 제국은 유대인들하나만 상대해야 하는 것이 아니었다. 강적인 이집트와 동북부의 유목민 파르티아인들, 그리고 동부의 인도 국경에 이르기까지 여러 곳의 전선도 함께 살펴야 했다. 작은 유대 민족 하나에 발목을 잡혀 있다가는 여러 국경의 적들이 한꺼번에 쳐들어와 자칫 제국 전체가 붕괴될 위험에 처할지도 모르는 일이었다.

마카베오의 승리가 일어난 지 2년 후인 기원전 164년, 셀레우코스 제국은 뒤늦게 종교적 관용의 중요성을 깨닫고 유대인들에게 종교의 자유를 허락하겠다는 유화책을 쓴다. 그러나 유대인들은 더 이상 제국에 굴복당하기를 원치 않았다. 그들은 스스로의 힘으로 단결하여 강대한 제국을 물리치고 자유를 되찾을 수 있다는 희망에 부풀었다. 그리하여 마침내 기원전 161년, 마카베오 가문은 유대를 다스리는 왕가가 되었고, 그렇게 해서 유대인들은 셀레우코스 제국에 대하여 독립을 얻는 데 성공했다.

이제 주변의 어느 누구도 약소민족인 유대인에게 패배한 셀레우코스 제국을 더 이상 두려워하지 않았다. 그중에서 특히 동방의 강국인 파르티아의 국왕 미트라다테스 1세Mithridates I는 쇠약해져 가는 셀레우코스 제국을 집중적으로 공격하여 기원전 144년에는 바빌론을, 기원전 141년에는 메디아Media를, 기원전 139년에는 페르시아 전역을 제국으로부터 빼앗았다. 그리고 기원전 129년에는 셀레우코스 제국의 창시자인 셀레우코스의 이름을 딴 도시이자 수도인 셀레우키아Seleucia 마저 파르티아의 손에 넘어간다.

쇠퇴 일로를 걷던 셀레우코스 제국은 이집트와 폰투스, 아르메니아 같은 주변의 국가들에게 영토를 점점 빼앗기다가 기원전 63년, 로마 제국의 장군인 폼페이우스에게 멸망당하고 말았다. 한때 알렉산드로스대왕의 명실상부한 후계자로 보였던 대제국의 최후치고는 너무나 허무했다.

중앙아시아와 인도를 지배했던 그리스 왕국들

한편 기원전 256년에는 현재의 아프가니스탄인 박트리아Bactria를 중심으로 한 그리스–박트리아Greco-Bactria 왕국이 들어선다. 이 나라는 셀레우코스 제국이 박트리아를 다스리기 위해 임명한 사트라프satrap(총독)인 디오도토스 1세Diodotus I가 제국에 반기를 들고 세웠다.

당시 셀레우코스 제국은 국왕인 안티오코스 2세Antiochus II가 이집트와의 전쟁에서 패하고 죽은 터라, 국정이 매우 혼란스러웠다. 따라서 디오도토스 1세는 제국으로부터 독립하기에 좋은 때라고 여겨, 과감히 자립을 한 것이었다.

디오도토스 1세는, 자신처럼 파르티아를 지배하는 셀레우코스 제국의 사트라프였다가 독립하여 자신을 파르티아의 왕이라고 선언한 안드라고라스Andragoras와 동맹을 맺고 세력을 키워 갔다.

박트리아 왕국은 약 120년 동안 지금의 아프가니스탄과 파키스탄, 키르기스스탄과 투르크메니스탄, 우즈베키스탄과 카자흐스탄 남부, 그리고 이란의 동북부 지역에 미치는 광대한 지역을 다스렸다.

전성기의 박트리아 왕국에는 1000개의 도시들이 있었다. 도시들에는 제우스와 포세이돈, 헤라와 데메테르 같은 그리스 신들을 섬기는 신전과, 선수들이 옷을 벗고 운동 경기를 벌이는 운동장과, 사람들이 몸을 씻는 목욕탕 같은 그리스 양식의 건축물들이 잘 갖추어져 있었다.

박트리아 왕국의 군대는 전체적으로 셀레우코스 제국과 비슷하게

그리스-박트리아 왕국의 최대 영역을 표시한 지도.

중무장 보병과 기병 및 전투 코끼리가 포함된 방식으로 편성되었다. 단, 중앙아시아에 위치한 지리적인 요소로 스키타이나 다하이족이 용병으로 포함된 점이 달랐다.

기원전 210년, 박트리아 왕국은 셀레우코스 제국의 왕인 안티오코스 3세^{Antiochus III}가 1만의 기병을 거느리고 쳐들어와 한때 위기를 맞기도 했으나 평화협정을 맺어 전쟁을 피할 수 있었다.

그 후 기원전 180년, 박트리아 왕국은 인도로 팽창을 시도한다. 이때, 인도로 원정을 갔던 데메트리오스 1세^{Demetrius I}는 본국에서 반란이 일어나 적지인 인도에 고립되자, 군대를 기반으로 인도 북부에 인도-그리스 왕국을 세운다.

하지만 박트리아 왕국의 진정한 위협은 외부에서 찾아왔다. 기원전 125년, 박트리아 왕국은 멀리 동방에서 쳐들어온 유목민족인 월지족에게 멸망당한다.

현재 박트리아 왕국이 남긴 유적의 대부분은 아프가니스탄에 있다. 그러나 아프가니스탄은 지금 탈레반과 북부 동맹의 내전 중이라 유물 대부분이 훼손되었거나 제대로 발굴되고 있지 않아서 박트리아 왕국의 역사를 아는 데 어려움이 많다.

박트리아 왕국이 남긴 진정한 유산은 아프가니스탄의 민족 구성에 남아 있다. 아프가니스탄 동부의 변경 지대에는 누리스탄이라 불리며, 불그스름한 금색 머리카락에 푸른 눈을 가진 백인 계통의 주민들이 살고 있다. 놀랍게도 이들은 19세기 말까지 이슬람교가 아닌 다른 종교를 믿었는데, 학자들의 연구 결과로는 그들이 믿던 신들의 이름이 고대 그리스의 신들인 제우스나 포세이돈과 비슷했다고 한다. 이런 이유로 세계 학계에서는 누리스탄의 주민들이 알렉산드로스대왕 원정군의 후손, 곧 옛 박트리아 왕국의 생존자들이 아닌가 하고 추측하고 있다.

박트리아 왕국에서 갈라져 나온 인도-그리스 왕국은 기원전 180년에서 서기 10년까지 190년 동안 존속했다. 창건자인 데메트리오스 1세^{Demetrius I}는 본래 박트리아 왕국의 왕이었는데, 인도를 침략하던 도중, 박트리아를 대신 다스리고 있던 신하인 에우크라티데스 1세 Eukratides I가 반란을 일으켜 나라를 차지하자, 갈 곳이 없어져 점령한 인도 북부에 나라를 세웠던 것이다.

당시 인도는 강력했던 마우리아 제국이 무너지고, 숭가 왕조^{Sunga} (BC 185~78)가 새로 들어서는 등 혼란스러운 상황이어서 박트리아 왕국의 군대에 제대로 저항할 수 없었다.

인도-그리스 왕국은 최전성기에 지금의 이란 동부에서 인도의 북동부와 서부 일대를 지배할 정도의 강국이었다. 인도-그리스 왕국의 왕들은 스스로를 옛날 알렉산드로스대왕이 미처 완성하지 못한 인도 정복을 자신들이 해냈다고 자부했다.

인도 북부에 정착한 인도-그리스 왕국의 지배층들은 그리스인들이었다. 그들은 본국인 그리스에서 수천 킬로미터 떨어진 인도에서도 여전히 제우스와 포세이돈 같은 그리스 신들을 믿으며, 그리스어를 사용하고, 왕들의 이름이 들어간 동전을 발행하는 등 그리스식 문화를 지키고 살았다.

그러나 인구의 절대다수인 인도인들을 지배하며 그들과 함께 살아가다 보니, 인도-그리스 왕국의 그리스인들도 자연히 인도 문화에 영향을 받게 되었다. 창건자인 데메트리오스 1세와 이후의 군주인 메난데르Menander(BC 165~155) 등 왕들 중에서는 그리스 신들이 아닌 불교를 믿는 사람들도 생겨났다. 특히 메난데르 왕은 인도의 불교 승려들과의 문답을 통해, 불교의 심오한 진리를 깨닫고 불교로 개종하기도 했다. 고대 인도의 불교 경전 중 하나인 《미란다 왕의 문답》은 바로 이런 메난데르 왕의 불교 개종 실화를 바탕으로 만들어진 것이다.

인도-그리스 왕국은 박트리아 왕국과 비슷한 최후를 맞았다. 기원전 80년과 서기 20년 무렵, 북방에서 유목민 스키타이족이 침략해 왔고, 기원전 70년에는 역시 북방에서 유목민 월지족들이 대규모로 침략하여 인도-그리스 왕국에 큰 피해를 입혔다. 이후 서기 10년, 인도-그리스 왕국의 마지막 왕인 스트라토 2세Strato II를 끝으로 인도-그리스 왕국에 관한 자료는 완전히 사라져 버렸다. 인도-그리스 왕국의 생존자들은 인도 북부를 통일한 쿠샨 제국Kushans(30~375)에 흡수되었을 것이라고 추측하고 있다.

세계사 교과서에서는 한 줄로 간략하게 다루고 있지만, 알렉산드로스대왕의 후계 세력들은 300년 동안 페르시아와 중앙아시아 및 인도를 지배하며 존속하고 있었다. 어쩌면 그들은 자신들 중 누군가가 알렉산드로스대왕의 유산을 물려받아 제국을 다시 부활시켜야 한다고 다짐했을지도 모른다.

4

세계사의 충격, BC 2세기 게르만족 대이동

역사를 조금이라도 아는 사람이라면, 고대 세계사의 중심인 로마 제국을 멸망시킨 주원인을 게르만족의 대이동이라고 말할 것이다. 딱히 틀린 말은 아니다. 훈족에게 쫓긴 게르만족들이 대거 로마 제국 영토 안으로 물밀듯이 몰려오는 바람에 결국 로마 제국(서부만)이 무너진 것은 사실이니까.

하지만 그러한 게르만족의 대이동이 서기 4세기에만 있었던 것은 아니다. 로마가 세워진 이래, 가장 집요하게 로마를 위협했던 세력은 게르만족이었다. 로마의 최전성기인 서기 1세기와 2세기에도 게르만족의 위협은 여전했으며, 황제인 마르쿠스 아우렐리우스가 몸소 대군을 이끌고 전장에 나서야 했을 정도였다. 서기 3세기인 260년 무렵에는 알레만니족과 고트족, 그리고 반달족 등 수많은 게르만계 부족들이 국경선을 돌파하고 한꺼번에 쳐들어와 당시의 로마인 학자들이 "제국이 멸망의 위기에 처했다!" 하고 탄식했을 만큼, 게르만족은 심각한 위험 요소로 작용했다.

BC 2세기부터 시작되었던
게르만족의 대이동

그러한 로마와 게르만족의 대립 관계는 기원전 2세기까지 거슬러 올라가야 한다. 기원전 105년 10월 6일, 갈리아 남부 아라우시오^{Arausio}(현재 프랑스 남부인 오랑주)에서 게르만계 부족인 킴브리족과 테우토네스(튜튼)족의 동맹군과 격돌한 로마군은 무려 8만이나 되는 전사자를 내는 대패를 당했다. 아라우시오 전투의 패전 소식이 로마에 전해지자 충격을 받은 로마인들은 갈리아인과 그리스인 부부 한 쌍을 포로로 잡아 로마눔 광장에 생매장을 시키고 신들에게 보호를 간청했을 정도로 공황 상태에 빠졌다.

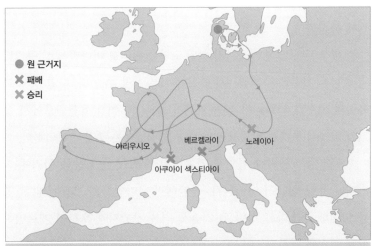

기원전 120년경 덴마크의 유틀란트 반도에서 이동하여 10년이 넘게 서부 유럽을 휩쓸고 다녔던 킴브리족과 튜튼족. 만약 그들의 이동이 성공했다면 훗날의 유럽사와 세계사는 크게 바뀌었을 것이다.

갈리아로 이동하는 테우토네스족의 행렬을 묘사한 상상화.

아라우시오 전투는 게르만족들이 15년에 걸쳐 유랑 생활을 하다가, 정착 생활을 하고 있던 로마와 충돌하면서 벌어진 사건이었다. 기원전 120년경, 덴마크 유틀란트 반도에 살고 있던 30만 명의 게르만계 부족인 킴브리족과 테우토네스족들은 풍요롭고 따뜻한 남쪽의 땅을 목표로 대장정을 시작했다. 그리고 그들과 함께 살던 이웃 부족인 암브로니족과 티구리니족 같은 켈트계 부족들도 그들을 따라 유랑 길에 동참했다.

어째서 두 부족이 지금까지 살던 고향을 버리고 머나먼 낯선 곳으로 길고 힘든 이주를 시작했는지 확실한 이유는 알 수 없다. 다만 당시 북유럽의 기후가 악화되어 심한 기근이 들자, 더 이상 유틀란트에서 살기가 힘들어 부족민 전체가 집단 이동을 떠났다는 주장이 유력하다.

덴마크에서 출발해 독일을 가로질러 알프스 산맥 동쪽 어귀에 이 거대한 유랑 집단이 나타나자, 불안해진 로마인들은 그들에게 살 땅을 마련해 주겠다고 속인 뒤 기습 공격을 가했지만 오히려 게르만족에게 역습을 당하고 1만 명이나 전사하는 참패를 당했다. 기원전 113년, 오스트리아의 노레이아 부근에서 벌어진 이 전투에서 로마인들은 처음으로 게르만족의 존재와 두려움을 깊이 깨달았다.

초전에 로마군을 상대로 승리를 거둔 킴브리족과 테우토네스족은 웬일인지 이탈리아로 곧바로 진격하지 않고, 갈리아(프랑스)로 향했다. 《로마인 이야기》의 저자 시오노 나나미는 게르만족들이 처음부터 이탈리아를 목표로 쳐들어왔다고 주장했지만, 갈리아와 스페인까지 갔다가 토착민들의 반발로 정착지를 찾지 못하자 어쩔 수 없이 이탈리아로 되돌아간 것뿐이었다.

노레리아 전투 이후, 게르만족과 로마군의 전투는 계속되었지만 그때마다 로마군은 참패만 거듭했다. 기원전 109년과 107년에 벌어진 론 강 전투에서 로마군 4만2000명이 몰살되었고, 105년 마살리아(마르세유) 전투에서도 역시 로마군은 전멸당했으며, 지휘관인 전임 집정관 스카우루스는 생포되어 잔인한 고문을 받다가 처형되었다. 그리고 같은 해에 아라우시오 전투가 벌어졌던 것이다.

로마군의 패배와 마리우스의 등장

고대 세계에서 무적으로 알려진 로마군이 이처럼 미개한 게르만족과 싸워 연패한 이유는 무엇일까? 우선 로마군을 지휘하던 장군들은 게르만족을 지나치게 깔보고 무작정 덤벼들었다가 수적으로 우세한 게르만족에게 포위당해 궤멸되기 일쑤였다. 전쟁에서 적을 얕보는 것만큼 위험한 패배 요인은 없다.

또한 당시 로마군 병사들의 질이 매우 낮았다는 점에도 주목해야 한다. 징병제를 실시하고 있던 로마에서 병사들에게 주어지는 급료의 양은 매우 적었고, 이 무렵에는 그조차도 제대로 주어지지 않았다. 급료의 양이 적자, 병사들의 불만은 커졌고 자연히 사기와 전의가 낮을 수밖에 없었다.

그럴 경우를 대비해 로마군 장수들은 적과 싸워 그들이 가진 것을 빼앗으면 된다고 설득했지만, 게르만족들은 로마의 주변 민족 가운데 제일 가난한 집단이어서 그들과 싸워 이겨도 차지할 만한 값진 재물이 거의 없었다. 그러니 게르만족과 싸우러 나간다는 말을 들을 때마다 로마 병사들은 '어이쿠! 이겨 봤자 전리품도 못 건지는 그 포악한 야만족과 싸우러 가야 하나?' 하는 불만과, 만에 하나 졌을 경우에 잔혹한 게르만족들로부터 받는 고통을 떠올리고는 의기소침해지기 일쑤였다. 참고로 게르만족들은 적의 포로를 붙잡을 때마다 나무에 매달아 죽이거나 배를 가르고 내장을 꺼내 신들에게 바치는 인신공양을 했다고 한다.

아라우시오 전투의 대패 이후, 언제 게르만족들이 쳐들어올지 몰라 (이미 갈리아와 스페인으로 떠났지만) 하루하루를 공포에 떨며 살던 로마인들에게 마침내 구세주가 나타났으니, 훗날 불세출의 영웅 카이사르의 고모부가 되는 가이우스 마리우스였다.

마리우스는 로마군이 게르만족에게 계속 패하면서 위기에 몰린 원인이 군대의 수준이 총체적으로 낮기 때문이라고 판단하여 원로원의 승인을 얻고 일대 군제 개혁에 착수했다. 그 과정을 간단하게 요약하자면 징병제인 군대를 모병제로 바꾸게 하는 것이었다. 양이 아닌 질로 승부하려는 방안이었다.

분열된 게르만족

아라우시오 전투를 승리로 끝낸 이후, 게르만 연합은 둘로 나누어졌다. 킴브리족은 스페인으로 향했고, 테우토네스족과 암브로니족은 갈리아로 발걸음을 돌렸다. 그러나 스페인이나 갈리아에서도 이들 게르만족들은 정착할 고향을 찾지 못하고 다시 이탈리아로 돌아왔다. 그들은 갈리아와 스페인의 원주민들에게 저항을 받고 쫓겨난 것이다.

다시 만난 킴브리족과 테우토네스족, 그리고 암브로니족은 함께 움직이다 역시 두 부류로 나누어졌다. 킴브리족은 알프스 산맥의 동쪽으로 떠났고, 남은 테우토네스족과 암브로니족은 알프스의 서쪽으로 방향을 잡았다.

게르만 부족들의 이동 소식을 들은 마리우스는 기원전 103년경, 약 10만 명의 군사들을 소집하고 북쪽으로 떠나 결전을 준비했다. 그리고 수적으로 우세인 게르만족들에게 선제공격을 가하는 것을 피하고, 그들이 나누어지는 것을 기다려 하나씩 각개격파하기로 결정했다.

마리우스가 이끄는 로마군 앞에 맨 먼저 모습을 드러낸 것은 테우토네스족과 암브로니족이었다. 마리우스는 게르만족들과 섣불리 맞서 싸우지 않고 병사들을 기지 안에서 대기시켰다. 일단 그들의 모습과 무기 및 실태를 병사들이 면밀히 관찰하게 한 다음, 낯선 이질감과 두려움을 극복시키기 위해서였다. 또한 그들의 행렬에서 허술한 점을 찾아내려는 목적도 있었다.

로마군의 병영 주위를 두 부족의 장대한 행렬이 지나가기까지는 6일이나 걸렸다. 만약 이때, 그들이 로마군을 공격했다면 아직 게르만족에 대한 공포심을 떨치지 못한 로마군 병사들은 큰 타격을 받았을 테지만, 그들은 그렇게 하지 않았다. 게르만족들의 첫 번째 목적은 정착할 땅을 찾고 가족들을 보호하는 것이었지, 쓸데없는 싸움을 벌이는 것이 아니었다.

게르만족은 로마군이 진지에 틀어박힌 채 가만히 있자, 그들을 겁쟁이라고 비웃으며 아무런 공격도 하지 않고 그대로 지나쳤다. 어떤 게르만족 전사들은 로마군 병사들에게 로마에 있는 너희들의 가족에게 전할 소식이 있다면 우리가 전해 줄 테니 말해 보라는 여유까지 보였다.

아쿠아이 섹스티아이 전투, 테우토네스족의 전멸

두 부족의 행렬이 로마군의 병영 주위에서 완전히 사라지자 마리우스는 그제야 기지를 열고 병사들에게 추격 명령을 내렸다. 하지만 금방 전투가 벌어진 것은 아니었다. 마리우스는 병사들을 이끌고 테우토네스족과 암브로니족의 자취를 찾아 그들을 천천히 따라갔고, 결코 선제공격을 하지 않았다. 오히려 그렇게 하자는 장교와 병사들을 극구 말렸다. 그가 원하는 것은 게르만족들의 완전한 섬멸이었고, 결코 그들의 본대가 살아남은 채로 로마에 진입해 도시를 파괴하고 시민들을 학살하는 사태가 벌어지는 것을 원치 않았다. 그러기 위해서는 게르만족들이 결코 도망갈 수도 없고 재기할 수도 없을 만큼 철저한 타격을 입힐 장소를 골라야 했다.

테우토네스족과 암브로니족의 거대한 행렬이 드디어 멈추었다. 그들은 현재의 프랑스 남부인 아쿠아이 섹스티아이에서 이동을 중단하고 휴식을 취했다. 하지만 테우토네스족들은 경계나 파수병도 세우지 않아서, 로마군이 그들의 뒤를 밟고 있다는 사실조차 알지 못했다. 지금까지 로마군을 상대로 계속 이겼기 때문에, 그들을 얕잡아 보았던 것일까?

정찰대를 보내 두 부족들의 경계 태세가 허술한 것을 확인한 마리우스는 회심의 미소를 지었다. 이제 저 야만인들에게 로마의 호된 맛을 보여 줄 차례가 온 것이다. 그는 먼저 부하 장수 마르켈루스에게 3000명의 정예 병사들을 주어서 게르만족들이 머물고 있는 지역의 후방으로 몰래 가서 매복을 하고 있으라고 지시했다.

그리고 날이 밝자, 마리우스는 남은 본대의 병력을 이끌고 게르만족이 야영지를 꾸민 고지대 위로 옮겨 진형을 형성했다. 모습을 드러낸 로마군을 보자 게르만족은 또다시 전투가 시작됨을 알고 무장을 하고서 야영지 밖으로 나왔다.

고지 위에서 그들의 모습을 지켜보던 마리우스는 유리한 지역인 고지를 버리고 평지로 내려가 저들과 싸운다면 로마군이 크게 불리할 것이라고 여겨, 게르만족을 고지 위로 유인하려는 술책을 꾸몄다. 일단 그는 소수의 기병대를 보내 게르만족을 끌어내기로 했는데, 로마군의 기병대가 자신들을 향해 다가오자, 게르만족은 그들의 수가 적은 것을 보고 일격에 섬멸시키려 달려들었다. 그러나 로마군 기병대는 게르만족들의 손에 잡히지 않고 그들과의 거리를 유지하며 마리우스의 본대가 기다리고 있는 고지 위로 유인했다. 높은 언덕 위로 올라가면서도 게르만족들은 돌진을 멈추지 않았다.

그러나 게르만족의 쇄도는 오래가지 못했다. 언덕 위에 미리 진을 치고 있던 로마군 병사들이 게르만족들을 향해 투창인 필룸을 던져대었던 것이다. 끝이 뾰족한 창인 필룸은 별다른 갑옷 없이 맨몸이나 다름없었던 게르만족들에게 살인적인 효과를 발휘했다. 로마군에게 다가가기도 전에, 수많은 게르만족 전사들은 몸의 여기저기에 필룸을 맞고 쓰러졌다. 그나마 방패를 가진 전사들이 막아 보려고 했으나, 높은 언덕 위에서 던지는 필룸에는 가속도까지 붙어 있어서, 방패를 간단하게 뚫어 버렸다.

이 전투에서 테우토네스족과 암브로니족은 약 10만 명이나 전사했으며, 간신히 살아남은 자들은 로마군의 포로가 되어 노예시장으로 팔려갔다.

베르켈라이 전투, 킴브리족의 몰락

하지만 마리우스의 상대는 아직 남아 있었다. 남은 게르만족인 킴브리족이 알프스 산맥을 넘어 이탈리아 북부 포 강에 도착했다. 그들을 본 퀸투스 카툴루스가 지휘하던 로마군 병사들은 겁을 집어먹고 제대로 싸워 보지도 못한 채, 도망쳐 버렸다.

따뜻하고 풍요로운 포 강을 본 킴브리족은 이동을 중단하고 그곳에 정착하려는 움직임을 보였다. 그들이 원하던 기후와 풍토를 갖춘 땅이 바로 그들의 눈앞에 놓인 것이다.

그때 테우토네스족을 전멸시킨 마리우스의 군대가 포 강 평야에 도착했다. 로마군을 본 킴브리족은 사신을 보내 "우리는 집을 짓고 살 정착지를 바랄 뿐이다. 우리는 당신들과 동맹을 맺을 용의도 있다."라는 제안을 했다. 하지만 마리우스는 그 제안을 거절하고 전투로 승부를 가리자고 최후통첩을 전달했다.

이리하여 기원전 101년 7월 30일, 이탈리아 북부 베르켈라이가 로마군과 게르만족이 벌이는 최후의 결전장으로 선택되었다. 마리우스와 카툴루스가 지휘하는 로마군 10만 명과 그보다 세 배나 많은 킴브리족의 대규모 집단이 서로를 마주한 채 평원에 서서 전투에 임했다.

전투는 치열하게 진행되었다. 로마군의 투창 사격과 압박 전술에, 게르만족들은 여기서 패배하면 부족 전체가 죽는다는 일념을 가지고 사력을 다해 저항했다. 하지만 결국, 마리우스와 카툴루스가 공동으로 기획한 포위 전술에 게르만족이 끌려 들어가면서 전세는 로마군에게로 기울었다. 전황이 불리해지자, 이동용 수레 안에 머물러 있던 게르만족 여성들은 끔찍하게도 자신들의 아이들을 죽이고 난 다음, 자신들도 뒤를 따라 자결했다. 그들은 포로가 되어 노예로 사는 굴욕을 겪느니 차라리 자살을 하는 것이 더 명예롭다고 생각했던 것이다. 훗날 게르만족의 일파인 색슨족들도 로마군에게 패배해 생포당하자, 각자 자살을 했다고 한다.

이날의 전투에서 10만 명의 게르만족 전사들이 전사했고, 그와 비슷한 수의 게르만족들이 포로로 잡혔다. 이것으로서 약 12년 동안 로마인들을 공포에 떨게 했던 게르만족의 대이동은 종언을 고했다.

만약 30만 명의 게르만족들이 마리우스와의 일전에서 승리하고, 로마로 이동하여 그곳에 정착해 버렸다면, 세계사는 어떻게 변했을까? 아마 우리가 아는 찬란한 로마 제국의 역사는 존재하지도 않았을 것이다. 어쩌면 게르만족의 대이동과 그로 인한 봉건제도가 600년 앞서 유럽에 정착되었을지도 모른다.

비록 킴브리족과 테우토네스족의 대이동은 마리우스라는 탁월한 지휘관의 노력으로 저지되었지만, 이 사건은 로마인들의 가슴속에 크나큰 두려움으로 남았다. 빈약한 무기와 장비에도 불구하고 로마군에게 용감하게 저항하고 숱한 패배를 안겼던 게르만족은 이후에도 로마의 강적으로 남으며, 끝끝내 굴복하지 않았다.

영국의 역사가 에드워드 기번은 그의 저서 《로마 제국 쇠망사》에서 "우수한 무기로 무장하고 엄정한 군기와 훈련을 받으며 요새 건축과 공성 기술까지 갖춘 로마 군단을 향해 이런 조건들을 전혀 갖지 못한 채, 과감히 맞섰던 게르만족들의 용기는 정말이지 놀랍다고밖에 할 수 없다."라고 평가했다.

5

로마 노예들은 어떤 대우를 받았을까?

세계사 교과서에는 로마의 노예들이 자유가 없었으며, 로마 군대에 끌려 온 전쟁 포로들로 구성되었고, 대부분 광산이나 농장에서 죽을 때까지 일만 하던 신분이었다고 기록되어 있다. 그래서 이런 비참한 노예의 삶을 살아가던 검투사 스파르타쿠스가 다른 노예들을 규합하여 로마에 맞서는 반란을 일으켰다는 것이다. 교과서에서 설명하는 이러한 로마 시대 노예의 이미지는 오늘날 우리가 가진 노예의 이미지와 일치한다.

시오노 나나미가 베스트셀러 《로마인 이야기》에서 말하는 노예의 모습은 세계사 교과서와는 전혀 다르다. 시오노 나나미는 로마가 노예에게 많은 일자리를 제공하고 그들을 소중하게 대했으며, 해방된 노예의 자손들 중에는 로마의 귀족이나 심지어 황제까지 된 사람도 있었으니, 로마 제국은 노예들을 매우 인간적으로 보살핀 사회라고 극찬하고 있다.

세계사 교과서와 《로마인 이야기》의 설명은 서로 완전히 모순된다. 그렇다면 둘 중 어느 쪽이 진실일까?

알고 보면 정말 비참했던
로마 제국의 노예들

《로마인 이야기》에서 언급된 노예들도 분명히 있기는 있었다. 그러나 시오노 나나미의 설명처럼 로마 사회가 노예들의 낙원은 결코 아니었다! 그러한 시오노 나나미의 미화는 전형적인 침소봉대針小棒大의 사례다. 실제로 로마에서 저렇게 자유와 풍요로운 생활을 누린 노예들은 전체 노예들 중 고작 1퍼센트에 불과했다. 나머지 99퍼센트의 노예들은 농장이나 광산, 공장에서 평생 힘든 중노동에 시달리며 힘들게 살아갔다.

이런 점들을 감안하고라도 로마가 노예들이 살기에 결코 이상적인 사회가 아니었다는 증거는 많다.

로마의 유명한 의사였던 갈레노스는 "소나 말, 또는 노예가 죽는다고 해서 나는 그것을 비극으로 생각하지 않는다. 내 아버지는 재산의 손실에 너무 실망하지 말라고 말씀하셨다."라는 말을 남겼다. 노예는 사람이 아니라, 소나 말 같은 동물이자 소유할 수 있는 '재산'으로 취급받았던 것이다. 즉, 노예는 소유할 수 있는 재산이기에 열등한 존재로 간주되었다.

로마 시대를 다룬 할리우드 영화들은 로마의 노예들을 주로 로마군이 정복한 나라들에서 끌려온 포로들로 묘사한다. 하지만 로마 시대, 전쟁 포로나 사들인 노예들은 전체 노예들 중에서 극히 일부였다.

로마에서 활동하는 노예들은 주로 가난 때문에 부모로부터 버림

노예반란 지도자 스파르타쿠스의 조각상.
©Ferengi

받은 고아들이었다. 그래서 로마 인들은 자신들과 같은 동족들을 열등한 족속으로 취급하면서 노예로 부려먹었던 것이다. 특히 원하지 않은 임신을 한 여성들은 자신이 낳은 아기를 공동묘지나 쓰레기장, 혹은 신들을 숭배하는 신전 앞에 내다 버리고 도망치는 일이 많았다. 그렇게 해서 버려진 아기들이 얼마나 많았던지, 로마의 노예 상인들 가운데는 부모로부터 버림받은 아기들만 전문적으로 모아다가 노예시장에 내놓아 파는 자들도 있을 정도였다.

또한 엄연한 자유인이지만 빚을 못 이겨 스스로를 노예가 된 부류들도 많았다. 얼마 전에 인기를 끈 미국 드라마 〈스파르타쿠스〉에는 바로라는 이름의 검투사가 등장한다. 그는 로마 시민이지만 경제적인 빚을 져서 자신을 노예로 팔았고, 승리할 때마다 돈을 받아 빚을 갚는다는 조건으로 검투사로 들어왔다고 설정된다. 역사적 사실에 정확히 맞는 묘사이다.

언제나 업신여기고 멸시받았던 노예들

로마인들은 노예를 어리석고 참을성이 없으면서, 엄하게 다루어야 하는 못된 어린이같이 취급했다. 노예가 젊거나 늙었거나 모든 로마인들은 노예를 어린이나 아랫사람에게 쓰는 말투로 낮춰 불렀다. 한 예로 로마인들은 아무리 늙은 노예라도 항상 '애송이puer'라고 불렀다. 노예보다 훨씬 어린 로마인이 부를 때도 마찬가지였다.

반면 노예를 거느리는 주인은 어린아이와 같은 노예들을 다스리는 부모로 인식되었다. 여기서 잠깐 짚고 넘어가야 할 사실이 하나 있다. 로마 시대의 가족 구조는 철저한 가부장 제도였다. 아버지 같은 가장들은 모든 가족들을 지배하며 명령을 내렸고, 심지어 자녀들의 생사여탈권마저 쥐고 있었다. 지금은 아무리 엄격하고 폭력적인 아버지라도 아들이나 딸을 때려 죽였다가는 살인죄로 간주되어 처벌을 받는다. 하지만 로마 시대 한 가정의 아버지는 자기 마음대로 아들이나 딸을 죽여도 처벌받지 않았다. 하드리아누스 황제는 사냥 중에 자기 아들을 죽인 아버지에 대해 "그가 아버지에게 주어진 정당한 권리로 아들을 죽인 것이니 무죄."라고 판결을 내리기도 했다.

자유인인 자신의 자녀에게도 이러니 하물며 노예들은 어떤 취급을 받았을지 짐작할 수 있을 것이다. 로마의 노예 주인들은 자기 마음대로 노예에게 벌을 줄 권리를 가지고 있었다. 만약 주인이 노예를 죽이고 싶은 마음이 든다면, 그는 정해진 법적 절차를 밟아 노예에게 자신이 직접 사형 판결을 내릴 권리를 가졌다. 또 노예의 잘못이나 죄가 크면 주인은 법정에서 죄수들을 처형하는 집행인에게 부탁하여, 노예를 산 채로 불에 태워 죽이는 잔혹한 형벌을 가할 수도 있었다. 물론 이렇게 한다고 해서 누구도 주인을 비난하지 않았고, 노예를 마음대로 죽여도 주인은 처벌받지 않았다.

심지어 주인은 노예가 낳은 아이를 기를지 말지의 여부도 결정했고, 집안 형편상 노예의 아이를 키울 경제적인 여건이 안 된다고 판단하면 아이를 죽이라고 명령할 수도 있었다.

반면 로마인들은 노예들이 반란을 일으켜 주인을 죽이는 일을 가장 추악한 반인륜적인 범죄로 간주했다. 노예들을 먹이고 재우고 입혀주고 돌보는 등 은혜를 베푸는 고마운 주인을 어찌 감히 노예가 죽일 수 있느냐는 생각 때문이었다. 아무도 거기에 대해서 이러쿵저러

수많은 노예들이 검투사가 되어, 천박하고 탐욕스러운 관중들의 잔혹함을 만족시키기 위해 피의 혈투를 벌이는 모습을 재현한 그림. ⓒ장 레옹 제롬

쿵 하지 못했다. 노예를 소유한 주인은 자신이 부리는 노예를 마음대로 죽여도 아무런 처벌도 받지 않았다. 어째서 그랬을까? 로마 사회에서 노예들은 원칙적으로 주인이 소유한 물건으로 간주되었기 때문이다. 어느 로마인은 이를 두고 "노예는 단지 말하는 도구일 뿐이다."라는 극단적인 표현을 쓰기도 했다. 안토니누스 피우스 황제도 이 점을 인정했다.

만약 로마의 가정에서 일하던 노예 한 명이 주인을 죽이게 되면 그 노예 본인은 물론이고 그 집안의 다른 노예들도 모두 처형되었다. 설령 그들이 주인을 죽이는 데 가담하거나 찬성하지 않았더라도 말이다.

로마를 건국한 영웅 로물루스의 업적을 서사시 〈아이아네스〉를 노래한 로마의 시인 베르길리우스는 노예 반란군의 지도자였던 스파르타쿠스를 가리켜 그는 주인을 죽이고 반란을 일으킨 끔찍한 죄악을 저질러서 지옥에 떨어졌다고 주장했다.

반대로 노예들을 엄격하게 다루는 게 아니라, 그들을 불쌍히 여겨 너그럽게 대하는 주인은 주위로부터 "저자는 얼마나 못나고 겁이 많기에, 노예들도 제대로 휘어잡지 못하는가?"라는 말을 들으며 놀림감이 되었다.

노예는 법적으로도 차별 대우를 받았다. 시민권을 가진 로마 시민은 자신이 저지른 잘못을 법정에서 다룰 때, 결코 고문을 당하지 않았다. 하지만 노예의 잘못을 법정에서 다룬다면 노예들은 혹독한 고문을 당하며 다치거나 심지어 죽는 일도 허다했다.

또한 로마의 귀족 처녀들은 노예들이 보는 앞에서 옷을 아무렇지

2세기에 그려진 모자이크(튀니지 바르도 국립박물관 소장). 두 노예가 무거운 항아리를 어깨에 이고 손님들에게 술을 따르고 있다.

도 않게 벗었다. 노예들에게 좋은 구경거리를 제공하고자 그런 것이 아니다. 노예는 사람이 아닌 개나 말 같은 동물이나 다름없으니, 옷을 벗는다 해도 전혀 창피하지 않다는 생각에서 한 일이었다.

이처럼 로마 사회에서 노예는 그가 무슨 일을 하든, 어떤 환경에 놓여 있든, 모두 보통 사람(귀족과 시민)보다 더 모자란 미개한 존재로 멸시받았다.

고귀한 업적 노예해방 그러나…

물론 로마인들이 노예들을 항상 억압한 것은 아니었다. 때로는 노예에게 자비를 베푸는 일도 있었다. 그중 하나가 부리던 노예에게 자유를 주는 노예해방이었다.

어느 로마인이 오랫동안 소유하고 있던 노예를 해방시켜 준다면 훌륭한 일로 간주되었다. 그러나 노예해방은 주인들이 반드시 해야 하는 의무가 아니었다. 노예를 해방시킬지 아닐지는 어디까지나 주인 마음이었다. 만약 주인이 노예를 해방시키지 않고 평생 데리고 있으면서 부려먹어도 아무것도 문제 될 것이 없었다.

그리고 해방된 노예도 옛 주인과 완전히 관계를 끊을 수는 없었다. 풀려난 노예는 자신에게 자유를 준 옛 주인을 은인으로 여기고, 그가 무슨 일을 겪을 때마다 그를 돕거나 지지해야 하는 의무를 지니고 있었다. 만일 이런 의무를 잘 지키지 않으면 그런 해방 노예는 주인의 은혜에 감사할 줄 모르는 파렴치한 자라고 비난을 받았다.

이처럼 해방이 되었다고 해도 한 번 노예였던 자는 평생 동안 옛 주인을 도와야 하는 마음의 짐을 지고 있었던 것이다.

그렇다면 노예를 사랑하는 주인은 없었을까? 이 의문에 관해서 《사생활의 역사》를 쓴 필립 아리에스와 조르주 뒤비는 다음과 같이 재치 있게 표현했다.

"물론 노예를 사랑했던 로마인도 있었죠. 자기가 기르는 애완동물을 사랑하지 않는 주인이 어디 있겠습니까?"

자신의 기본적인 생명조차 지킬 수 없고, 인간적인 취급도 받지 못한 채 살아갔던 노예들에게 과연 로마는 이상적인 낙원이었을까?

6

일주일의
요일들은
고대
게르만 신들의
이름
이었다

지금 우리가 쓰고 있는 일주일 체계. 즉 월, 화, 수, 목, 금, 토, 일요일은 고대 유럽의 문화에서 전해진 것이다. 그중 토요일을 제외한 나머지 일주일의 여섯 요일들은 고대 게르만족들이 믿던 신들의 이름에서 비롯되었다.

먼저 월요일은 영어로 먼데이Monday라고 부르는데, 여기서 먼Mon은 게르만 신화에서 전차를 몰고 밤을 밝히는 달의 신인 마니Mani에서 유래했다. 마니는 다른 이름으로 문Moon이라고 부르는데, 이는 달을 가리키는 영어 단어가 되었다. 마니는 남성으로 여겨졌으며, 오늘날 독일어에서도 달은 남성형 명사로 쓰인다.

고대 게르만족들은 하늘의 태양과 달은 항상 늑대에게 쫓기고 있어 바쁘게 움직인다고 믿었는데, 마니는 늑대 하티Hati를 피해 달아나다 종종 먹히고는 했는데 이것이 바로 달이 잠깐 사라지는 월식이라고 여겼다. 세상의 종말인 라그나뢰크ragnarok에서 마니는 결국 하티에게 먹혀 사라진다고 한다.

화요일은
전쟁의 신 티르의 이름에서 유래되었다

화요일을 일컫는 튜즈데이^{Tuesday}는 말 그대로 '튜즈의 날'이란 뜻인데, 고대 게르만족이 신봉하던 하늘과 전쟁, 법의 신인 티르^{Tyr}에서 유래되었다. 영어로는 티우^{Tiw}, 독일어로는 티우츠^{Tiwz}라고 불린다. 로마인들은 티르를 자기들이 믿는 전쟁의 신 마르스^{Mars}와 동일시했다. 타민족의 신을 자기들이 믿는 신과 같은 이름으로 부르는 것은 고대 그리스와 로마인들이 쓰는 표현 방법이었다.

매일같이 전쟁을 치르던 바이킹 전사들은 티르를 중시했으며 전쟁터에 나갈 때마다 그의 가호를 얻기 위해 칼이나 창 같은 무기에 그의 이름을 새기기도 했다. 전쟁이 없을 때에도 티르는 법을 관장하는 역할을 맡았다. 게르만 사회에서 약속이나 맹세를 할 때, 주로 오른손을 들고 했는데 이때 티르의 이름은 반드시 거론되었다.

괴물 늑대 펜리르의 입속에 오른손을
넣다가 그만 손을 잃고 만 티르.

그러나 게르만 신화를 모아 기록한 문헌인 〈에다^{Edda}〉에서 티르는 오른손이 없는 불구의 모습으로 등장한다. 이는 티르가 세계를 멸망시키려는 포악한 늑대인 펜리르^{Fenrir}을 묶어 두기 위해 그의 입속에 오른팔을 넣고 거짓 보증을 했다가 그만 팔을 물어뜯겼기 때문이었다.

수요일은 마법과 폭풍의 신인
오딘의 이름이었다

수요일인 웬즈데이Wednesday는 게르만 신화에서 가장 유명한 신인 오딘Odin의 이름에서 유래했다. 오딘은 영어로는 보탄Wotan, 독일어로는 보텐Voden이라 불리는데, 원래는 폭풍과 마법, 전쟁의 신이었으며 전쟁터에 나가는 전사 계급이 주로 숭배했다. 안토니오 반데라스가 주연한 영화 〈13번째 전사〉에 보면 바이킹 전사들이 낯선 곳을 탐험하거나 전투에 임하기 전에 "오딘!"이라고 외치는 장면이 나오는데, 이는 오딘이 전사들의 수호신이었기 때문이기도 하다.

양 어깨에 두 마리의 까마귀와 발밑에
두 마리의 늑대를 거느린 오딘.

오딘의 양 어깨에는 두 마리의 까마귀인 후긴Huginn과 무닌Munnin이 앉아 있으며, 그의 발치에는 게리Geri와 프레키Freki라는 두 늑대가 웅크리고 있다. 후긴과 무닌은 아침에 오딘의 어깨 위에서 날아올라 세상을 돌아다니며 보고 들은 모든 정보들을 저녁 때 돌아와 그에게 보고했다. 게리와 프레키는 평소에는 오딘의 발 아래에

엎드려 있다가 그가 던져 주는 고기를 먹었다. 까마귀와 늑대는 모두 황야를 떠돌며 시체들을 먹어치우는 동물이다. 이런 동물들을 거느리고 있는 오딘의 모습은 세계의 모든 지식과 전쟁의 승리를 독차지하려는 탐욕스러운 욕망을 상징한다.

오딘은 튜튼족이 활동하던 기원전 2세기부터 게르만계 부족들에게 널리 숭배를 받았다. 서기 5세기 중엽에 영국을 침입한 색슨 족은 그를 보탄Wotan이라 부르며 전쟁의 신으로 믿었고, 스칸디나비아 반도의 바이킹들은 그를 모든 신들의 아버지이자 세계의 창조자로 여겼다. 원래는 오딘보다 더 오래된 신이었던 티르나 토르는 〈에다〉에서 오딘의 아들로 묘사되었는데, 이는 오딘을 섬기는 신앙이 시대가 흐르면서 제일 강력해진 결과에 따른 것이다.

이런 오딘을 믿는 신봉자들은 전쟁터에서 포악하게 날뛰며 닥치는 대로 적과 싸웠는데, 이들이 바로 베르세르크berserk(버서커)들이다. 베르세르크들은 곰이나 늑대 가죽만을 걸친 채로 싸웠는데 자신들이 오딘의 가호를 받아 어떠한 무기로도 죽지 않는다고 믿었기 때문이다.

오딘은 최고신이었지만, 항상 가면을 쓰고 다녀 속마음을 알 수 없었고, 속임수와 계략에 능했으며, 자신을 섬기는 자를 언젠가 죽게 하기 때문에 공포의 대상이기도 했다. 〈에다〉에 따르면 오딘의 눈길은 너무나 두려워서 그가 한 번 노려보기만 해도 신들과 인간들은 모두 두려움에 떨며, 승승장구하던 군대도 그의 눈길을 보면 겁에 질려 달아났다고 한다.

특히 오딘을 믿는 신앙에서는 인신 공양을 요구했는데, 사람을 죽여 나무에 매달아 놓는 것이 일반적이었다. 기원전 105년 10월 6일, 갈리아 남부 아라우시오에서 8만 명의 로마군을 격파한 게르만계 부족인 킴브리족과 테우토네스(튜튼)족은 포로들을 죽인 후, 오딘 숭배의 일환으로 로마군의 시체들을 나무에 매달았다.

〈에다〉에서도 오딘은 우주의 모든 지혜를 얻기 위해 스스로 나무에 매달려 죽은 후, 9일 만에 다시 부활했다고 한다. 이는 신이 스스로를 희생 제물로 바치는 의식을 나타내는데, 일부 학자들은 기독교의 예수 그리스도가 십자가에 못 박혀 처형된 일화와 관련이 있다고 보기도 한다.

세계의 종말인 라그나뢰크Ragnarok에서 오딘은 괴물 늑대인 펜리르Fenrir에게 잡아먹히게 된다. 이는 인간보다 뛰어난 존재인 신조차도 끝내는 잔혹한 숙명에 굴복하고 만다는 고대 게르만족들의 믿음이 반영된 것이다.

천둥의 신 토르, 목요일에 이름을 남기다

목요일인 서스데이Thursday의 투르Thur는 게르만 신화의 천둥신인 토르Thor에서 비롯되었다. 게르만인들은 그를 유피테르나 헤라클레스와 동일시했다. 로마인들이 유피테르를 최고신으로 섬겼던 것처럼, 많은 게르만족들도 토르를 최고신으로 숭배했기 때문에 둘은 같은 선상에서 비교되었던 것이다.

그리스 신화에서 헤라클레스는 인간을 위협하는 괴물을 물리치는 멋진 영웅으로 등장하는데, 토르도 헤라클레스처럼 인간에게 위협적인 사악한 거인들을 자주 타도한다. 헤라클레스가 그리스나 로마의 민중들에게 큰 인기를 얻은 영웅인 것처럼, 게르만족에게도 토르는 가장 친근한 인상을 가진 영웅이었던 것이다. 헤라클레스가 사자 가죽을 걸치고 곤봉을 휘두르며 괴물들을 타도한다면, 토르 역시 곰 가죽을

토르는 두 마리의 염소가 이끄는 수레를 타고, 거인들의 왕국인 요툰헤임Jotunheim을 자주 찾아가 포악한 서리 거인과 산악 거인들을 죽인다. 게르만 신화에서 그는 가장 인기가 높은 신이었다.

입고서 육중한 망치인 묠니르Mjollnir를 지니고 거인들과 싸우니, 비슷하게 보일 만하다.

북유럽 신화에서 신들의 행적을 다룬 부분들을 보면 오딘 다음으로 토르에 관한 부분들이 가장 많다. 이것은 그가 오딘에 버금갈 만큼 강력하고 인기가 높은 신이었다는 것을 의미한다. 〈에다〉에서 토르는 모든 신들 중에서 가장 체구가 크고 힘이 세며, 한 번 휘두를 때마다 천둥소리가 나는 묠니르로 서리 거인과 산악 거인들을 박살낸다. 그는 세계를 감싸고 있는 거대한 뱀 요르문간드를 하늘 끝까지 들어 올리며, 바닷물을 마셔서 밀물과 썰물을 만들어 낼 정도로 엄청난 괴력

의 소유자인 동시에, 화를 잘 내지만 쉽게 노기를 풀고, 고기와 술을
마음껏 먹고 마시는 호탕한 성격으로 묘사된다.

오딘이 신비스럽고 어딘지 모르게 두려운 느낌을 주는 신이었다
면, 토르는 순박하고 정직한 모습으로 나타난다. 오딘이 권모술수에
능한 모사꾼으로 그려지는 데 반해, 토르는 우직하면서도 용감한 성
격으로 등장한다. 이는 오딘이 왕족이나 귀족 같은 지배층들이 믿는
신인데 반해, 토르는 농민 같은 피지배층들이 널리 믿었던 신이었기
때문이다. 서로 다른 두 계층의 이상적인 모습이 반영된 것이다.

오딘을 섬기는 교세에 다소 밀리기는 했지만, 토르를 섬기는 신앙
은 매우 강력했다. 고대 게르만족들은 결혼식을 치를 때, 신부의 무릎
에 토르의 상징인 망치를 놓는 풍습이 있었다. 토르의 망치가 신혼부
부에게 해가 될 사악한 세력을 물리쳐 주기를 바랐던 믿음에서 비롯
된 풍습이었다.

토르의 상징이기도 한 망치 묠니르. 북유
럽인들은 아직도 묠니르를 행운의 상징
으로 여기고 소중하게 간직한다.

410년, 로마를 함락시킨 서고트족들
은 그에게 전투의 승리를 기원했고, 9
세기 말경 영국을 침입한 바이킹들은
앵글로 색슨족이 세운 웨섹스wessex 왕조의
알프레드 대왕과 협상을 할 때, 토르
를 상징하는 은팔찌를 끼고 맹세했
다. 같은 시기에 노르웨이에 살던
바이킹들은 배의 앞에 나무로 만든 토
르의 상을 세우고 뱃길의 안전을 빌며

아이슬란드로 이주했다. 이들의 지도자인 토롤프Thorolf는 토르의 목상을 세운 곳에 민회 기구인 알팅Althing을 열어 나라의 중대한 일을 논의했다.

다른 유럽 국가들에 비해서 아이슬란드는 상당히 늦은 시점인 11세기 중엽에야 기독교로 개종했다. 토르를 믿는 신앙이 새로운 신앙인 기독교와 오랫동안 대립한 덕분에 늦어졌던 것이다. 아이슬란드에서 기독교를 국교로 인정한 이후에도 토르를 섬기던 풍습은 그 흔적을 오랫동안 간직했다. 아이슬란드의 대장장이들은 기독교의 상징인 십자가를 만들 때, 가운데에 토르의 상징인 망치 문양을 넣어서 만들었다. 옛 신앙과 기독교 신앙이 절충된 것이다.

토르를 주제로 한 신화 중에는 그가 포악한 거인들을 무찌른 모험담이 가장 많은 부분을 차지한다. 이런 영웅담을 소재로 해서 1962년, 미국에서는 토르를 주인공으로 하는 만화 〈강력한 토르The Mighty Thor〉가 나오기도 했다. 2011년, 한국을 포함한 전 세계에 개봉된 영화 〈토르-천둥의 신〉은 바로 이 만화를 원작으로 만들었다.

1962년 미국의 마블 코믹스에서 처음 나온 이래로 약 400권이 나온 장편 시리즈 만화 〈The Mighty Thor〉 2011년, 할리우드에서 영화로 개봉했다.

금요일에 이름을 남긴 풍요의 신, 프레이르

금요일은 프라이데이Friday는 풍요의 신인 프레이르Freyr의 이름에서 비롯되었다. 〈에다〉에 따르면 프레이르는 호전적인 에시르 신족인 티르나 오딘, 토르와는 달리 평화롭게 살아가던 바니르 신족 출신으로 나온다. 프레이르는 스웨덴 지역에서 널리 신봉되었고, 농사와 풍요를 담당하는 신으로 추앙받았다. 그의 신상은 주로 발가벗고 큰 성기를 드러낸 모습으로 나타나는데, 성기를 드러낸 것은 풍성한 생식력을 상징한다.

　게르만 사회에서 프레이르는 오딘과 토르 다음 가는 신으로 중시되었으나, 한편으로 무기력하고 우스꽝스러운 모습으로 묘사되기도 한다.

　북유럽 신화에 따르면 프레이르는 어느 날 오딘의 옥좌에 올라가 세상을 내려다보다가 서리 거인족 출신인 게르드Gerdr라는 미녀를 보고 한눈에 사랑에 빠져, 시종인 스키르니르Skirnir를 보내 그녀에게 청혼을 했는데 그 대가로 스키르니르에게 자신이 가진 마법의 칼과 명마를 주고 말았다. 그로 인해 세상 최후의 날인 라그나뢰크에서 프레이르는 맨손으로 싸우다 불의 거인인 수르트에게 죽임을 당했다고 전해진다. 이런 모습이 있는 반면, 프레이르는 많은 게르만 부족들의 조상신으로 숭배받기도 했으며 특히 스웨덴인들은 그에게 풍요로운 농사를 기원하며 매우 두텁게 섬겼다.

토요일인 새터데이^{Saturday}는 게르만 신화가 아닌 로마 신화의 농경신인 사투르누스^{Saturnus}의 이름을 딴 것이다. 사투르누스는 그리스 신화의 신인 크로노스^{Cronus}와 동일시되었는데, 로마인들은 사투르누스를 풍요와 번영을 주관하는 신으로 섬겼다. 로마가 무너진 이후, 영국에 정착한 앵글로 색슨족들은 일주일의 여섯 요일들을 자신들의 신을 섬기는 날에서 따왔으면서, 유독 토요일만큼은 로마인들의 신앙을 받아들여 새터데이라고 불렀다.

마지막으로 일요일의 선데이^{Sunday}는 게르만 신화의 태양신인 솔^{Sol}에서 유래했다. 솔은 달의 신인 마니의 누이로 여겨지며, 오늘날 독일어에서 태양을 달과는 달리 여성형 명사로 부르는 문법의 선례가 되었다. 솔은 마니처럼 전차를 몰고 낮 동안 하늘을 바쁘게 나는데, 늑대인 스콜^{Skoll}에게 먹히는 것을 피하기 위해서이다. 라그나뢰크가 도래하기 직전, 솔은 스콜에게 잡아먹히지만 그 전에 자신의 분신을 낳아 종말 이후의 세상을 여전히 따뜻하게 밝힌다고 한다.

11세기 중엽, 노르웨이와 아이슬란드가 기독교로 개종하면서 게르만족의 신들은 사람들에게 잊혀졌고, 이제 누구도 그들을 믿지 않는다. 그러나 일주일이 존재하는 한, 그들의 이름은 계속 남을 것이다.

7

철기병의 원조, 고구려가 아닌 페르시아

2003년, 고구려사를 중국사에 편입하려는 중국의 동북공정 때문에 국내에서는 한동안 고구려 열풍이 불었다. TV 방송국들은 〈주몽〉〈바람의 나라〉〈연개소문〉〈대조영〉〈자명고〉 등 고구려를 다룬 사극들을 잇달아 제작했으며, 동북공정을 비판하고 고구려사를 다루는 책들도 서점에 밀물처럼 쏟아져 나왔다.

그 과정에서 고구려의 철기병鐵騎兵, 즉 기수와 말이 모두 갑옷으로 무장한 병과가 크게 부각되었다. 물리과학자 이종호 박사는 고구려의 철기병은 뛰어난 과학 기술의 소산이라고 평가했으며, KBS1 TV의 역사다큐 〈역사 스페셜〉에서는 고구려의 중무장 기병이 동아시아 최강의 부대라는 극찬까지 하였다. 이 밖에도 수많은 네티즌들은 고구려 철기병이 전 세계에서 가장 오래되었으며, 고구려의 막강한 국력과 우수한 금속 제조 기술의 산물이라는 찬사를 보냈다.

하지만 이런 인식은 과연 사실에 부합하는 것일까? 결론부터 말하면 그렇지 않다.

페르시아에서 탄생한
철기병

말에 금속 갑옷을 입히는 작업 자체는 고구려에서만 했던 것이 아니다. 기마병을 중시하는 근대 이전의 나라라면 거의 대부분 그런 식으로 철기병을 편성하고 운용했다고 봐도 과언이 아니다.

역사상 최초로 기마병이 전장에 등장한 시점은 기원전 7세기, 중동을 통일한 군사 강국 아시리아Assyria에서였다. 아시리아는 정복당한 민족에 대한 무자비한 대량 학살과 피부를 벗기고 목을 잘라 창에 꿰는 등의 잔악 행위를 마구 저질러 고대 역사에서 '공포의 제국'이라 불리는 무시무시한 정복 국가였다.

아시리아가 강대국으로 성장할 수 있었던 비결은 기마 부대를 적극적으로 활용했기 때문인데, 특히 무거운 중량 때문에 느린 전차의 단점을 기마병의 기동성을 살려 보완했다. 아시리아 이전까지 중동의 왕국들은 기마병 대신 말들이 끄는 전차를 주력 부대로 삼았는데, 전차는 만드는 데 비용이 많이 들어가는 데다 고장이 잘 나고 무엇보다 느리다는 단점이 있었다.

그럼에도 불구하고 고대 왕국들은 여전히 전차를 사용했는데, 그것은 초기의 말들은 체구가 작고 체력이 약해서 사람이 올라타면 그 몸무게를 이기지 못하고 쓰러졌기 때문이다. 그래서 람세스 2세가 활동했던 기원전 14세기 무렵의 중동 국가들은 두 마리나 세 마리의 말들이 이끄는 전차를 타고 싸워야 했다.

이런 대세를 아시리아는 획기적으로 전환시켰다. 다양한 종류의 말들을 교배시켜 사람의 체중을 견딜 만큼 큰 체구와 강한 체력을 가진 우수한 말을 대량으로 생산하는 데 성공했던 것이다.

아시리아는 지나친 공포 통치로 인한 속국들의 반란으로 기원전 612년에 멸망하지만 그들이 이룩한 기마 부대의 효율은 다른 나라들에게 그대로 이어진다. 그리고 기원전 559년, 다시 중동을 통일한 아케메네스 왕조의 페르시아 제국은 유목민이 세운 나라답게 기마병을 적극적으로 활용하여 인도에서 이집트에 이르는 광대한 영역을 지배하였다.

200년 동안 영화를 누리던 페르시아 제국은 모두가 알다시피 마케도니아의 알렉산드로스대왕과의 일전에 패해 멸망한다. 그것의 계기가 되는 것은 기원전 331년의 가우가멜라 전투였다.

가우가멜라 전투에서 페르시아 군대에 포함된 무기가 바로 기수와 말이 모두 갑옷을 입은 중무장 기병이었다. 당시 페르시아의 중무장 기병들은 스케일 아머^{scale armor}라 불리는 가죽판에 작은 쇳조각들을 이어 붙인 갑옷을 사람과 말에게 씌운 모습이었는데, 훗날의 파르티아나 사산조 페르시아에서 등장한 중무장 기병들도 같은 형태였다.

페르시아의 중기병들은 적을 향해 직접 돌격하여 육박전을 벌이는 대신, 원거리에서 2미터 내외의 창을 던지며 교란시키는 전술로 싸웠다. 5미터나 되는 긴 창을 가지고 밀집 대형을 짠 마케도니아의 페체타이로이(중무장 보병)에 정면 대결을 벌이기가 불리했기 때문이었다. 어찌되었든 고구려의 건국 연대보다 300년이나 앞선 시기에 중동에서는 이미 철기병들이 전장에서 활약하고 있던 것이다.

로마와 비잔티움에서도 활용된 철기병

아케메네스 페르시아가 멸망하고 나서 중동은 알렉산드로스대왕의 후계 왕국들인 프톨레마이오스 왕조의 이집트와 셀레우코스 왕조의 시리아가 양분하는 상황에 들어간다. 그중에서 셀레우코스 왕조는 최전성기 시절, 소아시아와 팔레스타인에서 인도 변경까지 지배했던 강대국으로 오랜 전쟁을 벌인 끝에 이집트를 약화시켜 제2의 알렉산드로스 제국을 이루는 듯했으나 새로이 서방에서 진출해 온 로마의 일격을 맞고 몰락하고 만다.

셀레우코스 왕조의 안티오코스 3세는 기울어 가는 나라를 다시 되살리기 위해 기원전 190년, 소아시아 서부의 마그네시아^{Magnesia}에서 국운을 걸고 로마군과 대격전을 벌인다. 이때 그가 거느린 7만의 대군 중에서 약 3000명의 중무장 기병들이 있었는데, 이들을 가리켜 카타프락트^{Cataphracts}라고 부른다.

셀레우코스 군대에 소속된 카타프락트들은 약 4미터에 이르는 무거운 장창과 검을 갖추고, 말과 사람 모두 스케일 아머를 착용했다. 겉으로 보기에는 페르시아 제국의 중기병들과 비슷했지만, 결정적인 차이점이 하나 있었으니 그것은 바로 전투 방법이었다. 원거리에서 투창을 던지던 페르시아 철기병에 비해, 셀레우코스의 철기병들은 4미터의 장창을 들고 적 대열에 직접 돌격전을 감행했다.

비록 마그네시아 전투 자체는 셀레우코스군의 패배로 끝났지만,

3000명의 카타프락트들은 전장에서 맹활약을 펼치며 기병이 배치된 로마군의 좌익을 파죽지세로 유린했다. 그리고 마그네시아 전투 이후로 국력이 쇠락하던 셀레우코스 왕조는 결국 기원전 63년에 멸망했지만, 그들이 이룩한 중장기병 전술은 사라지지 않고 이란 고원에서 일어난 유목민 파르티아인들에게로 계승된다.

후대의 사산조 페르시아에 비하면 다소 약했지만, 파르티아는 페르시아의 계승자라고 해도 지나치지 않은 나라였다. 특히나 파르티아인들은 기병의 활용에 페르시아인들보다 더 능숙했는데, 기원전 53년 카레 전투에서 사람과 말에게 비늘 갑옷을 씌운 중무장 기병들을 대규모로 투입하여 로마군을 격파했다.

카레 전투 이후, 파르티아는 잠시 로마 군단에게 수도인 프라파사를 점령당하기도 했지만 여전히 로마의 강적으로 남아 있었다. 그리고 서기 226년, 파르티아를 무너뜨리고 등장한 사산조 페르시아는 명실상부한 옛 아케메네스 왕조 페르시아의 후계자임을 자처하며 중동의 패권을 놓고 로마 제국과 격렬한 전쟁을 벌였고, 260년에는 로마 황제 발레리아누스를 생포하는 대승을 거두기도 한다. 사산조 페르시아 역시 파르티아처럼 철기병을 대규모로 운용했는데, 카타프락트보다 더 중무장을 했다고 해서 크리바나리^{Clibanarii}라고 불리었다.

사산조 페르시아 제국의 중무장 기병을 새긴 부조.

나중에 가면 로마 제국이나 그 후계 국가인 동로마(비잔티움) 제국도 사산조 페르시아를 본따 자국 군대에 철기병을 도입하게 된다. 특히 비잔티움 제국은 철기병인 카타프락트를 11세기 초까지 군의 주력 부대로 삼고, 아랍 군대나 불가르족들을 상대로 용맹을 떨쳤다.

동양권에서 등장한 철기병

여기까지 중동과 서양의 철기병에 대해 요약해 보았다. 그렇다면 중국과 한국을 비롯한 동양권에서는 철기병이 언제 등장했을까?

기병과 말 갑옷의 등장시기는 동양이 중동권보다 느렸다. 우선 중국부터 살펴보면 기병이 전장에서 본격적으로 운용된 시기는 호복기사胡服騎射로 대표되는 조나라 무령왕의 개혁 정책이 시행된 기원전 307년 이후부터였다. 그 이전까지 중국의 군대는 아시리아처럼 네 마리의 말들이 이끄는 전차를 주력으로 사용했다.

호복기사를 글자 그대로 풀이하면 오랑캐의 옷을 입고서 말을 타고 활을 쏜다는 뜻인데, 여기서 오랑캐는 조나라 북방의 유목민인 흉노족을 가리키는 말이다. 이는 기마궁술이 중국이 아닌 유목민에게서 시작되었음을 뜻하며, 동시에 중국보다 유목민들의 기병 운용이 더 오래되었음을 나타낸다.

하지만 자신들 스스로 기록을 남기지 않는 유목민의 특성상, 그

북위 왕조에서 사용된 중무장 기병을 나타
낸 흙 인형.

연대가 언제인지는 정확히 알 수 없다. 아마 아시리아의 적수로 싸웠던 역사상 최초의 유목민인 스키타이족의 기마술과 궁술이 4세기 이전 무렵, 동방으로 전래된 듯하다.

그리고 사람뿐 아니라 말에도 갑옷을 입힌 철기병은 삼국지로 잘 알려진 후한 말엽에 처음으로 등장한다. 조조와 원소가 대결을 벌인 서기 198년의 관도대전에서 두 진영 모두 철기병을 보유했지만 그 수는 매우 적어서 10기 이내에 불과했다. 후한 말까지만 해도 중국 군대에서 철기병은 중요한 인물을 보호하거나 적에게 위세를 과시하는 정도로밖에 쓰이지 않았던 듯하다.

중국 역사에서 철기병들이 본격적으로 전장의 주역으로 나서는 시점은 5호라 불리는 북방 유목민들이 중원으로 남하해 우후죽순처럼 왕조를 세우는 남북조 시기부터로, 대략 서기 4세기 무렵이다. 선비족이 세운 북위와 이를 계승한 북주와 북제, 수나라는 계속 중장기병을 군의 주력으로 삼았다. 수양제가 고구려를 침략한 당시, 수나라 군대에는 약 10만 명의 중장기병들이 포함되어 있었다.

그와 동시에 말 위에서 4~6미터짜리 장창인 삭槊을 쥐고 돌격하는 전술이 중요시되었다. 특히 전쟁터에서 삭을 놓쳤을 때, 적이 가진 삭을 빼앗아 사용하는 무예인 공수탈삭空手脫矟은 당나라 때까지 장수들이 필수적으로 익혀야 할 기술로 취급받았다. 수나라의 용장인 단웅신單雄信과 당태종의 명장인 위지경덕尉遲敬德은 공수탈삭과 삭을 이용한 돌격 전술의 달인이었다고 전해진다.

고구려의
철기병

이제 고구려의 철기병을 이야기할 차례이다. 우리가 상상하는 고구려의 철기병들은 언제 도입되었을까?

문헌상으로 확인되는 고구려 철기병에 관련된 기록은 서기 245년, 위나라 관구검의 군대와 맞선 동천왕이 지휘한 5000 철기鐵騎가 처음이다. 하지만 그 철기가 정말로 사람과 말이 모두 갑옷을 입은 중장기병인지는 확인하기 어렵다. 한자 문헌에서 철기는 중장기병이란 뜻 이외에도 강력하거나 용맹한 기병이라는 뜻으로도 쓰이기 때문이다.

실물로 확인되는 고구려 철기병은 서기 357년에 만들어진 황해도 안악 고분의 동수묘에 그려진 벽화에서 보인다. 고구려로 망명해 온 중국인 동수의 무덤인데, 같은 시대 중국에서도 철기병들은 널리 활용되었다.

물론 고구려도 철기병을 운용하였고 전장에 자주 투입도 했다. 서기 4세기 말과 5세기 초에 활동한 광개토대왕은 철기병을 능숙하게 사용했고, 당태종이 직접 지휘한 645년의 1차 고당 전쟁 당시, 주필산 전투에서도 고구려군은 철기병을 선봉으로 내세워 당군을 위기에 몰아넣기도 했다.

하지만 명심해야 할 점은 철기병이 고구려만의 전유물도 아니고, 고구려가 처음으로 사용한 병과도 아니라는 점이다. 고구려가 건국되기 이전부터 철갑 기병들은 저 멀리 중동에서 먼지바람을 휘날리며 싸우고 있었다.

그리고 한 가지 더, 철기병은 결코 무적의 군사가 아니다. 많은 사람들이 화려한 중무장 기병의 위용에 반해 고대의 탱크라고 인식한다. 그러나 오늘날의 탱크도 보병의 지원 없이 적진으로 단독 돌진했다가 대전차포 같은 무기에 당하는 것처럼, 철기병도 견고하게 무장한 보병 대열로 정면 돌격했다가, 보병들이 기병의 돌격에 도망가지 않고 제자리를 굳게 지키면 기병들은 보병의 대열을 뚫지 못하고 앞에서 가로막혀 버린다. 그렇게 되면 기병들은 말에서 끌어내려져 난도질을 당해 죽는다.

파르티아나 사산조 페르시아 모두 수만 명의 중장기병들을 운용했지만, 로마군에게 패배하는 경우도 많았다. 로마의 트라야누스 황제는 116년 파르티아의 수도 크테시폰Ctesiphon을 함락시켰고, 카루스Carus 황제는 283년에 역시 사산조 페르시아의 수도인 크테시폰을 공격해 점령했다. 혹독한 군기로 무장한 로마의 중무장 보병 군단은 파르티아와 페르시아의 철갑 기병들의 돌격을 끝까지 막아냈던 것이다.

8

왜 불교는 발상지인 인도에서 힘을 잃었나?

오늘날 중국과 한국, 몽골, 일본, 베트남, 태국 등 여러 동아시아 국가들에서 불교는 오랜 기간 동안 정신적인 지주 역할을 해 왔다. 우리 역사 기록에도 삼국시대 이후 불교가 지속적으로 등장하는 것을 알 수 있으며, 지금도 우리나라에서 가장 큰 종교이다. 하지만 정작 발상지인 인도에서는 그 교세가 매우 미약하다. 약 82퍼센트에 달하는 대부분들의 인도인들은 힌두교 신자이며, 10퍼센트가 무슬림이고, 불교 신도는 1~3퍼센트 내외에 그치는 실정이다. 도대체 무엇이 인도에서 불교 세력을 쇠퇴하게 만들었을까?

인도 최초의 종교인
브라만교

원래 인도에서 처음 발생한 종교는 불교가 아니었다. 그보다 훨씬 이전인 기원전 15세기, 인도 서북부를 침입한 아리안족들이 가져온 신앙인 브라만교가 힌두교를 비롯한 오늘날 인도 종교의 근간이 되었다.

　브라만교는 정복자 아리안족들의 신앙이었기에, 피지배층인 드라비다족들이 반란을 일으키지 못하도록 정신적인 세뇌 작업을 했다. 대표적인 예가 바로 신분 차별 제도인 카스트 제도인데 사회계층을 크게 성직자인 브라만과 왕족 계급인 크샤트리아, 그리고 평민인 바이샤와 그보다 더 낮은 천민 노예 계층인 수드라로 나누어 상류층인 브라만과 크샤트리아가 바이샤와 수드라를 지배하는 것은 신의 뜻이니 결코 이를 깨뜨려서는 안 된다는 논리였다.

석가모니가 말한
진짜 불교의 가르침

이러한 신분 차별에 반발하여 나온 신앙이 바로 석가모니가 창시한 불교였다. 왕족 출신임에도 자신에게 주어진 특권을 포기하고 승려가 된 석가모니는 마치 상류층이면서도 신분제 철폐를 위해 싸웠던 프랑스 혁명 당시의 귀족들과 유사한 혁명가라고 할 수 있다.

그러나 석가모니가 주장했던 진짜 불교의 가르침은 요즘 우리가 아는 불교의 이미지와 완전히 다르다.

우선 석가모니는 기독교의 창시자인 예수 그리스도처럼 자신을 신이나 구원자라고 말하지 않았다. 그는 자신을 어디까지나 인간으로 생각했다. 석가모니가 태어나면서 천상천하 유아독존이라고 말했다거나, 연꽃 일곱 송이를 밟았다거나, 혹은 힌두교의 신인 비슈누의 화신이라는

부처를 묘사한 간다라풍의 조각상.

말들은 그가 죽고 나서 400~500년 이후, 힌두교의 영향을 받은 대승 불교 교단에서 만들어낸 이야기들이다.

또 석가모니는 자신을 숭배하고 기도를 올리면 극락에 가서 행복하게 산다는 말을 하지도 않았다. 그리고 놀라운 사실은 석가모니 본인은 윤회나 내세나 영혼에 대해서도 그것이 사실이라고 말하지도 않았다는 것이다.

2008년, 경북의대 정신과 강병조 교수는 현대의 한국 불교에 대해서 "원래 불교는 부처를 신으로 숭배하지도 않았고, 전생이나 환생 같은 이론을 주장하지도 않았다. 그런 것은 기독교나 힌두교의 영향을 받은 후대의 불교가 저지른 잘못된 교리이다."라고 신랄하게 비판했다. 이 말을 듣는 사람들은 믿으려 하지 않겠지만, 강병조 교수가

말한 내용이 원래 석가모니가 말했던 진짜 가르침이었다.

그렇다면 석가모니가 설파한 가르침은 무엇이었을까? 그것은 한마디로 열반涅槃이었다. 열반은 다른 말로 니르바나nirvana라고 하는데, 오늘날 사람들은 열반을 '고통스러운 세상에서 벗어나, 행복과 즐거움이 가득한 극락으로 가는 일'로 생각한다. 그러나 앞서 말했듯이 석가모니는 극락 같은 사후 세계를 주장하지 않았다. 그가 말한 열반은 완전한 소멸, 즉 죽음이었다.

이와 더불어 석가모니는 인간의 삶을 생로병사生老病死라고 표현했다. 태어나고 늙고 병들다가 죽는 것이 인생이며, 사람의 삶 자체가 고통이라고 한 것이다. 그래서 석가모니는 우리가 사는 이 세상을 고통의 바다苦海라고 불렀다.

요약한다면, 석가모니는 "인간의 삶은 그 자체가 고통이다. 여기에서 벗어나 행복을 얻는 길은 단 하나, 우리가 죽음으로써 이 우주에서 그 존재가 완전히 사라지는 열반이다."라고 말한 것이다.

네팔에서 만들어진 석가모니 조각상.

그리스 철학과 신약 성경에도 "태어나지 않은 자가 가장 행복하고, 태어나서 아무런 고통 없이 빨리 죽는 자가 그 다음으로 행복하다."라는 내용이 있다. 아마 알렉산드로스대왕의 인도 원정과 그 이후, 페르시아와 인도를 지배하던 셀레우코스 제국으로 인해 석가모니가 만든 불교 철학이 서방에 전파된 것이 아닌가 싶다.

또한 석가모니는 브라만교에서 가르치는 것처럼 수많은 신들을 섬기고 그들에게 기도를 하며 복을 바라는 기복 신앙도 인정하지 않았다. 신에게 빌면 죄를 용서받을 수 있지 않느냐는 어느 제자의 질문에, 석가모니는 "아예 처음부터 죄를 짓지 않는 것이 가장 좋다."라고 말하기도 했다.

애초에 석가모니의 가르침 자체가 어떤 신이나 구원자 같은 외부의 존재들에게 의지하지 말고, 스스로의 노력으로 깨우침을 얻어야 한다는 내용이었다. 쉽게 표현한다면 세상의 모든 생물들에게 불성佛性, 즉 부처가 될 성품이 있으니 열심히 노력하여 깨달음을 얻으면 누구나 부처가 될 수 있다는 말이다. 현대의 불교에서 석가모니를 신처럼 모시고, 그에게 기도를 하면서 복을 내려 달라고 비는 것은 그런 면에서 볼 때, 석가모니 본인의 가르침에 완전히 위배되는 것이다.

초기 불교의 교리는 철저한 비폭력과 만민 평등을 주장했다. 석가모니는 브라만교의 사제들이 신들에게 제물을 바치기 위해 양 같은 동물을 죽이는 일을 잔인한 폭력으로 규정하였고, 신분 차별을 정당화하는 카스트 제도를 정면으로 비판하며 모든 인간은 평등하다고 선언했다.

이러한 불교의 교리를 억압받던 하층민들은 매우 반겼지만 지배계층, 특히 브라만교의 성직자인 브라만들은 그것에 크게 반발하였다. 자신들이 몸담고 있는 종교의 핵심 교리를 정면으로 부정하고 나섰으니 그들의 입장에서 본다면 당연한 일이었다.

힌두교의 탄생과
불교의 수난

그래서 불교는 기원전 6세기경에 창시되었음에도 불구하고 한동안 인도 사회에서 주류로 부각되지 못하다가, 석가모니가 죽고 나서 약 300년 후인 마우리아 제국 시대에 빛을 보게 된다. 기원전 273년(또는 265년)에 즉위하여 제국의 영토를 넓히는 정복 전쟁에 앞장섰던 아소카 대왕은 10년 이상 걸린 칼링가 전투의 참상을 직접 보고 난 이후, 전쟁과 살육에 대한 회의를 느껴 불교로 개종했고, 곧 불교를 국교로 선언했다.

앞서 언급한 것처럼 아소카 대왕은 신하들에게도 불교를 믿을 것을 권유했고 나라 곳곳에 불교 사원을 창설했다. 또한 불교 경전을 새긴 비문을 세웠으며, 멀리 이집트와 시리아, 그리스 등 외국에까지 불교를 전파하기 위해 사신을 보낼 정도로 열성적인 신자가 되었다.

그러나 아소카 대왕 사후, 마우리아 제국은 왕위를 둘러싼 격렬한 내전에 돌입해 결국 몰락하게 된다. 불교를 강력하게 비호해 주던 권력자가 사라지자 불교의 위치도 그에 따라서 불안해졌다.

또한 1000년이 넘는 세월 동안 교권을 장악하고 있던 브라만 계급들도 쉽게 사라지지 않았다. 그들은 치밀한 준비를 하고 정치와 종교 양면에서 다시 반격에 나섰다.

마침내 기원전 185년, 브라만 계급 출신인 장군 푸시야미트라 숭가Pusyamitra Sunga는 자신의 이름을 딴 숭가Sunga 왕국을 세우고 인도를 지배했다. 그는 불교에 밀린 브라만교를 다시 부흥시키려는 야심에 불타던 인물이었다. 마우리아 제국 시절, 불교로 쏠린 국가의 지원은 브라만교로 돌아갔다. 불교 사원들은 각지에서 폐쇄되고 불교 승려들은 박해를 받았다.

정치에 이어 종교 분야에서도 브라만교는 불교에 맞서기 위해 새로운 혁신을 일으킨다. 하늘과 번개와 태양 등 자연을 신격화시킨 기존의 단순한 신앙에서 유지의 신 비슈누Vishnu와 파괴의 신 시바Shiva 신앙을 새롭게 창출하여 우주는 끝없이 혼란과 종말을 반복하지만 그때마다 다시 탄생된다는 세련된 세계관을 만들었다. 여기에 가난에 시달리던 평민과 천민들을 위해 행운의 축복을 주는 락슈미Laksmi 신앙을 대대적으로 내세웠다.

대중들의 소망은 지극히 현실적이었다. 복잡한 이념이나 사상보다 배고픔에서 벗어나고 평온한 삶을 사는 게 가장 중요했다. 스스로 수행해서 도를 깨우치고 속세에서 해탈한다는 형이상학적인 불교의 교리보다는 "락슈미 여신이 당신에게 행운을 내리면 부자가 된다!"는, 힌두교 측에서 주장하는 교리가 더 구미에 맞았으리라.

신성한 새, 가루다를 타고 있는 비슈누와 그의 아내 락슈미.

머리카락에서 갠지스 강물을 뿜어내는 파괴의 신 시바와 그의 아내 파르바티. 시바는 훗날 대승불교에서 대흑천大黑天이라는 이름으로 받아들여 수호신인 호법이 된다.

오늘날에도 인도인들이 제일 좋아하는 신이 바로 락슈미인데, 특히나 가난하게 살다가 갑자기 큰돈을 번 사람의 집에는 락슈미가 머물렀다고 해서 열렬한 숭배의 대상이 된다.

이리하여 브라만교는 현대 인도인들의 80퍼센트가 믿는 힌두교로 환골탈태했다. 힌두교가 교리를 세련되게 다듬고 다시 나서자, 불교와 힌두교 간의 교리 싸움은 더욱 치열해졌다. 불교 측에서는 카스트 제도를 고수하는 힌두교 측을 가리켜 인간을 신분에 따라 차별하는 비인간적인 야만 행위를 일삼는다고 비난했으며, 반면 힌두교 측에서는 불교가 신들을 부정하고 모독하는 사악한 이단 집단이라고 몰아붙였다.

하지만 아무래도 교세에서 불교 측이 힌두교에 비해 매우 불리했다. 자기 스스로 깨달음을 얻어 고통스러운 세상에서 벗어나라는 불교보다는 신을 잘 섬기면 현세에 부자가 되고, 죽어서도 좋은 집안에 태어나 행복하게 산다는 힌두교 신앙이 민중들에게 더 잘 먹혀들었던 모양이다. 단순하지만 그만큼 쉽고 솔깃하게 다가오니까.

이렇게 되자 불교 측에서는 민중들에게 좀 더 쉽게 다가가기 위해 그들이 원하는 기복 신앙의 일부(부처를 믿고 기도를 올리면 복을 받는다)를 수용하는가 하면, 힌두교에서 말하는 윤회와 내세 신앙도 받아들였고, 힌두교에서 믿는 신들을 여래如來나 관음보살觀音菩薩 같은 불교의 부처들로 꾸며 알리기 시작했다. 예컨대 불교의 창시자인 석가모니가 힌두교의 최고신인 비슈누의 화신이었다는 식으로 말이다.

그러나 그 결과, 불교 측은 치명적인 실수를 저지른 꼴이 되었다. 민중들에게 마치 불교가 힌두교의 아류작인 것처럼 비추어지고 만 것이다. 믿는 신과 교리 대부분이 동일하다면 불교가 힌두교와 다른 점이 무엇인가?

곡학아세曲學阿世라는 말처럼, 대중에게 섣불리 영합하기 위해 본래의 가르침을 왜곡시킨 불교 교단으로 인해 인도에서 불교의 교세는 급속도로 기울기 시작했다.

인도 불교의 종말과
새로운 희망

힌두교에 밀려 위축되어 가던 인도 불교에 치명타를 가한 것은 전혀 새로운 외부 세력의 침입이었다. 서기 997년에 등장해 아프가니스탄을 지배한 가즈나 왕조의 술탄 마흐무드는 998년부터 1030년까지 북인도를 무려 17번이나 침략했다. 열렬한 무슬림이었던 마흐무드는 불교와 힌두교를 비롯한 인도의 종교를 사악한 우상숭배로 규정하고 인도에 침입할 때마다 불교 사원들을 눈에 보이는 대로 부수었다. 그리고 무수한 불교 사제와 신도들을 살육하였다.

물론 마흐무드의 칼날에 목숨을 잃은 것은 불교 측만이 아닌 힌두교도 마찬가지였다. 하지만 소수파였던 불교 측은 힌두교에 비해 그만큼 무슬림으로부터 받은 타격이 더욱 컸고, 그 피해를 복구하기도 어려웠다.

여기에 일부 불교도들은 힌두교의 압력에서 벗어나기 위해 이슬람을 선택했고 무슬림으로 개종하여 힌두교에 맞섰다. 새로운 이방인과 손잡고 기존의 원수와 싸우는 모습은 인류의 역사에서 꾸준히 반복되는 현상이다.

결국 이슬람의 노도와 같은 침공에 시달린 불교도들은 이슬람으로 개종을 하거나, 동남아시아나 티베트 등지로 도망가야 했다. 그게 아니면 사회의 비주류 세력으로 숨어서 살아가는 수밖에 없었다.

그 후 인도 역사에서 종교 간의 갈등, 하면 힌두교와 이슬람교의 경우만 있었지 불교가 개입되는 일은 없었다. 다른 종교와 대립을 벌일 만큼의 세력도 없었기 때문이다. 불교는 오랫동안 인도에서 존재감조차 없을 정도로 미약했던 것이다.

그런데 최근 인도의 불교가 다시 부흥하고 있다는 소식이 들려온다. 카스트 제도의 비인간적인 신분 차별에 절망한 바이샤와 수드라 같은 사람들이 힌두교를 벗어나 이슬람이나 기독교 등 다른 종교로 개종을 하고 있는데, 그중에서도 불교로 개종하는 사람들이 제일 많은 편이다. 이슬람교나 기독교에 비해 불교는 인도에서 발생한 종교이기 때문에, 문화적으로 이질감이 없고 친숙하다는 것이 이유이다.

비록 아직도 힌두교나 이슬람에 비하면 교세가 미약하긴 하지만, 인도의 불교는 죽지 않고 다시 살아나 제2의 도약을 준비하고 있는 중이다. 억압받고 핍박받는 자들을 위해 구원의 손길을 내밀 수 있다면, 불교가 아니라 어느 종교라도 존속할 가치가 있을 것이다.

9

'동아시아의 게르만족', 선비족

서기 5세기, 유럽은 크나큰 격변에 휘말린다. 고트족과 반달족, 프랑크족, 색슨족, 부르군트족을 비롯한 게르만족들이 서로마 제국의 국경선을 넘어 침략과 약탈을 일삼으며 대규모로 이주해 온 것이다. 이미 동서로 분열되어 있던 로마 제국 중 서로마 제국은 게르만족들의 침공에 붕괴되어 버렸고, 동로마 제국은 안전한 콘스탄티노플의 성벽 안에 숨어서 야만족들의 만행을 지켜보아야만 했다.

그런데 같은 무렵, 멀리 동양의 중국에서도 비슷한 일이 있었다. 북쪽에서 남하해 온 유목민인 선비족들이 흉노나 강족 같은 다른 유목민들이 세운 나라들을 하나씩 정복해 나가면서 양자강 이북의 중국 영토를 지배하는 강대국 북위를 세웠다. 남쪽으로 쫓겨난 한족들은 바다처럼 넓은 양자강을 방벽 삼아 사나운 선비족들의 공격을 힘겹게 막아내면서, 빼앗긴 북방 영토를 되찾으려 했으나 끝내 성공하지 못했다.

400년간 동아시아 문명의 선두주자였던 한족들을 밀어내고, 약 300년 동안이나 중국의 절반을 다스렸던 선비족은 대체 어떤 민족이었을까?

시작은 초라했던
선비족

한나라의 역사가 사마천이 쓴 《사기》에 의하면 선비족은 본래 동호족의 후예였다. 동호족은 지금의 만주 서부와 내몽골 지역에서 번성했던 유목민인데, 몽골에 자리를 잡은 흉노족의 공격을 받고 큰 피해를 입어 대싱안링산맥으로 달아나 300년 동안 깊은 산속에서 숨어 살면서 선비와 오환족으로 나누어졌다.

오환족은 대싱안링산맥의 서남쪽에 살았고, 선비족은 동북쪽에 살았다. 나중에 선비족이 세운 북위의 역사서를 보면, 선비족의 시조는 대싱안링산맥 북쪽의 동굴 속에서 살았다고 한다. 2000년에 개봉한 할리우드 영화 〈13번째 전사〉에 나왔던 원시부족 밴돌이 떠오른다. 밴돌은 동굴 속에 들어가 사는데, 식량이 필요할 때는 말을 타고 나가서 주변 마을들로 쳐들어가 노략질을 일삼는다. 선비족도 그와 비슷한 삶을 살았던 것 같다.

한나라를 세운 유방을 백등산에서 포위하고, 한나라로부터 공주와 조공을 받아낼 정도로 위세를 떨쳤던 흉노족은 기원전 141년부터 한무제가 등극하면서 위기에 처한다. 한무제는 흉노족의 토벌을 일생의 사명으로 삼았고, 온 국력을 기울여 흉노족을 쳐부수는 데 전력을 기울였다. 그 결과 한나라로부터 타격을 받은 흉노족은 서기 1세기 무렵 남북으로 분열된다. 남흉노는 한나라에 굴복했으며, 북흉노는 멀리 서쪽인 중앙아시아로 달아나고 말았다.

흉노족의 붕괴로 몽골 초원에는 힘의 공백 상태가 발생했다. 그 틈을 메운 것이 바로 선비족이었다. 서기 2세기, 선비족에는 단석괴(137~181년)라는 뛰어난 영웅이 등장한다. 단석괴는 용감무쌍하고 군사들을 잘 다루어, 주변의 여러 부족들을 복속시켰다. 그의 세력이 미친 영토는 동으로는 만주 길림성에서 서로는 카자흐스탄과 남으로는 오르도스 지역과 북으로는 바이칼 호수에 이르렀는데, 오늘날 몽골 공화국보다 2배나 넓었다.

흉노를 대체하는 새롭고 강력한 유목민 집단이 등장하자, 불안해진 중국의 후한 왕조는 15만의 대군을 세 길로 나누어 선비족을 공격하게 했다. 그러나 후한군은 단석괴가 지휘하는 선비족 전사들의 역습으로 참담한 패배를 당했다.

중국의 군대마저 물리친 단석괴의 위세는 태양과도 같았으나, 불

단석괴가 정복한 영토를 나타낸 지도. 현대의 몽골 공화국보다 2배나 더 넓었다.

행히도 그는 45세의 나이로 사망했다. 그의 사후, 거대했던 선비 제국은 모용과 우문과 탁발 등 여러 부족들로 분열되어 붕괴되고 말았다. 단석괴는 훌륭한 군사 지도자였지만, 안정적인 후계 구도를 만들어 굳건한 국가 체제를 세우지는 못했던 것이다.

하지만 선비족들의 마음에서 한 번이나마 제국을 이루어 패권을 지녔던 기억은 사라지지 않았다. 그들은 서로 갈라져 싸우면서도 언젠가 다시 단석괴 시절의 영광을 재현할 날을 기다렸다.

5호 16국 시대의 개막, 오랑캐들이 중원으로 몰려오다

후한 왕조가 황건적의 난으로 시작된 대혼란에 휩싸여, 삼국지로 대표되는 군웅할거의 난세에 접어들 무렵, 선비족과 오환족은 여전히 내분을 치르느라 세력을 떨치지 못했다.

그러던 207년, 요동 이북에 근거지를 둔 오환족은 큰 재앙을 당한다. 삼국지의 영웅인 조조가 오환족을 공격하여 우두머리인 답돈을 죽이고, 나머지 무리들을 굴복시켜 위나라에 봉사하는 외인부대로 만들어 버렸던 것이다. 조조의 침략으로부터 살아남은 오환의 잔존 세력은 북으로 달아나 선비족에게 흡수된다. 나중에 북방 유목민들이 중국의 북쪽으로 남하하여 나라를 세우는 5호 16국 시대에, 오환족이 나타나지 않는 이유는 이것 때문이다.

오환족과는 달리, 근거지가 중국과 멀었던 선비족은 중국으로부터 피해를 입지 않고 온전하게 세력을 보존할 수 있었다.

지루하게 계속된 중국의 삼국 시대는 280년, 조조마저 경계하던 위나라의 권력자 사마의의 손자인 사마염이 세운 진晉나라에 의해 통일된다. 이 나라를 중국 역사에서는 서진西晉(265~316)이라고 부른다.

그러나 90년 동안의 삼국 시대를 끝내고 중국을 통일한 서진은 50년도 못 되어 다시 천하를 혼란에 빠뜨린다. 왕족들 간의 사치와 부정부패로 날을 지새더니, 300년에는 권력을 잡기 위해 8왕의 난이라 불리는 잔혹한 내전을 벌였던 것이다.

서진의 왕족들은 각자 사병을 거느렸다. 그런데 그 병력들은 대부분 흉노나 선비족, 갈족과 강족 같은 북방 유목민족들로 이루어졌다. 유목민들로 구성된 기병 부대가 서진 왕족들의 사병이었다.

그리고 서진 왕족들끼리 벌이는 내전이 길어지면서, 그들 간의 싸움에 동원된 유목민들은 깨달음을 얻었다. 자신들이 단결한다면 저 어리석고 무능한 한족들을 제압하고 지배할 수 있다는 교훈이었다.

한족에 대항하는 민족주의를 자각한 최초의 유목민은 흉노족이었다. 과거 한나라에 복속한 남흉노의 우두머리인 유연은 304년, 이제까지 복종해 오던 서진에 반기를 들고 산서를 근거지로 하여, 자신을 한왕漢王이라고 칭하고 자립했다. 그는 흉노족으로 구성된 대군을 이끌고 311년, 서진의 수도인 낙양을 점령하였다. 이때 흉노군에 의해 10만 명의 한족들이 대거 학살당했고, 서진의 황제인 회제도 포로가 되었다. 316년에는 옛 한나라의 수도였던 장안마저 점령당하고 회제를 대신한 민제도 흉노족에게 생포당했다. 이보다 1세기 후, 유럽을 공략한 훈족의 아틸라마저 이 정도로 위세를 떨치지는 못했다.

그러나 흉노족의 천하는 오래가지 못했다. 유연이 죽고 난 이후, 그의 후계자들은 하나같이 사치와 방탕에 빠져 허우적거리는 폭군이었다. 유연의 아들인 유요는 318년 10월, 나라 이름을 한에서 조(趙)로 바꾸었으나, 갈족이 세운 후조에게 329년 멸망당했다. 후조는 349년 황제인 석호가 죽으면서 사실상 멸망했다. 북방 유목민들이 세운 나라들은 대부분 20~30년 안에 망하고 말았으니, 참으로 격동의 세월이었다.

선비족,
나라를 세우다

흉노족과 갈족이 중원에서 혼탁하게 치고받을 무렵, 만주 북부에서 서서히 남하하고 있었던 선비족도 힘을 길러 어느새 세력 쟁탈전에 참여했다. 마침내 386년 4월, 선비의 여러 부족 중 하나인 탁발 선비족의 우두머리 탁발규는 황하 북쪽의 우천(牛川)에서 왕으로 즉위하여, 나라 이름을 위(魏)라고 하였

말을 타면서 활을 쏘는 선비족 전사.

다. 이것이 북중국을 안정적으로 통치할 북위北魏(386~535) 왕조의 시작이었다.

탁발규는 396년, 지금의 북경을 근거지로 활동하던 동족인 모용선비가 세운 후연을 멸망시켰다. 후연은 광개토대왕 시절, 고구려를 괴롭힌 나라이기도 하다.

2년 후인 398년, 탁발규는 수도를 황하 동쪽 섬서성의 평성으로 옮겼다. 그는 중국식 문화를 받아들여 궁궐을 세우고 종묘사직을 세웠으며, 법률과 관직을 만드는 등 중국식 국가 체제를 수립했다.

선비족이 세운 나라인 북위가 이전의 유목민 왕조들과 다른 점이 있다면, 중국 인구의 절대다수이자 중국 문화의 주인공인 한족들을 적극적으로 등용했다는 것이다. 그 결과, 북위는 중국의 통치 기술과 유목민의 강력한 군사력이라는 두 가지 이점을 효과적으로 결합하여, 나라를 안정적으로 이끌어 나갈 수 있었다.

탁발규는 국가를 연 초기부터 한족 지식인들을 매우 중요하게 여겼다. 그는 한족 선비들을 직접 만나 관직을 주고, 장곤과 최현백 같은 훌륭한 선비들을 곁에 두어 참모로 삼았다. 또한 유교의 창시자인 공자에게 제사를 지내고, 태학과 오경박사를 설치하여 중국 문화의 핵심인 유학을 적극 연구하도록 했다.

선비족의 전성기를 연 명군,
태무제

432년 즉위한 탁발규의 손자 탁발도는 후세 역사에서 태무제太武帝
(423~452)라고 불린다. 그의 치세에 북위의 국력은 매우 강성해졌다.

428년, 태무제는 하夏나라를 공격해 수도인 통만성을 함락시켰다.
하나라는 흉노족인 혁련발발이 세운 나라이다. 혁련발발은 흉노족답
게, 강력한 군사력 증강을 국가의 최우선 과제로 삼았다. 그는 무기와
성곽 제조에 매우 신경을 썼는데, 활을 쏘아 화살이 갑옷을 뚫으면 갑
옷을 만든 기술자들이 제대로 일을 안 했다면서 죽였고, 반대로 화살
이 갑옷을 못 뚫으면 화살을 만든 기술자들을 죽였다. 또한 송곳으로
성벽을 찔러서 한 치(3센티미터) 이상 송
곳이 들어가면, 성벽을 쌓은 노동자들
도 모두 죽였다. 이러니 하나라의 기술
자와 노동자들은 언제 목이 잘릴지 몰
라 항상 두려움에 떨면서 살았다. 대신
목숨을 담보로 하면서 작업을 했던 기
술자들 덕분에 하나라의 화살과 갑옷은
매우 우수했고, 성벽은 돌보다 단단했
다(하나라의 성벽은 흙을 솥에 쪄서 만든 벽
돌로 쌓았다.).

선비족 전사를 나타낸 흙 인형. 북위
왕조 시절에 만들어졌다.

하지만 그토록 강한 무기와 견고한

성벽을 갖춘 하나라도 새로 일어난 북위의 기세 앞에 무릎을 꿇고 말았다. 물론 그 이면에는 가혹한 폭정에 시달리던 하나라 백성들의 불만도 작용했을 것이다. 아무리 강권 정치라도 백성을 강압만으로 다스릴 수는 없으니 말이다.

태무제에게 타격을 받은 하나라는 431년, 티베트 계열의 민족인 토곡혼에게 멸망당한다. 그러나 하나라는 사실상 북위의 공격을 받은 428년에 망한 것이나 다름없었다.

439년 9월, 태무제는 대군을 이끌고 황하를 건너 흉노족이 세운 북량을 멸망시키고 국왕 저거목건을 사로잡았다. 이때, 20만 명이 넘는 한족 선비와 기술자와 예술가들이 투항했는데, 태무제는 이들을 모두 북위로 데리고 와 집과 땅을 주어 살게 했다. 이로써 북위는 우수한 인재들을 받아들여 더욱 국력을 발전시킬 수 있었다.

북위의 가장 큰 적은 몽골 초원에 자리 잡은 유목민족, 유연柔然 (402~555)이었다. 유연은 본래 선비의 한 부족이었으나 4세기 말, 사륜社崙이라는 뛰어난 지도자가 나와 자립하여 동으로는 대싱안링산맥과 서로는 현재 중국 신강성 일대까지 지배했다. 사륜은 역대 북방 유목민 중에서 최초로 칸可汗, Khan이라는 칭호를 사용했는데, 이후 돌궐과 거란, 몽골 같은 모든 유목민들은 칸을 군주의 호칭으로 썼다.

유연은 건국 초기부터 북위와 자주 싸웠는데, 그 때문에 북위는 유연을 가리켜 '꿈틀거리는 벌레'라는 뜻인 연연蠕蠕이나 '썩은 채소'라는 의미인 여여茹茹라고 부르기도 했다. 다분히 문자를 이용한 모욕이다. 유연이란 호칭 자체도 '나약하다'라는 뜻이니, 북위인들이 얼마나 유연을 증오했는지 짐작이 가리라.

　태무제는 바다처럼 넓은 양자강 남쪽으로 밀려난 송나라※ (419~479) 같은 한족 왕조들보다, 육지로 이어진 국경을 맞대고 있는 유연이야말로 북위에 가장 큰 위협이라고 판단했다. 여기에는 선비족들의 사정도 있었다. 선비족은 원래 유목 기마민족이라, 기병전에는 능숙해도 물을 건너 배로 싸우는 수전水戰에는 영 서툴렀다. 따라서 태무제는 잘 맞지도 않는 수전을 억지로 치르면서 막대한 희생을 감수하느니, 차라리 기병전이 잘 먹히는 유연을 상대로 고른 것이다. 여기에 유연은 매년 북위의 변방 지역을 쳐들어와 막대한 사람과 가축과 물자들을 약탈해 갔기 때문에, 북위의 안전을 위협하는 적국으로 인식된 점도 한몫했다.

　유연을 정벌하기로 결정한 태무제는 이전까지 유연에 대해서 해 왔던 군사 정책을 완전히 바꾸었다. 태무제 이전, 북위는 유연의 침략에 대해 변경 지역에 6개의 군사 요새인 군진軍鎭을 세우고 2000리가 넘는 장성을 쌓는 방어 위주의 정책으로 대응했다. 그러나 태무제는 유연의 위협을 제거하려면 방어 같은 소극적인 방식보다, 직접 군대를 이끌고 원정을 떠나 유연의 주력을 분쇄해야 한다는 공격 위주로 전환하였다.

　429년 5월, 태무제는 신하인 평양왕 장손한과 함께 동서로 나누어 대군을 이끌고 유연을 공격했다. 북위의 대군을 보고 놀란 유연은 서둘러 도망쳤다. 태무제는 30만 명이 넘는 포로와 100만 마리가 넘는 가축들을 노획하였다. 그는 포로들을 북위 영토 곳곳에 분산 배치하여 농사와 목축을 짓게 하였다.

유연족에 맞서 싸우는 화목란의 활약을 그린 중국 영화 〈뮬란–전사의 귀환〉의 일부.

　443년, 태무제는 다시 대군을 네 갈래로 나누어 유연을 공격했다. 이때도 유연은 제대로 맞서지 못하고 속수무책으로 도망만 쳤다. 태무제의 적극적인 공세로 유연은 다른 유목민들과는 달리, 중국에 대해 매우 약한 모습을 보였고, 이로 인하여 북위는 역대 중국 왕조들처럼 북방 유목민들에게 큰 피해를 입지 않았다.

　태무제의 유연 정벌에서 탄생한 유명한 고사가 하나 있다. 미국 디즈니 만화영화로도 나온 뮬란은 사실 북위 시절, 병든 아버지 대신 남장을 하고 군대에 징집되어 사막에서 유연족과 싸웠던 여전사 화목란花木蘭이었다. 북위 시절 유행한 민요인 목란시에서 "화씨 성을 가진 목란은 북방으로 출정하여 오랑캐를 물리쳤고, 마침내 장군에 올랐다."라고 칭송한다.

불교 탄압과
정복 전쟁의 실패

그러나 태무제는 말년에 잘못도 많이 저질렀다. 하나는 불교 탄압이고 다른 하나는 무모한 송나라 정벌이었다.

역대 북위의 황제들은 하나같이 불교를 매우 숭상했다. 그런데 태무제는 유독 불교를 싫어했다. 여기에는 태무제를 정성껏 보필했던 한족 출신 명재상 최호의 역할이 컸다. 최호는 태무제에게 불교의 승려들은 모두 절간 속에 틀어박혀 세금도 내지 않고, 군대도 가지 않으니 나라에 도움이 되지 않고, 그들을 먹여 살리느라 나라 재정에 매우 부담이 간다는 이유를 들어 불교를 멀리할 것을 권유했다.

여기에는 당시의 혼란한 시대 상황도 한몫했다. 5호 16국과 남북조시대의 전란이 계속되면서 중국의 백성들은 전쟁터로 끌려가 죽기를 두려워하여, 앞다투어 절로 도망쳐 승려가 되어 병역과 세금과 부역을 피하면서 살아왔던 것이다. 그러나 이런 모습이 태무제를 비롯한 북위의 위정자들에게는 눈엣가시처럼 비추어졌다. 요즘도 그렇지만 동서고금을 막론하고 통치자들은 세금을 내고 병사와 노동자가 되어 일할 백성이 줄어드는 것을 무엇보다 싫어하기 때문이다.

445년, 태무제는 불교를 탄압하는 칙령을 발표했다. 대략 내용은 다음과 같았다.

"불교는 본래 중국의 것이 아니라 서역에서 들어온 것이다. 그런데 어리석은 황제들이 불교를 믿다가 천하가 어지러워지고, 백성들의 삶이 궁핍해졌다. 앞으로 모든 나라 안에서 이런 오랑캐의 귀신胡神을 섬기는 불교를 금지하노라. 부처를 숭배하거나 그 모습을 만들어 파는 자들은 남김없이 죽일 것이며, 절들은 폐쇄하고 불상과 불경들은 소각시켜 버리고, 아울러 중들은 전부 군사나 농부가 되어 생산에 힘써야 한다."

태무제의 명령에서 비롯된 불교 탄압 정책은 5년 동안이나 계속되었다. 그동안 무수히 많은 승려들이 목숨을 잃었고, 수많은 사찰과 불경과 불상들이 불에 타 재가 되었다.

그 후 태무제처럼 불교를 탄압한 황제들이 여럿 있었다. 북주北周의 무제와 당나라의 무종, 후주의 세종 등인데 중국 역사에서는 이를 가리켜 삼무일종三武一宗이라고 한다. 무武자가 들어가는 세 황제와 종宗자를 쓰는 한 명의 황제들이 불교를 탄압했기에 총괄하여 부르는 것이다.

불교를 탄압한 태무제는 한 가지 정책을 밀어붙였다. 양자강 남쪽에 근거지를 틀고 있는 송나라를 멸망시켜 중국을 통일하는 일이었다. 당시 북위는 북방의 유연을 분쇄하고 멀리 서역과 고구려에 이르는 방대한 영토를 다스리고 있었다. 여기에 강남의 한족 정권인 송나라만 합병한다면, 명실공히 천하통일을 이룩하게 되는 셈이었다.

450년, 태무제는 친히 8만의 군사를 이끌고 송나라를 치러 원정길에 나섰다. 그러나 선비족들이 내심 나약하다고 깔보고 있던 한족들은 전혀 예상 밖으로 완강하게 저항했다. 요새가 없이 초원에서 살던 유연족을 칠 때는 승승장구하던 북위의 기마 부대는 송나라의 높고 견고한 성벽을 공략하는 데는 전혀 힘을 쓰지 못했다. 원정을 하면 할수록 북위군은 막대한 사상자만 속출할 뿐이었다. 결국 태무제는 송나라 정복을 포기하고 철수하고 말았다.

2년 후인 452년, 태무제는 제위 계승을 두고 태자와 갈등에 휩싸여 있다가 그의 사주를 받은 환관 종애에게 암살당했다. 그의 죽음 이후, 북위는 한동안 혼란에 빠졌으나 471년 효문제가 즉위하면서 다시 안정을 되찾는다.

한화 정책을 추진한
효문제

효문제는 여러 가지 개혁 정책을 펼쳤다. 그중 첫 번째가 관리들에게 매년 일정한 수준의 녹봉을 주는 봉록제였다. 당시 북위의 관리들은 국가로부터 급료를 받지 않았다. 그래서 관리들은 백성들을 상대로 부정부패를 저지르거나 국고에 들어오는 비싼 물건들을 빼돌려 시장에 내다파는 식으로 생계를 이어갔다. 그러다 보니 북위의 부패 수준은 매우 심각했다. 물론 북위의 황제들은 부패 관원들을 적발하여 처형했지만, 그럼에도 불구하고 관료계의 부패는 전혀 나아지지 않았다. 관리들이 부정부패를 저지르는 근본적인 원인을 해결하지 못했기 때문이었다.

484년, 효문제는 이런 문제점에 주목해 앞으로 모든 관리들에게 매년 비단과 가죽 각각 세 필, 곡식 29말씩 봉급으로 주기로 하였다. 그리고 이런 조치에도 계속 장사를 하거나 부패를 저지르는 관리들은 신분에 막론하고 모두 처형한다는 엄명을 내렸다. 효문제가 주창한 봉록제가 도입되자 북위의 부패 수준은 매우 낮아졌다.

또한 효문제는 균전령均田令을 내려, 집과 땅을 잃고 거리에서 떠도는 백성들에게 공평하게 땅을 나눠 주어 생계를 이어 나가도록 배려했다. 현대와 마찬가지로 나라가 쇠망의 길을 걷는 첫 번째 단계는, 빈부격차가 커지면서 부의 근본인 토지를 소수 부유층들이 독점하고 대다수 민중들은 자신의 땅을 갖지 못하는 일이다. 효문제는 그러한 현상을 막기 위해서 균전령을 실시했다.

495년, 효문제는 좀 더 안정적인 통치를 위해 수도를 황하 북동쪽의 평성에서 중원의 중심지인 낙양으로 옮겼다. 100년 넘게 평성에서 살면서 얻은 기득권을 잃기 싫어서 수많은 선비족들이 반대했으나, 효문제는 강력히 천도를 고집했다. 평성은 넓은 북위의 영토를 다스리기에 너무 북쪽에 치우쳐 있고, 이미 커질 대로 커진 나라를 제대로 운영하려면 국토의 중심인 낙양이 필요하다는 주장을 폈다.

효문제가 낙양 천도를 고집한 이유는 더 있었다. 낙양은 후한과 서진 등 역대 한족 왕조들의 수도였고, 낙양을 도읍으로 삼게 되면 북위는 우수한 중국 문화를 더욱 많이 받아들여 문명의 수준을 높일 수 있다는 계산도 깔려 있었다.

낙양으로 도읍을 옮긴 효문제는 적극적인 한화 정책을 폈다. 그는 모든 선비족들에게 선비어 대신, 한어만을 사용하고 선비족의 성인

탁발이나 독고 등을 원元이나 유劉 같은 한족식 성씨로 고치게 했다. 또한 선비족들의 본적을 낙양으로 하고, 선비족이 죽으면 모두 낙양의 북망산北邙山에 묻히게 했다. 오늘날 사람이 죽는 것을 가리켜 북망산에 간다고 하는 고사도 여기에서 비롯된 것이다.

여기에 효문제는 선비족의 옷차림도 한족의 옷차림처럼 고치게 했으며, 한나라의 관료 체제를 본따 관료 체제도 모두 한족의 방식으로 수정했다.

효문제의 개혁은 철저한 한화 정책이었다. 이를 가리켜 비판적인 사람들은 선비족의 주체성을 잃었다고 보지만, 근대 이전까지 중국은 세계 최강국이었고 유학을 중심으로 한 중국 문화는 세계에서 최고로 발달한 문명이었다. 프랑스의 대문호 볼테르마저 "세계 역사상 가장 행복한 시절은 공자의 법이 이루어진 때였다."라는 말을 남겼을 정도였다. 이런 점에서 볼 때, 효문제의 개혁은 분명 옳은 일이었다.

300년 동안 중국의 절반을 지배하며
새로운 중국 문명을 만들다

그러나 499년, 33세의 나이로 효문제가 죽으면서 북위는 쇠퇴하기 시작한다. 북위의 귀족들이 옛 한족 왕조인 후한과 서진의 귀족들이 즐긴 사치를 흉내내면서 백성들의 고혈을 마구 쥐어짜고, 국고에 모아둔 재물들을 횡령했다. 더구나 북위 말기에 비단 500필에서 2000

필을 내면, 관직을 얻을 수 있는 매관매직이 합법적으로 이루어지면서 북위의 기강은 너무나 문란해졌다.

523년 4월, 부패한 북위의 지배층들에게 타격을 가한 사건이 발생한다. 멀리 북방에서 유연과 칙륵 같은 유목 민족들을 막기 위해 설치한 6진을 지키던 군사들이, 흉노족 출신 장수인 파육발한릉의 지도하에 일제히 반란을 일으킨 것이다. 추운 북방에서 사나운 오랑캐들과 싸우며 나라를 지키는 자신들을 돌보지 않는 위정자들에 대한 분노가 폭발한 것이다. 이 6진의 난을 시작으로 하북과 하음에서도 잇따라 반란이 터져 나와 북위는 혼란에 빠졌다. 낙양의 황족과 귀족들은 반란을 일으킨 군사들에게 살육당했고, 북위는 병권을 쥔 군벌들이 저마다 권력을 잡기 위해 저지른 병란으로 갈갈이 찢어졌다. 결국 535년, 북위는 마침내 멸망하고 말았다.

그러나 북위는 결코 헛되이 사라지지 않았다. 6진의 하나였던 섬서성에서 일했던 선비족과 한족의 혼혈 집단으로 이루어진 군벌인 '관롱'을 기반으로 다시 중국을 통일하고 오랫동안 평화와 번영을 이룬 대제국, 수나라와 당나라가 등장했던 것이다.

중국의 문명에 선비족의 용맹함을 더한 수나라와 당나라는 한나라에 이어 중국 문명을 더욱 발전시키면서, 동아시아의 역사에 거대한 영향을 끼쳤다. 그 이면에는 한때 동굴 속에서 살다가, 중국 문화를 계승하여 잘 보존한 선비족의 노력이 숨어 있었다.

그런 면에서 선비족은, 로마 제국을 멸망시켰지만 로마의 문화를 이어받아 새로운 유럽 문명을 만든 게르만족에 비할 수 있을 것이다.

10

이슬람은 관용적이고 평화를 사랑하는 종교인가?

세계사 교과서에는 이슬람교를 가리켜 평화를 사랑하는 종교라고 말하고 있다. 이러한 인식은 2003년, 미국이 이라크를 침공하면서 더욱 널리 확산되었다. 절대 강국인 미국에게 일방적으로 공격당하는 이라크를 보면서 한국에서는 반미 감정이 퍼졌고, 그와 동시에 이라크와 이슬람을 동정하는 인식이 높아진 것이다.

그러나 세계사를 살펴보면, 이슬람이라고 언제나 침략당하는 수동적인 입장은 아니었다. 기독교를 앞세운 십자군이 중동을 침략하기 약 400년 전인 8세기 초, 무슬림들은 먼저 지브롤터 해협을 건너 유럽에 쳐들어와 정복과 약탈을 일삼았다. 기독교를 믿던 스페인 지역의 서고트 왕국은 이들에 의해 멸망되었고, 기세가 오른 무슬림들은 732년 프랑스 투르의 대성당을 습격해 교회가 보유한 보물들을 약탈하고 교회를 파괴했다.

또한 이슬람에 대해 우호적인 사람들은 이슬람교가 유대교나 기독교와는 달리, 다른 종교도 인정하는 관용을 베푼다고 칭찬한다. 하지만 이런 주장 역시, 사실과 완전히 들어맞지는 않는다.

이슬람의 관용,
그러나 엄연한 한계가 있었다

이슬람교에서 관용을 베푸는 대상으로 한정한 종교는 유대교와 기독교, 단 두 가지이다. 이슬람교의 창시자인 무하마드가 그들을 가리켜 "같은 구약성경의 종교"라고 규정지었기 때문이다. 이 말은 틀린 말이 아니다. 유대교와 기독교, 이슬람교 모두 구약성경에서 출발한 종교이며, 구약성경을 경전으로 인정하고 있으니 말이다.

그리고 이슬람 율법학자들의 주장에 따르면 무슬림들이 믿는 유일신 알라Alla는 유대교와 기독교의 유일신과 같은 신이라고 한다. 이에 대해 개신교 계통의 신학자들은 알라는 기독교의 유일신이 아닌, 아랍인들이 전통적으로 믿었던 달의 신月神이라고 반박하고 있다. 하지만 무슬림들은 어쨌든 유대교와 기독교는 자신들과 같은 신을 섬긴다고 인식한다.

한 예로 지금은 사망한 이라크의 독재자 사담 후세인은 미군의 공습에 항의하는 표시로, 이라크 정부가 가지고 있던 미국 달러화를 거리에 뿌려 놓고, 불도저로 깔아뭉개는 행사를 치르려 했다. 그런데 이라크 정부의 한 관리가 그것을 막았다. 이유를 묻는 후세인에게 그 관리는 이렇게 대답했다.

"미국 1달러화의 뒷면에는 '우리는 신을 믿는다(In God We Trust)'라는 문구가 들어가 있습니다. 여기서 신God은 우리 무슬림들이 믿는 알라와 동일한 존재입니다. 그러니 달러화 뒷면을 불도저로 깔아뭉개는 것은 곧 알라를 모독하는 짓입니다. 부디 다시 생각해 주시기 바랍니다."

이 말을 듣고 놀란 후세인은 부랴부랴 이슬람 율법학자들에게 정말로 미국인들, 기독교인들이 믿는 신이 이슬람의 신과 동일한 존재냐고 물어보았다. 율법학자들에게서 돌아온 대답은 모두 "그렇다."였다. 그래서 후세인은 고심 끝에 달러화의 뒷면이 아닌 앞면을 놓고 불도저로 뭉개도록 했다고 한다.

인도에서 힌두교를 탄압했던 이슬람

그러나 이슬람교의 관용은 여기까지다. 같은 유일신을 섬기고 구약성경에 기초를 둔 유대교와 기독교에 관해서는 관용을 베풀지만, 그렇지 않은 종교에 대해서는 전혀 아량이나 용서가 없었다.

한국의 만화가 김태권이 쓴 《십자군 이야기》 1권에서는 "만약 무하마드가 불교나 힌두교, 조로아스터교의 성인들도 알았다면, 그들도 이슬람교의 성인으로 인정했을 것이다."라는 말이 나온다.

하지만 이는 역사적 사실과는 다르다. 실제로 불교나 힌두교, 조로아스터교를 접한 무슬림들은 철저한 탄압과 박해로 일관했다. 무슬림들은 자신들과 같은 유일신이 아닌, 여러 신을 믿는 불교나 힌두교 같은 다신교들을 가장 극렬히 증오했다. 11세기 말, 유럽에서 쳐들어온 십자군과 전쟁을 하면서 무슬림들은 서유럽인들이 믿는 가톨릭이 신

가즈니 왕국의 술탄, 마흐무드. 그는 인도의 엄청난 보물을 노리고 수시로 침략해, 대량 학살과 약탈을 저질렀다.

의 삼위일체를 주장하자, 가톨릭도 다신교라고 비난하면서 십자군과 싸운 이슬람 지도자들에게 '다신교도의 정복자'라는 칭호를 바치기도 했다.

10세기와 11세기 초, 지금의 아프가니스탄인 가즈니 땅을 지배하던 가즈니 왕국의 술탄 마흐무드Mahmud(집권 998~1030)는 27세로 즉위하자 998년부터 1028년까지 무려 30년 동안 15번이나 인도를 침략했다. 그는 자신이 지휘한 인도 원정을 이교도인 힌두교를 토벌하는 성스러운 전쟁인 지하드였다고 선언했다. 그러면서 인도 북부를 침공하여 힌두교 사원들을 눈에 보이는 대로 파괴하고 무수한 힌두교 신자들을 살육했다.

1013년, 마흐무드는 델리 북서쪽에 있는 힌두교의 성지인 타네사르Thanesar에 침입하여 신전을 파괴하였다. 1018년에는 10만의 대군을 이끌고 무트라Muttra의 크리슈나 신전을 습격하여 순금으로 만든 신상 5개와 사파이어 16파운드를 약탈하였다. 또한 마흐무드는 인도 원정 중 5만 명이나 되는 인도인 포로들을 잡아 그들을 모두 중동에 노예로 팔아넘겼다.

6년 후인 1024년, 마흐무드는 그의 생애에서 가장 큰 약탈을 저지른다. 인도 북서 해안의 솜나트somnath 지방으로 쳐들어간 것이다. 이곳에는 힌두교의 최고신 중 하나인 시바를 섬기는 신전이 있었다. 솜나트의 시바 신전은 인도에서도 시바 신앙이 강한 곳으로, 시바를 숭배하는 사제와 수행자들이 1000명이나 거주하고 있었을 정도였다.

마흐무드는 솜나트의 시바 사원을 노리고 타르 사막을 횡단하여 이윽고 솜나트에 도달하자, 마음껏 살육과 파괴를 저질렀다. 그리고 시바 신전에 쳐들어가 시바 신상을 부수려 했다. 이때 많은 힌두교도들은 막대한 황금을 바치면서 제발 신상만은 부수지 말아달라고 사정을 했으나, 마흐무드는 끝내 거절하고 기어이 시바의 신상을 부숴 버렸다. 신상을 부수자, 그 안에서 엄청난 양의 보석들이 쏟아져 나왔는데, 그것들이 모두 마흐무드의 소유가 되었음은 두말할 나위도 없다.

여기에서 그치지 않고 마흐무드는 시바의 상징인 링가(남자의 성기와 비슷한 비석)를 가져다 본국의 이슬람 사원 앞에 묻어두고, 사원에 들르는 무슬림들로 하여금 밟고 지나가게 했다. 누가 보아도 명백히 힌두교의 교리를 모독하는 짓임에 틀림없다. 십자군이 저지른 예루살렘 학살이 비난받아 마땅한 일이라면, 이들 무슬림들의 소행 역시 동일한 선상에서 다루어져야 한다.

마흐무드 원정 이후, 인도의 북서부인 오늘날의 파키스탄 지역에는 이슬람교의 세력이 굳게 자리 잡았다. 그리고 이를 발판으로 북서부에서 쳐들어오는 이슬람 세력들은 더욱 강해져, 16세기 중엽에 접어들면 마침내 이슬람을 앞세운 무굴 제국이 인도 전역을 지배하게 된다.

무굴 제국은 세 번째 황제인 악바르 대제 때, 힌두교에게 부과하는 종교 세금인 지즈야를 폐지하는 등, 관용 정책을 베풀어 힌두교도들로부터 크게 환영을 받았다.

여기서 지즈야란, 무슬림들이 자신들의 땅에 사는 이교도들에게 그들의 종교를 계속 믿게 해주는 대가로 무슬림들에게 바치도록 하는 세금을 말한다. 돈만 내면 이슬람 국가 안에 살아도 계속 다른 종교를 믿을 수 있다니, 얼핏 보면 매우 관대한 조치인 것 같다.

그러나 이집트에서 태어나 한때 이맘(이슬람 예배의 인도자. 기독교의 목사와 비슷한 직책)이었다가 기독교로 개종한 마크 A. 가브리엘(1957~)의 말에 의하면 지즈야도 그다지 관대한 것은 아니라고 한다.

악바르 대제. 힌두교도에게 관용을 베풀었으나 불행히도 그의 사후, 무굴 제국은 다시 힌두교도들을 탄압하게 된다.

"제가 살던 이집트는 다른 아랍 국가들에 비해 비교적 자유롭고 관대한 분위기의 나라였습니다. 하지만 그런 이집트에서도 다른 종교를 믿는 이교도들에 대해서는 너그럽지 못했습니다. 무슬림들은 기회만 있으면 수시로 유대인이나 기독교도들을 괴롭히거나 심지어 죽이기도 했습니다. 그중에서 무슬림들은 자신들의 주변에 다른 종교를 믿는 사람을 발견하면, 곧장 그에게 다가가서 '당신이 계속 당신의 종교를 믿으려면 우리한테 세금을 내시오.'라고 합니다. 만약 그 사람이 '나는 지금 당장 돈이 없으니 1주일 후에 오시오.'라고 하면 그들은 정말로 1주일 후에 옵니다. 그런데 그때도 돈이 없다고 하면 무슬림들은 그를 총으로 쏴 죽이고 맙니다."

이런 부가 설명을 들으면, 지즈야를 폐지한 악바르 대제가 정말로 관대한 군주임을 알 수 있다. 덕분에 악바르 대제는 이슬람 율법학자들로부터 이교도들에게 너무 너그럽다는 비난을 듣기도 했다.

그러나 악바르 대제의 후손이자 무굴 제국의 6대 황제인 아우랑제브는 수니파 이슬람에 심취하여 선왕의 관용 정책을 버렸다. 그는 1669

아우랑제브. 무굴 제국의 영토를 최대로 넓혔으나, 힌두교도들을 탄압하여 결과적으로 제국을 붕괴시키고 마는 실책을 범했다.

년, 나라 안의 모든 힌두교도들을 상대로 차별적인 법령을 발표한다. 그 내용은 힌두교 사원 건축을 금지하고, 음악과 춤과 술도 규제한다는 것이었다. 또한 악바르 대제가 폐지한 지즈야를 다시 부활시켜, 힌두교도들에게 막대한 세금을 걷어 갔다.

아우랑제브의 힌두교 탄압 정책은 파국을 불러왔다. 자신들에게 가해지는 차별과 불이익에 반발한 힌두교도들은 데칸 고원에서 봉기를 일으켰고, 힌두교를 믿는 세력인 마라타 동맹을 중심으로 단결하여 인도 전역에서 무굴 제국에 맞서는 반란을 조직한 것이다.

마라타 동맹의 궐기로 인해 무굴 제국은 수도인 델리를 제외하면 사실상 이름만 남은 빈껍데기 신세로 몰락해 버리고 만다. 세계사 교과서에서는 아우랑제브 시기 무굴 제국의 영토가 인도 전역에 미쳤다고 기술하고 있으나, 사실상 아우랑제브 때 무굴 제국은 멸망한 것이나 다름없었다.

20세기 중엽, 인도가 영국의 식민 지배에서 벗어났을 때, 파키스탄이 인도에서 따로 분리독립한 이유도 이러한 이슬람과 힌두교의 갈등 때문이었다. 무슬림들과 힌두교도들이 서로 이교도들과 같이 살 수 없다는 종교적 이유를 들어서 갈라서고 말았던 것이다. 이슬람교와 힌두교의 갈등이, 한 나라였던 인도를 둘로 분열시킨 셈이다.

페르시아에서 조로아스터교를 탄압한 이슬람교

그러나 이슬람교의 탄압을 가장 오랫동안, 그리고 심하게 받은 종교 집단은 조로아스터교^{Zoroastrianism}이다. 불을 성스럽게 여겨 배화교^{拜火敎}라고도 불리는 조로아스터교는 기원전 6세기에 예언자 조로아스터에 의해 만들어졌다. 그는 자신이 신의 사명을 받은 최후의 예언자라고 주장하며, 그전까지 페르시아인들이 믿어 오던 고대 신들의 숭배 의식을 약간 변형해서 조로아스터교를 창시했다.

조로아스터교의 핵심 교리는 이렇게 설명된다. 이 세상은 선한 신인 아후라 마즈다^{Ahura Mazda}와 악한 신인 앙그라 마이뉴^{Angra Mainyu}가 함께 창조했다. 아후라 마즈다는 천사와 인간 및 깨끗한 동물과 식물을 만들었고, 앙그라 마이뉴는 악마와 요괴와 뱀, 파리와 모기 같은 더럽고 유해한 생물들을 만들었다.

앙그라 마이뉴는 인간을 포함해서 아후라 마즈다가 창조한 모든 것들을 증오한다. 아후라 마즈다는 그러한 앙그라 마이뉴로부터 자신이 만든 세계와 피조물들을 지키기 위해서 전쟁을 벌이는데, 최후의 싸움에서 결국은 지혜롭고 선한 아후라 마즈다가 승리하여 앙그라 마이뉴와 그를 따르는 모

조로아스터교의 창시자인 조로아스터의 상상화.

든 세력을 어둠의 지옥으로 던져 가둬 버린다.

그리고 선신과 악신이 격돌하는 최후의 전쟁에서, 조로아스터의 후손이자 인류를 구원하는 사오시안스Saoshyant라는 구세주가 등장하여 전쟁을 끝낸다고 했다.

신들의 전쟁이 끝나면 모든 인간은 자신이 해 왔던 일들을 놓고 심판을 받는다. 아후라 마즈다를 믿으며 선한 일을 한 자는 밝은 천국으로 가서 영원한 행복을 누리고, 반대로 앙그라 마이뉴를 따라서 악한 일을 한 자는 어두운 지옥으로 떨어져 영원한 고통을 받는다는 것이다.

조로아스터가 전파한 이 교리는 오늘날 전 세계에서 가장 널리 믿

어지는 세 유일신 종교, 유대교와 기독교, 이슬람교의 가르침과 크게 다르지 않다. 말할 것도 없이 세 종교들은 조로아스터교에서 가르치는 선악 대결의 이원론과 구세주의 출현, 영원한 지옥 같은 교리에서 큰 영향을 받았다고 세계의 종교 연구자들은 인정하고 있다.

조로아스터교에서는 아후라 마즈다를 최고의 신으로 숭배했으며, 그가 창조한 일곱 명의 천사들인 아메샤 스펜타^{Amesha Spenta}, 보후 마나^{Vohu Manah}, 아샤 바히슈타^{Asha Vahishta}, 크샤트라 바이랴^{Kshathra Vairya}, 스펜타 아르마이티^{Spenta Armaiti}, 하우르바타트^{Haurvatat}, 아메레타트^{Ameretat}들이 인간과 세계와 동물들을 지키며 바른 길로 인도한다고 믿었다.

그러나 조로아스터교는 엄격한 유일신 종교는 아니었다. 아후라 마즈다를 최고신으로 믿었지만, 조로아스터교 성립 이전부터 페르시아인들이 섬겼던 태양과 빛의 신인 미트라^{Mithra}와 승리와 전쟁의 신인 바흐람^{Bahram}, 달의 신인 마오^{Mao}, 바람의 신인 바타^{Vata}, 비의 신인 티슈트리야^{Tishtrya}, 물의 여신인 아나히타^{Anahita}도 함께 숭배했다.

여기서 미트라는 세계사에서 중요한 역할을 했다. 오늘날 불교에서 말하는 세상을 구원하기 위해 올 미래의 부처인 미륵^{彌勒}과 로마제국 시대 로마 군인들이 열렬히 숭배했던 미트라는 바로 페르시아의 미트라 신에서 유래한 것이다.

페르시아 최초의 왕조인 아케메네스 제국이 성립한 기원전 559년에서 최후의 왕조인 사산조 페르시아 제국이 몰락하는 서기 651년까지 1210년 동안, 페르시아인들은 조로아스터교를 정성껏 믿어 왔다.

그런데 서기 7세기 초, 상황이 급변했다. 멀리 아라비아 반도에서 새로이 일어난 아랍인들은 신흥 종교인 이슬람을 내세우며 사산조 페르시아 제국에 도전해 왔다. 637년, 지금의 이라크 남부인 카디시야에서 벌어진 대규모 전투에서 아랍인들은 루스탐 왕자가 지휘하는 페르시아 제국의 군대에 맞서 놀랍게도 승리를 거두었다. 페르시아인들은 아랍인들에 맞서 저항을 계속했으나, 이미 나라 자체가 쇠약해져 총괄적인 지휘 체계를 잃은 페르시아인들은 단결하지 못하고 저마다 아랍인과 싸우다 각개격파를 당했다.

결국 651년, 아랍 군대를 피해 동쪽으로 달아나던 페르시아 제국의 마지막 황제인 야즈데게르드 3세는 동북방 국경 지대에서 한 물레방앗간 주인에게 살해당했다. 황제의 아들인 피르즈는 멀리 당나라로 망명하여 아랍인들을 몰아내달라고 도움을 요청했으나, 나라를 되찾으려는 꿈을 이루지 못했다. 그리하여 페르시아인들의 제국은 1200년의 찬란한 역사를 끝으로 멸망하고 말았다.

페르시아를 차지한 아랍인들은 페르시아인들이 믿던 조로아스터교에 대해서 혹독한 자세를 취했다. 그도 그럴 것이, 이슬람의 경전인 코란에는 유대교와 기독교는 같은 경전(구약성경)의 백성이니 관대하게 대하라고 적혀 있지만, 조로아스터교에 대해서는 아무런 언급도 없었기 때문이었다.

더구나 페르시아인들은 카디시야를 비롯하여 많은 전투에서 아랍인들에 맞서 끈질기게 저항하여 큰 피해를 입혔다. 이런 페르시아인과 조로아스터교에 대해서 아랍인들은 매우 좋지 않은 감정을 품었다.

이슬람 문학의 걸작인 《아라비안나이트》를 보면 조로아스터교에 대해서 매우 극심한 악평을 하는 모습을 곳곳에서 발견할 수 있다. "불을 섬기는 조로아스터교는 인간이 가진 종교 중에서 가장 나쁜 가르침이다."라는 식으로 말이다.

또한 《아라비안나이트》에서는 착한 무슬림 주인공을 돈을 벌게 해준다는 거짓말로 유혹해서 끌고 간 다음, 노예로 팔아먹으려는 악당이 자주 조로아스터교를 믿는 페르시아인으로 묘사된다.

이 밖에도 중세 이슬람 사회에서 페르시아인들은 그 자체가 조롱거리가 되기도 했다. 아바스 왕조의 2대 칼리프인 알 만수르가 옛 사산 왕조 페르시아 제국의 수도인 크테시폰에 있는 페르시아 궁전을 허물고, 그 자재를 옮겨서 바그다드에 도시를 건설하는 데 쓰자는 의견을 내놓자, 페르시아 출신인 재상 할리드는 다음과 같이 반대했다.

"그 건물을 허무는 비용을 감안한다면 다시 지어도 채산성이 맞지 않습니다."

그러자 알 만수르는 할리드를 가리켜 "당신은 페르시아인이기 때문에 그토록 반대하는 것이지?"라고 빈정거렸다.

아랍인들이 페르시아를 점령하자, 많은 페르시아인들은 아랍인들의 탄압으로부터 벗어나 조로아스터교의 신앙을 지키기 위해 조국을 버리고 인도로 도망쳤다. 그렇게 해서 인도에 정착한 조로아스터교를 믿는 페르시아인들을 가리켜, 인도에서는 페르시아란 뜻의 '파르시 Parsi'라고 불렀다. 이 단어는 오늘날까지 조로아스터교도를 가리키는 일반 명사로 불리고 있다.

그렇다면 살아온 고향에서 조상 대대로 믿어 오던 조로아스터교 신앙을 계속 간직하고 있던 페르시아인들은 어떻게 되었을까?

페르시아를 점령한 아랍인들은 조로아스터교도를 가리켜, '불과 우상을 숭배하며 신앙심도 없는 자' 라는 뜻인 가브르^{Gabre}라고 불렀다. 참고로 이슬람 사회에서 신앙심이 없다거나 무신론자라는 말은 인간에 대한 가장 큰 모욕으로 쓰인다. 아랍인들은 그만큼 조로아스터교를 혐오하고 멸시했던 것이다.

페르시아를 통치하던 역대 이슬람 왕조들은 조로아스터교를 하나같이 박해하는 데 열을 올렸다. 조로아스터교도들은 자신들의 신앙을 지키기 위해 막대한 지즈야를 내야 했고, 그럴 돈이 없는 가난한 자들은 이슬람으로의 개종을 강요당하거나 아니면 살던 곳에서 강제 이주를 당했고, 심하면 목숨마저 잃어야 했다.

조로아스터교 성직자들도 집요한 박해를 겪었다. 그들은 자신들이 가지고 있던 조로아스터교의 경전인 아베스타^{Avesta}를 이슬람 왕조에 강제로 압수당했다. 만약 경전을 넘기지 않으면 곧바로 처형되었다. 그리하여 오늘날까지 남아 있는 아베스타의 분량은 매우 적다.

이슬람 치하의 페르시아에서 조로아스터교도들이 가질 수 있는 직업은 막노동꾼이나 농부 정도가 전부였다. 그나마 일을 해도 보수는 매우 적었고, 때문에 절대다수의 조로아스터교도들은 극심한 가난에 시달렸다.

특히 사파비 왕조의 황제인 아바스 대제는 조로아스터교를 극심하게 탄압했다. 그는 수시로 국내의 조로아스터 성직자들을 색출하여 처형하였고, 조로아스터교를 믿던 신도들에게 이슬람으로 개종할 것을 강요했다. 그의 명령을 거부하는 조로아스터교도들은 모두 강제 이주와 대량 학살을 당했다.

오늘날 이란에서 아직도 조로아스터교를 믿는 사람들은 약 10만 명 정도이다. 이란 전체 인구인 7000만 명 중에서 고작 1퍼센트도 되지 않는 수치이다. 그들 대부분은 중앙정부의 눈이 닿지 않는 산간벽지에서 자신들의 신앙을 지키며 어렵게 살고 있다. 한때 거의 모든 이란인들이 믿었던 조로아스터교는 이처럼 형편없이 몰락하고 만 것이다.

현대를 살고 있는 무슬림들

물론 모든 무슬림이라고 해서 다른 종교에 대해 험악한 태도를 보이는 것은 아니다. 카자흐스탄이나 키르기스스탄, 타지키스탄 같은 중앙아시아에 살고 있는 무슬림들은 다른 종교에 대해 관용적인 태도를 보이고 있다. 이는 구소련 시절, 공산주의의 영향 때문이다. 특정 민족이나 종교가 사회를 지배하는 것을 배격하고, 모든 민족이 평등한 권리를 누리고 살았던 사회주의 체제의 흔적이 남아 있기 때문에, 그나마 관대하다고 한다.

그러나 시아파 이슬람 국가인 이란의 영향을 강하게 받고 있는 우즈베키스탄이나 투르크메니스탄에서는 최근 들어 젊은 무슬림들이

투르크메니스탄의 이슬람 사원.

우즈베키스탄의 이슬람 사원.

부모 세대의 미적지근한 이슬람에 반발하여, 사우디나 이란의 강렬한
이슬람 원리주의에 빠져드는 경향이 많다고 하니, 매우 우려된다.

이슬람을 버리면 가족과 사회에서 배척받고, 죽임까지 당한다

마지막으로 이슬람의 어두운 부분을 하나 더 언급한다. 이슬람교를 믿다가 다른 종교로 개종하는 배교자들은 이슬람 사회에서 철저하게 배척당한다. 앞서 말한 이집트 태생의 이맘이었던 마크 A. 가브리엘은 코란을 읽다가 서로 모순되는 구절을 읽고 회의를 느꼈다. 어느 구절에서는 유대교와 기독교를 이슬람의 형제라고 하다가, 바로 그다음 구절에서는 유대교와 기독교는 이슬람의 적이니 용서 없이 공격해야 한다는 등의 내용들이 반복되자, 도대체 무엇이 진실이고 거짓인지 혼란을 느끼던 중, 이집트에 살던 기독교도들이 전해 준 성경을 읽고는 예수가 설파한 사랑과 자비의 가르침에 감동을 받고 기독교로 개종을 했다.

그러나 그가 이슬람을 버리고 기독교로 개종했다는 사실이 알려지자, 그는 자신의 가족들로부터 살해 위협을 받았고, 결국 목숨을 건지기 위해 미국으로 황급히 이민을 가야 했다.

마크 A. 가브리엘과 비슷한 사례는 지금도 계속된다. 유럽으로 이민을 간 무슬림 중에서 이슬람을 버리고 사는 자들은 가족이나 친척들로부터 살해 위협을 받아, 이름과 신상 명세를 숨기고 철저히 숨어 지내는 형편이다.

신앙을 버린다고 살해 위협까지 하는 이슬람을 두고 과연 평화의 종교라고 할 수 있을까? 더구나 역사적으로 기독교 못지않게 다른 종교들을 탄압하고 핍박한 이슬람을 가리켜 관용적인 종교라고 하는 것은 어폐가 있어 보인다.

11

베트남은 자주적인 나라 였을까?

보통 한국인들은 중국을 제외한 다른 나라의 역사에 대해서 많이 알지 못한다. 이는 한국이 오랜 세월 동안 중국 이외의 외부 세계와는 교류가 적었던 일종의 '고립된 역사'를 걸었기 때문이다.

그래서 그런지 한국인들은 자국의 역사를 지나치게 평가절하하는 경향이 많다. 한 예로 36년 동안 일본의 식민지로 지냈던 시절을 두고, "세계 역사에서 우리만큼 외세의 식민 지배를 오랫동안 받은 민족이 없다. 우리는 무능하고 어리석고 못난 민족이다."라고 자학을 하는 사람들이 아직도 상당히 많다.

그에 반비례해서 한국인들은 외국의 역사는 무조건 한국보다 더 훌륭하고 위대할 것이라고 생각하는 경향이 강하다. 전 세계 나라들 중에서 한국만 언제나 외세에 비굴했으며, 다른 나라들은 전부 당당한 자주국가였다고 생각하는 사람들도 적지 않다. 그렇게 칭송하는 나라들 중 하나가 베트남이다. 그러나 더 옛날까지 베트남의 역사를 거슬러 올라간다면, 한국보다 자주적이었다고 쉽게 말할 수는 없을 것이다. 베트남의 식민지 역사는 한국의 36년보다 훨씬 길었다.

한무제부터 5대 10국 시절까지
중국의 영토였던 베트남

베트남의 역사는 중국인의 이주 식민지로부터 시작된다. 중국을 통일한 진나라의 진시황은 당시 중국인들에게 오랑캐들이 살던 미지의 땅으로 알려진 남월南越, 즉 중국 남부의 해안 지역과 베트남 북부 지역까지 정복하려 했다. 진시황은 기원전 218년, 10만의 대군을 동원해 남월 지역에 살던 월족越族들과 치열한 전쟁을 벌인 끝에 그들을 정복하는 데 성공했다.

그러나 진시황이 이룩한 통일천하는 오래가지 못했다. 기원전 209년, 진시황이 죽자 그가 이룩한 제국은 뿌리부터 흔들렸고, 유방과 항우로 대표되는 지방의 세력자들이 새로운 황제가 되기 위해 들고 일어나 중국은 잔혹한 내전에 시달린다.

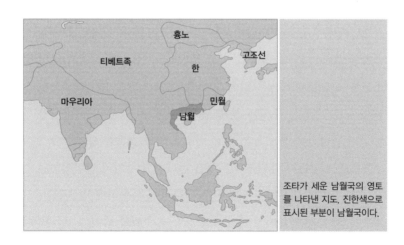

조타가 세운 남월국의 영토를 나타낸 지도. 진한색으로 표시된 부분이 남월국이다.

이때, 남월에 파견왔던 중국인 관리 조타趙佗는 본국의 혼란한 사정을 관찰하면서 더 이상 남월의 사정을 보호해 주지 못하는 중국과 계속 관계를 유지할 수 없다고 판단했다. 그리하여 기원전 207년, 조타는 스스로 남월을 지배하는 무왕武王이라 선언하고, 나라를 세워 남월국이라고 하여 중국의 지배에서 벗어나 자립하였다.

이때 조타가 말한 남월南越을 베트남식 현지어로 발음하면 남南 비엣越이 되는데, 우리가 아는 베트남은 이 남월을 거꾸로 한 월남, 즉 비엣남이다. 중국인 조타가 베트남 최초의 왕이 되었던 것이다.

현재의 베트남에서는 중국인 조타보다 더 이전에 반랑이라는 나라가 있었다고 주장한다. 그러나 반랑국은 실물 자료가 거의 없는 일종의 신화 시대여서, 그대로 믿기 어렵다.

기원전 179년, 조타는 지금의 베트남 북부 지역으로 군대를 보내, 원주민들을 회유하거나 정복하는 방법으로 복속시켜, 중국 남부에서 베트남 북부까지 모두 손에 넣었다.

그러나 승승장구하던 남월국은 기원전 111년, 중국 한나라의 무제가 보낸 10만 대군의 침공을 받고 멸망하고 만다. 당시 남월국의 왕인 조흥(조타의 5대 후손)은 나이가 어려, 어머니인 주씨가 태후로서 섭정을 하고 있었다. 주씨는 본래 중국 여인으로 조흥의 아버지인 영제嬰齊가 한나라에 볼모로 가 있던 시절에 만나 결혼한 사이였다.

한무제는 이러한 남월국의 사정을 간파하고 주씨의 연인이었던 자를 보내 주씨를 회유하여 남월국을 한나라에 복속하게 만들었다. 그러자 승상인 여가가 이에 반대하여 조흥과 주씨를 죽이고, 한나라에 맞섰다. 한무제는 남월국 내의 친한파를 보호한다는 명분을 걸고 군대를 보내 남월국을 멸망시키고, 한나라에 합병했던 것이다.

한무제가 단행한 원정으로 남월국에는 교지, 남해, 합포, 울림, 창오, 구진, 주애, 담이, 일남 등 9개의 군이 설치된다. 이로써 베트남은 약 1000년에 걸친 중국의 식민 지배를 받게 되었다.

중국이 많은 군사를 보내 베트남을 점령했던 이유는 베트남의 풍부한 재물들을 얻기 위해서였다. 베트남에서는 상아(코끼리 어금니)와 물소의 뿔, 거북의 등껍질 같은 토산품과 진주, 루비, 비취 같은 진귀한 보석들이 매우 풍족했다. 그래서 한무제가 베트남을 정복한 이후, 베트남에 파견되는 중국인 관리들은 주로 베트남인들을 상대로 많은 재물들을 쥐어짜는 데 골몰했다.

더욱이 중국의 중앙정부로부터 멀리 떨어진 베트남에 파견되는 관리들을 제대로 관리하거나 감독하는 기구조차 변변치 않았다. 그런 이유로 베트남인들은 줄곧 중국인 관리들의 착취에 시달렸다.

마침내 서기 40년, 중국의 지배에 처음으로 항거하는 움직임이 베트남에서 일어났다. 봉기의 주인공은 놀랍게도 쯩짝과 쯩니 두 자매였다. 반란군의 우두머리가 두 여인이라는 점에서, 당시 베트남은 중국보다 여성의 권한이 더 존중받던 사회였음을 엿볼

후한의 지배에 맞서 봉기한 쯩짝과 쯩니 두 자매를 그린 베트남의 민속화.

수 있다.

이 용감한 두 자매는 베트남을 지배하던 중국인 태수인 소정蘇定을 몰아내고, 65개의 성을 점령할 정도로 위세를 떨쳤다. 언니인 쯩짝은 스스로를 왕이라 하면서 모든 주민들에게 2년 동안 세금을 면제해 주는 조치까지 내렸다.

그러나 쯩씨 자매의 세상은 오래가지 못했다. 베트남에서 일어난 반란 소식을 들은 중국 후한의 광무제는 서기 41년, 명장 마원馬援을 보내 반란을 진압하게 했다. 중국의 정예 병력을 정면으로 상대하기는 불리하다고 판단한 쯩씨 자매는 산속을 중심으로 활동하는 게릴라전을 벌이며 싸웠으나, 43년 마원에게 체포되어 처형당하고 만다. 그리고 1년 후인 44년에는 쯩씨 자매의 잔당들도 모두 마원이 이끄는 토벌군에게 진압당했다.

하지만 한 번 불타오른 베트남인들의 봉기는 좀처럼 수그러들지 않았다. 후한이 혼란에 휩싸이는 서기 2세기에 접어들자, 베트남 원주민들은 1000~2000명의 규모로 자주 봉기하여 중국인 관리들을 죽이고 현청을 불태우는 식으로 저항했다.

《삼국지》로 유명한 중국의 삼국 시대가 시작되자, 베트남은 손권이 세운 오나라의 영향하에 들어갔다. 이때 베트남을 통치하던 인물은 중국인 관리인 사섭이다. 그는 자진해서 손권의 신하가 되었고, 덕분에 베트남은 중국 본토가 전란에 휩싸인 삼국 시대를 큰 혼란 없이 평화롭게 보낼 수 있었다.

사족을 덧붙이자면, 많은 사람들이 삼국지의 영웅인 제갈량이 원정 간 남만南蠻을 베트남이나 심지어 캄보디아로 잘못 알고 있는 경우가 많다. 그러나 제갈량이 공격한 남만은 지금 중국 서남부인 운남성 일대이며, 베트남이나 캄보디아와는 아무런 관계도 없다. 이미 말했지만, 삼국 시대 베트남은 오나라의 영향력 아래 있었으며, 제갈량이 활동한 촉나라는 전혀 베트남에 손을 대지 못했다.

그러나 서기 226년, 사섭이 사망하자 손권은 자신이 직접 베트남을 통치하려는 야망을 품고, 부하인 여대를 보내 사섭의 가족과 친족들을 모두 죽인 뒤, 베트남을 오나라의 영토로 삼았다.

하지만 베트남을 평화롭게 다스리던 사섭 대신, 오나라의 직접 통치가 시작되자 베트남인들은 다시 고통을 받았다. 오나라는 베트남의 진기한 물산들을 착취하는 것에만 골몰했으며, 베트남인들의 사정을 돌보는 데는 전혀 신경을 쓰지 않았다. 248년과 258년, 오나라에 반대하는 베트남인들의 봉기가 계속 일어났다. 263년에는 베트남에 부임한 오나라 태수가 저지르는 과도한 착취에 분노한 베트남인들이 태수를 죽이고, 오나라의 적국인 위나라에 오나라를 공격해 달라고 도움을 요청하는 사태까지 있었다.

서기 280년, 위나라를 없애고 등장한 진나라에게 오나라가 합병되자, 베트남도 자연히 진나라에 복속되었다. 그러나 진나라는 건국한 지 50년도 못 되어 왕족들의 권력 다툼과 5호五胡라 불리는 북방 유목민들의 침략으로 혼란에 빠져, 제대로 베트남을 관리하지 못했다.

진나라와 5호 16국 초기의 베트남은 남쪽에서 새로 일어난 참파국과 싸우느라 매우 분주했다. 참파국은 현재의 다낭 시 남쪽, 호치민

시를 중심으로 하여 활동했던 나라인데, 말레이-폴리네시아 계통의 사람들이 세웠다. 이들은 중국 문화를 받아들인 베트남과는 반대로, 인도 문화를 신봉했다. 후일의 일이지만, 베트남은 북쪽에서 쳐들어오는 중국의 공세를 막으면서 남쪽의 참파를 서서히 합병하는 일에 골몰했다. 이런 이유로 베트남의 역사를 북수남진北守南進이라는 한 마디로 요약하기도 한다.

진나라는 흉노와 선비족 같은 북방 유목민들의 위협을 피해 양자강 이남으로 수도를 옮겼는데, 이를 동진東晋이라고 한다. 베트남에도 동진에서 온 태수와 관리들이 파견되었으나, 정치적인 혼란이 가중되어 그다지 원활하지는 못했다.

502년, 그전까지 베트남의 종주국이던 동진과 송과 제가 양나라로 바뀌었다. 양나라는 베트남을 직접 지배하려 들면서, 화폐를 주조하고 13개의 작은 주를 새로 설치했으며, 왕족과 대신들을 베트남의 자사로 임명하였다.

그럼에도 불구하고 베트남에서는 중국의 지배에 반발하는 움직임이 한층 거세지고 있었다. 베트남을 지배하던 양나라는 귀족들이 모든 권력을 독점하는 신분제도가 엄격했다. 양나라 귀족들은 오랑캐인 베트남인들은 무척 천시하여, 그들에게는 출세의 기회가 주어지지 않았다. 아무리 열심히 유교 경전을 배우고 시와 글재주가 뛰어나도, 베트남인들은 겨우 낮은 관직 정도에 머물거나, 아예 벼슬도 못 받기 일쑤였다.

541년, 이분李賁이란 베트남인이 주동이 되어 베트남에서 다시 중국에 반대하는 봉기가 일어났다. 이분은 원래 양나라로 가서 벼슬을 하려 했으나, 멸시와 푸대접만 받았다. 그는 꿈을 이룰 수 없다는 현실에 분노하여 중국에 저항했던 것이다. 이분이 궐기하자, 그의 입장에 동조하는 수많은 베트남인들이 몰려들었다.

반란의 기세는 매우 컸다. 이분이 중심이 된 베트남 저항군은 베트남을 다스리던 양나라의 자사인 소자蕭諮를 쫓아내고 베트남 영토 대부분을 장악했다. 이분은 스스로를 남월국南越國, 곧 옛 베트남을 다스리던 나라의 황제라고 선언하였다. 그리고 중국의 연호가 아닌, 독자적인 연호 천덕天德을 사용했으며, 문무백관들을 모집하여 나라다운 모습을 꾸려나갔다. 그런 이유로 오늘날 베트남인들은 이분을 이남제李南帝라고 부르며 추앙하고 있다.

그러나 양나라는 베트남의 독립을 인정하지 않았다. 545년, 양나라는 명장인 진패선陳覇先을 보내 베트남을 정복하도록 명했다. 이분은 3만의 군사를 이끌고 진패선에 저항했으나, 끝내 패배하여 547년 살해되었다. 그의 죽음으로 인해 베트남의 독립은 다시 무산되고 만다.

557년, 진패선은 양나라를 없애고 자신이 직접 황제가 되어 진陳나라를 세운다. 그러나 진나라 역시, 589년 양견이 세운 수나라에게 멸망당하고 중국은 다시 300년 만에 통일된다. 중국의 정치적 변화에 따라 베트남도 자연히 수나라의 지배를 받게 되었다.

진과 수의 교체기를 틈타 베트남에서 저항이 일어나기도 했다. 베트남인 이춘과 이불자는 수나라에 저항하는 반란을 일으켰으나, 각각 수나라 장군인 양소와 유방의 진압군에게 패배하고 말았다.

618년, 수가 당에게 멸망하자 베트남은 당나라의 통치를 받았다. 당나라는 679년 안남도호부를 설치하고 베트남을 다스렸다. 하지만 681년, 안남도호로 부임한 유연우는 갑자기 베트남인들이 내는 세금의 양을 두 배로 올렸다. 그러자 세금의 부담에 고통스러워하던 베트남인들은 다시 반란을 일으켜 악덕 관리인 유연우를 죽였다. 베트남인들의 봉기에 놀란 당나라는 군대를 보내어 주민들의 저항을 진압했다. 그러나 베트남인들이 그대로 중국에 굴복한 것은 아니었다.

유연우가 피살당한 지 약 41년 후인 722년, 베트남에서는 다시 대대적인 반중 봉기가 발생했다. 스스로를 흑제라고 하는 베트남인이 무려 30만에 달하는 대군을 모집해 베트남의 거의 모든 지역에서 당나라 군대와 관리들을 내쫓았던 것이다. 이 소식을 접하고 놀란 당나라 조정은 황급히 10만의 정예군을 보내어 흑제의 반란군과의 악전고투 끝에 겨우 난리를 잠재웠다.

당나라 지배하에서 베트남인들은 계속 크고 작은 봉기를 일으키며, 당의 지배를 벗어나려 했으나 당의 억압은 좀처럼 가벼워지지 않았다. 그러던 중인 880년, 당나라 전역을 휩쓴 황소의 난이 일어나자 당은 국내 사정에 바빠 더 이상 베트남에 관여하지 못했다. 베트남을 다스리는 직책인 정해 절도사에 임명된 사람들도 실제로 베트남에 가 보지 못하고, 그저 이름뿐인 관직만 얻는 경우가 대부분이었다.

907년, 당나라의 절도사인 주전충은 당나라를 멸망시키고 자신이 황제가 되어 양나라를 세운다. 중국사에서 일컬어지는 5대 10국 시대가 열린 것이다. 그와 동시에 중국 각지에는 절도사들이 잇따라 자립하여 각자 나라를 세우는데, 917년 유엄劉龑이란 사람은 지금의 중국 남부인 광동성을 근거지로 하여 남한을 세웠다.

남한의 군대를 무찌른 백등강 전투를 그린 베트남의 기록화.

남한은 지리적인 여건상, 베트남을 관리하게 되었다. 930년, 남한의 장군 양극전梁克貞은 유엄의 명령을 받고 원정군을 통솔하여 베트남 북부 홍강 일대를 점령하였다. 그러나 7년 후인 937년, 베트남 홍강 남쪽인 아이 쩌우 지역의 토호인 오권은 남한에 충성하는 군벌인 교공선을 공격하며 남한에 반기를 들었다. 교공선이 남한에 도움을 요청하자, 유엄은 아들 유홍조에게 대군을 주어 교공선을 돕고 오권을 토벌하도록 명했다.

983년, 유홍조는 수군 함대를 거느리고 광주를 출발하여 백등강에 도착했다. 그러나 오권은 이미 교공선을 죽이고, 유홍조가 이끄는 남한군에 맞설 태세를 끝냈다. 오권은 끝을 날카롭게 갈아 만든 수천 개의 큰 말뚝들을 백등강 바닥에 꽂아두고는, 강물이 빠지는 현상을 이용해 남한군을 공격할 계획을 세웠다. 이를 모르는 남한군은 오권의 유인책에 속아 정신없이 추격하다가, 강물이 줄어들자 그만 말뚝에 걸려 배가 멈춰서는 바람에 움직일 수 없게 되었다. 이 틈을 노려 오권이 군대를 몰아 공격하니, 남한군은 절반 이상이 전사했으며 사령관인 유홍조 역시 베트남군에게 죽임을 당하고 말았다.

백등강 전투의 패배로 인하여 남한은 베트남을 합병하려는 시도를 포기했으며, 반대로 승리자인 오권은 스스로 왕이 되어 오씨吳氏 왕조를 세운다. 이로써 베트남은 마침내 중국의 지배하에서 벗어나 독립을 얻었다. 한무제 이후, 자그마치 1094년 만의 일이었다.

힘들게 얻은 독립,
계속된 중국·프랑스의 식민지 시절

하지만 그 이후에도 베트남을 지배하려는 중국의 욕망은 사라지지 않았다. 5대 10국을 끝낸 송나라는 연이어 베트남을 공격했으며, 1279년 중국을 통일한 원나라의 쿠빌라이 칸도 50만이 넘는 대군을 보내 베트남을 정복하려 했었다.

그러나 1406년, 베트남은 중국 명나라의 세 번째 황제인 영락제가 보낸 20만 대군에게 무릎을 꿇고 전 국토가 중국의 지배를 받았다. 당시 베트남을 지배하던 호계리를 비롯한 호씨 왕실은 이전, 진陳씨 왕조의 외척이었는데, 권력을 독단하여 진씨 왕실로부터 강제로 왕위를 빼앗고 나라를 차지했었다. 이런 이유로 베트남 국내에서는 호씨 일가의 권력 찬탈을 비판하는 여론이 높았고, 영락제는 이 점을 노려 진씨 왕실을 다시 복권시키겠다는 명분을 걸고 베트남을 침입해 비교적 쉽게 점령한 것이었다.

명나라의 과도한 착취와 무거운 세금 및 부역에 시달린 베트남인들은 여리를 중심으로 단결하여 항전을 벌여 마침내 1427년 명군을 몰아내고 독립을 얻는 데 성공한다.

그러나 1885년부터 1954년까지 베트남은 69년 동안, 새로운 제국주의 세력인 프랑스에게 지배를 받았다.

중국과 프랑스의 베트남 지배 기간을 모두 합치면 1184년이니 한국의 일제 식민지 36년과는 비교도 할 수 없을 정도로 베트남은 오랜 세월을 외세의 지배하에 놓여 있었던 것이다.

한국보다 자주성이 강한 베트남?

베트남은 1953~54년 디엔비엔푸 전투에서 승리하여 프랑스를 몰아내고 독립을 얻었다. 여기까지만 보면 베트남은 정말 자주성이 강한 것처럼 보인다.

알파벳으로 적힌 간판. 프랑스 식민지 시절에 프랑스에서 들어온 알파벳을 아직까지 공용 문자로 사용하고 있다.

그러나 아직도 베트남은 프랑스의 영향력에서 벗어나지 못하고 있다. 그 증거로 베트남인들이 쓰는 문자를 들 수 있다. 베트남은 프랑스의 식민 통치를 받으면서 그전까지 써 왔던 한자를 버리고, 프랑스에서 들어온 알파벳을 도입했다. 프랑스의 영향을 받은 베트남의 지식인들이 한자는 획이 복잡하여 배우고 익히는 데 어려운 반면, 알파벳은 글자가 훨씬 적으니 사람들이 배우기 쉽다는 이유에서 알파벳을 공용 문자로 지정한 것이다.

프랑스를 몰아냈으나, 베트남은 지금도 계속 알파벳을 일상생활에서 문자로 사용하고 있다. 그로 인해 베트남 젊은이들은 조상들이 남긴 고문서나 역사서들을 전혀 읽지 못한다. 한자로 쓰여 있는 고문헌을 배우지 않았기 때문이다. 또한 베트남식 이름의 뜻도 모른다. 단지 읽을 줄만 알 뿐이다.

한국이 세종대왕 이래, 독자적인 문자인 한글을 만들고 지금까지 공용 문자로 써 오고 있는 현상과는 참 대조적이라 하지 않을 수 없다.

이 밖에 베트남은 1803년 원阮씨 왕조 때, 청나라의 압력으로 나라 이름을 남비엣南越에서 비엣남越南으로 강제로 바꿔야 했다. 우리가 아는 베트남이란 이름은 이렇게 해서 생겨난 것이다. 베트남은 외국의 압력에 아무런 반발도 못하고 국호를 바꿨던 것이다. 정말 자주성이 넘치는 태도인가 보다.

하기는 대한민국 정부 수립 이래, 우리는 모든 문물을 외국에서 배워 왔고, 어디 어디 외국의 좋은 점을 본받자는 식으로 교육을 받아 와서 우리 말고 다른 나라들은 모두 우리보다 더 낫다는 인식을 가지고 있다.

그러나 외국의 사정이라고 해서 모두 우리보다 좋지는 않다. 식민지 지배도 그렇다. 한국보다 더 오랫동안, 외국의 지배를 받은 나라나 민족은 전 세계에 수없이 많다. 지금까지 언급한 베트남은 말할 필요도 없거니와 아일랜드는 700년이나 영국(잉글랜드)의 식민지였고, 핀란드는 600년 동안 스웨덴과 러시아의 식민지였으며, 스위스와 불가리아는 500년 동안 오스트리아와 터키의 지배를 받았다.

아시아의 사정도 다르지 않다. 몽골은 청나라 때, 중국에게 210년 동안 지배를 받았다. 인도는 100년 동안 영국의 식민 통치에 놓였으며, 필리핀은 300년 동안 스페인에게, 60년 동안 미국의 식민지가 되었다.

외국의 사정을 잘 알지도 못한 채, 그저 우리의 것은 나쁘고 외국 것은 좋으니 무조건 배우고 숭상해야 한다는 생각은 이제 버려야 할 것이다. 특히나 우리보다 긴 시간인 무려 1000년이나 외세의 식민지였던 베트남을 자주독립의 상징으로 추켜세우는 것을 보면 말이다.

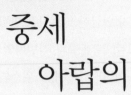

12

중세 아랍의 영웅, 바이바르스

십자군에 맞서 아랍과 이슬람을 지킨 영웅을 꼽으라면 대부분의 사람들이 살라딘을 들 것이다. 그러나 살라딘보다 더욱 큰 업적을 세웠고, 종국에 가서 십자군을 영원히 몰아내 버린 바이바르스를 아는 사람은 그리 많지 않다.

중세 아랍 사회에서 바이바르스는 살라딘보다 더욱 칭송받는 영웅이었다. 바이바르스의 일대기를 설화 형식으로 수록한 민담집 《시라트 바이바르스》는 지금도 이집트 등지에서 널리 읽히며 높은 인기를 누리고 있다.

이집트에 노예로 팔려온 바이바르스,
맘루크 병사가 되다

아이러니하게도 바이바르스는 아랍인이 아니었다. 그는 1223년(또는 1228년), 지금의 우크라이나 지방에 살던 투르크계 유목민인 킵차크족 마을에서 태어났다. 그의 용모를 묘사한 기록에 따르면 큰 키와 검게 그을린 피부에 갈색 머리와 파란 눈동자를 지녔다고 한다. 백인인 러시아인들과 교류하던 킵차크족의 특성상, 러시아인들과의 혼혈이 진행되어 나타난 결과일 것이다.

1236년, 동방으로부터 침략해 온 몽골군이 러시아에 들이닥쳤다. 키예프와 라잔을 비롯한 러시아의 도시국가들은 격렬히 저항했지만 훨씬 많은 병력과 우수한 무기로 무장한 몽골군을 당해낼 수 없었다. 그들이 가는 곳마다 무수한 시체가 쌓였고, 수많은 도시들이 잿더미가 되거나 문을 열고 새로운 정복자를 맞이해야 했다.

노보고르트를 제외한 러시아 전역이 몽골군의 말발굽에 짓밟힌 1242년, 바이바르스는 몽골군에게 붙잡혀 크림 반도에서 무역을 하던 아랍인 노예 상인에게 팔렸다. 그가 노예로서 이집트에 왔을 때, 함께 딸려온 사람이 없던 점으로 미루어 볼 때, 가족과 헤어졌던 모양이다. 가족과 사별을 했을 수도 있지만, 몽골군에게 죽임을 당하거나 아니면 따로 노예가 되어 헤어졌을지도 모른다.

노예로 팔린 바이바르스는 아이유브 왕조가 통치하던 이집트로 끌려가, 술탄(이슬람 군주의 칭호)인 앗 살리흐의 소유가 되었다. 그리고 앗 살리흐는 바이바르스의 훌륭한 신체 조건과 그가 기마 유목민인 킵차크족 출신이라는 점을 높게 사서 그를 자신이 소유한 맘루크 Mamluk, Mameluke 부대에 입대시켰다.

맘루크는 이슬람교로 개종한 이방인 노예들로 구성된 군대였다. 이미 9세기 초부터 무슬림들은 중앙아시아로 진출하여 투르크족들을 잡아다 용병인 맘루크로 고용해 군사로 부렸다.

일단 군대에 들어온 맘루크들은 '푸르시이야' 라고 불린 훈련에서 말타기를 기본적으로 익힌 다음, 활쏘기와 검술, 창술을 배웠다. 이런 마상 무예는 평소부터 말타기와 활쏘기에 익숙해져 있던 투르크계 유목민들에게 안성맞춤이었다. 바이바르스가 맘루크가 된 것도 어쩌면 그가 살아온 인생에 대한 당연한 결과일지도 모른다.

십자군 전쟁 당시, 이집트나 투르크 기병들은 대체적으로 가벼운 무

16세기에 그려진 맘루크 창기병들.

장을 하고 원거리에서 화살을 날리는 전술을 사용했는데, 중무장을 한 서유럽 십자군들의 강력한 돌격전에는 매우 취약했다. 불과 수백 명의 십자군 기사들이 돌격하자, 수천에서 수만에 이르는 이슬람 군대가 맥없이 무너지는 경우도 종종 있었다.

몇 가지 예를 든다면 예루살렘을 함락시킨 직후인 1099년 8월 11일, 십자군은 아스칼론에서 약 1만 명

의 이집트 군대를 궤멸시켰다. 보에몽과 함께 1차 십자군의 주역인 레몽은 트리폴리 전투에서 200명의 병사들을 이끌고 7000명의 무슬림 제후 연합군을 격파했다. 1177년 몽지사르 전투에서는 성당 기사단이 주축이 된 500명의 십자군이 이슬람의 영웅 살라딘이 이끌던 무려 2만 6000명의 이집트군을 완벽하게 섬멸하는 이변을 연출하기도 했다.

이런 약점을 보완하고자 맘루크들은 사슬 갑옷과 투구를 착용하고 방패까지 휴대해 서유럽 기사들에 뒤지지 않을 만큼 상당한 중무장을 했다. 또한 백병전에 대비해 칼과 철퇴를 휘두르고 창을 앞으로 내밀고 돌격하는 등의 마상무예를 연마했다.

프랑스 왕을 사로잡은 맘루크 병사들

본격적으로 맘루크들이 두각을 나타낸 때는 1250년 프랑스 국왕 루이 9세가 일으킨 5차 십자군 전쟁에서였다. 당시 루이 9세를 비롯한 십자군 수뇌부들은 팔레스타인의 십자군 국가들이 보다 오래 존속하기 위해서는 이슬람 세력의 배후지인 이집트를 반드시 정복해야 한다고 믿었고, 그 때문에 3차 십자군 이후부터는 줄곧 이집트를 공격하려는 계획을 세워 왔다. 루이 9세가 이끄는 십자군은 처음에는 이집트 북쪽의 항구도시인 다미에타를 점령하고 수비하던 이집트군을 격파하는 등 기세를 올렸다.

그러나 서전의 승리에 도취된 십자군은 술탄의 궁전이 있던 만수라로 무작정 쳐들어갔다가 이미 만반의 준비를 갖추어 놓고 있던 맘루크 군단의 역습을 받고 몰살당했다. 병사들은 물론이고 지휘를 맡은 루이 9세의 동생인 로베르마저 전사했을 정도로 참패였다.

선발대가 패했다는 소식을 들은 십자군의 사기는 곤두박질쳤고, 그에 맞서 승리를 거둔 이집트군의 사기가 치솟았음은 두말할 나위도 없다. 루이 9세는 전황이 불리해지자, 병력을 북쪽으로 후퇴하고 다른 유럽 국가들의 보급품을 실은 함대가 오기만을 기다렸으나, 맘루크들이 주축이 된 이집트군의 기습을 당해 대부분의 병력과 함께 그 자신마저 포로가 되고 말았다.

몇몇 자료들에 의하면, 이때 바이바르스도 맘루크 부대에 소속되어 십자군과 싸웠다고 하며 심지어 그가 루이 9세를 생포했다는 이야기도 있다. 물론 확실치는 않으나, 그만큼 바이바르스가 젊은 시절부터 군인으로서 두각을 나타냈다는 반증이리라.

이집트의
내분

5차 십자군의 침공을 무사히 격퇴한 이집트는 내부의 권력 다툼에 휩싸였다. 십자군의 다미에타 점령 직후, 술탄 앗 살리흐는 사망했고 권력은 그의 아들인 투란샤가 물려받았다.

그러나 투란샤는 맘루크들을 경계하기 시작했다. 강력한 십자군의 침공을 거뜬히 격퇴시킨 맘루크들이 그들의 무력을 믿고 행여나 자신의 권좌를 위협할지도 모른다는 의구심이 들었던 것이다. 투란샤는 자신에게만 충성하는 친위 부대를 양성하고 맘루크 부대장들을 추방하거나 체포하여 그들에게서 군사권을 빼앗으려는 움직임을 보였다.

하지만 젊은 군주의 이 같은 정책은 곧바로 맘루크들의 불만을 샀다. 목숨을 걸고 십자군을 물리쳐 나라와 왕실을 지켰건만, 그런 자신들을 홀대하는 투란샤는 맘루크들의 눈에 은혜도 모르는 파렴치한 애송이로 비추어졌다.

마침내 1250년 5월 2일, 맘루크 지휘관들은 반란을 일으켜 왕궁을 습격해 투란샤를 공격했다. 놀란 투란샤는 황급히 달아나 배를 타고 나일 강을 건너려 했으나, 강가까지 쫓아온 맘루크들에게 끝내 무참히 살해되고 말았다. 이때 그를 죽인 자가 바이바르스였다. 기록에 따르면 그는 칼로 투란샤의 어깨를 베어 죽게 했다고 전해진다.

투란샤가 제거되자 이집트의 권좌는 텅 비게 되었다. 원래대로라면 죽은 술탄의 아내인 샤자르 알 두르가 술탄의 자리에 올라야 하지만, 그녀는 가진 무력이 없어 불안했다. 권력은 총구에서 나온다는 말처럼, 술탄이 없는 지금 권좌에 가장 가까이 다가간 자들은 군사력의 핵심인 맘루크 부대였다. 맘루크들은 자신들이야말로 아이유브 왕조를 대신해 이집트를 통치할 자라고 믿었지만, 그 때문에 내분이 생기게 되었다.

이 권력 다툼에서 바이바르스는 불리했는데, 평소부터 자신과 앙숙

관계이던 맘루크 부대의 사령관 아이베크와 부사령관 쿠투즈와 다툼이 벌어진 것이다. 그들이 자신을 죽이려 하는 것을 알아챈 바이바르스는 휘하에 있는 맘루크 병사와 장교들을 이끌고 시리아로 도망쳐 버렸다.

바이바르스와 그의 추종자가 없어지자 맘루크 군단의 통수권은 아이베크가 장악했다. 군대를 통솔하게 된 아이베크는 샤자르 알 두르와 만나 협상을 했는데, 자신이 그녀와 결혼할 테니 보호해 주겠다는 제안이었다!

이 대담한 제의를 받은 샤자르 알 두르는 고심 끝에 결국 수락하고 말았다. 여성의 통치를 못마땅하게 여기는 이슬람 사회의 기풍상, 그녀가 오랫동안 권좌에 있기는 힘들 것이었다. 게다가 무력을 장악한 맘루크들을 무시하고 있을 수는 없는 현실이니 차라리 그들과 손을 잡는 것이 안전한 선택이었다. 이리하여 아이베크는 죽은 주군의 아내와 결혼하고 정식으로 이집트를 통치하는 술탄이 되었다.

새로 결혼한 부부인 아이베크와 샤자르의 운명은 오래가지 못했다. 아이베크가 14세의 어린 소녀를 첩으로 맞아들이자, 이에 분노한 샤자르는 남편을 단검으로 찔러 죽였지만, 아이베크를 사랑하던 하녀에게 역시 피살당하고 말았다.

샤자르에게는 어린 아들이 있었지만, 무력이 없는 상황에서 군사력을 장악한 맘루크들이 세상 물정 모르는 철부지를 자신들의 지도자로 선출할 리 만무했다. 공석이 된 술탄의 왕좌에는 아이베크를 대신해 고위 지휘관인 쿠투즈가 올랐다.

몽골군의
침략

바로 이 무렵, 바이바르스의 인생을 바꿔 놓은 전기가 찾아왔다. 1256년, 멀리 동방에서 출정한 몽골군이 알라무트 산악 지대에 웅거하던 아사신 교단을 말살하고 모든 무슬림들의 정신적 지주인 아바스 왕조를 멸망시킨 뒤, 예언자 무하마드의 후계자인 칼리프를 죽이는 경악스러운 사태가 터진 것이다. 몽골군을 지휘하는 칭기즈 칸의 손자인 훌라구Hulagu는 아바스 왕조의 수도인 바그다드를 점령해 약 8만 명의 백성들을 학살하고 그 여세를 몰아 이라크 북부와 시리아까지 휩쓸고 내친 김에 팔레스타인을 거쳐 이집트까지 쳐들어올 기세를 보였다.

이집트의 수도 카이로에는 몽골군을 피해 도망쳐 온 피난민들로 넘쳐났고, 그들이 전하는 흉흉한 소문들로 극도의 공포 분위기가 조성되었다. 고귀한 예언자의 후손인 칼리프는 융단에 둘둘 말려져 몽골 기병들의 말발굽에 밟혀 죽었고, 다마스쿠스의 영주는 몽골군에 포로로 잡혀서 칼로 베어낸 자기 살을 하나씩 먹다가 구토해 죽었다는 등의 풍문이 나돌았다.

1260년, 훌라구가 보낸 사신은 카이로에 도착해 쿠투즈를 알현하고, 그에게 항복을 권하는 서신을 전달했다. 그 내용은 세계

일칸국의 창시자인 훌라구와 그의 아내인 도쿠즈 카툰 Dokuz Kathun 을 그린 기록화.

의 정복자라 자처하는 몽골 제국의 오만함에 걸맞은 것이었다.

쿠투즈와 맘루크여, 너희들은 옛날 우리의 칼을 두려워하여 도망친 비천한 노예들이다. (쿠투즈) 당신은 우리가 어떻게 광대한 세계를 정복하고 수많은 왕들을 파멸시켰는지 들어서 잘 알고 있을 것이다. 당신은 우리 군대가 가져오는 공포로부터 달아날 수 없다.
우리의 말은 빠르고, 화살은 날카롭고 칼은 벼락과 같으며 모래알처럼 많은 병사들이 뒤따르고 있다. 당신들이 아무리 높고 견고한 요새 속에 틀어박혀서 신에게 기도를 한다고 해도 무사할 수 없다. 당신들이 목숨을 구걸하며 눈물을 흘려도 우리들은 동정이나 자비를 베풀지 않는다.
전쟁이 벌어지기 전에 우리에게 엎드려 항복하라. 그것만이 당신이 살아남을 수 있는 유일한 길이다. 만약 저항한다면 당신은 가장 참혹한 고통을 맛볼 것이다. 우리는 모스크(이슬람 사원)를 파괴하고 아이와 노인들까지 모두 죽일 것이다. 현재 우리에게 맞서는 적은 당신 밖에 없다.

서신에서 언급된 "너희들은 옛날 우리의 칼을 두려워하여 도망친 비천한 노예들이다."라는 대목은 맘루크들 대부분이 옛날 몽골군이 남부 러시아를 침략했을 때, 그들에게 붙잡혀서는 노예가 되어 이집트로 팔려간 내역을 들추어내어 조롱하는 것이었다.
훌라구가 전한 서신의 내용을 들은 쿠투즈는 곧바로 답변을 해 주었다. 몽골 사신들의 머리를 잘라 카이로의 대문인 바브 주웨일라^{Bab} Zuweila에 높이 걸어 버린 것이다.

이제 몽골과의 일전을 피할 수 없게 된 쿠투즈는 모든 수단을 강구해 군사력 증강에 열을 올렸다. 그러다가 문득 자신을 피해 달아난 바이바르스를 떠올리고 그를 찾아 불러오게 했다.

쿠투즈가 보낸 전갈을 받고 이집트로 돌아온 바이바르스는 고위 지휘관으로 임명되었고, 맘루크 부대의 지휘권을 맡아 몽골군과 싸울 태세를 갖추었다. 그런데 바로 그때, 놀라운 소식이 카이로에 전해졌다. 몽골군의 주력 부대가 동방으로 돌아가고 있으며, 그중 일부만이 계속 이집트를 향해 오고 있다는 것이었다. 그 수는 많아 봐야 1만에서 2만 정도에 불과했다고 한다.

급보를 접한 쿠투즈는 캄캄한 어둠 속에서 빛을 본 듯한 감동을 받았다. 훌라구가 이끄는 10만 명의 주력부대가 한꺼번에 이집트로 들이닥친다면 승산이 없으나, 주력부대가 아닌 전위대만 상대하는 것이라면 충분히 해볼 만했다.

이슬람 세계의 운명을 바꿔 놓은 역사적인 아인잘루트 전투

쿠투즈와 바이바르스는 1만2000명의 맘루크 군단과 수만 명의 보병 부대를 이끌고 이집트를 떠나 지금의 예루살렘 부근인 아인잘루트로 향했다. 당시 이집트군의 수는 정확히 알 수 없으나 몽골군보다 더 많 았을 것으로 추산된다.

몽골군 전위대를 맡고 있던 장군 키트부카는, 주군인 훌라구가 대 칸 몽케의 갑작스러운 사망 소식을 듣고 대칸의 자리를 의논하는 쿠릴 타이에 참석하기 위해 떠난 뒤, 시리아 방면 몽골군을 총괄하고 있었 다. 훌라구 휘하에서 가장 훌륭한 장군이라는 평을 받은 그는 주력부 대가 빠져나간 상황에서 가급적 수비에 치중해야 했다.

그러나 키트부카는 원래 주둔지인 시리아를 떠나 팔레스티나 방향 으로 계속 남하하고 있었다. 키트부카의 이러한 행동은 단순히 무모 하기 때문이 아니었다.

그는 나름대로 믿는 구석이 있었다. 팔레스티나의 해안 지대에 위 치한 십자군 왕국들이 이슬람 국가인 이집트의 위협으로부터 살아남 기 위해서 제3의 세력인 몽골군과 협력하리라는 예측을 하고 있었다. 실제로 그의 주군인 훌라구는 프랑스 국왕 루이 9세에게 편지를 보내 자신이 이슬람의 정신적 지주인 바그다드를 점령했으니, 프랑스도 출 정하여 이집트를 공격하라는 제의를 하기도 했다.

더구나 키트부카 자신은 기독교도(이단인 네스토리우스 파이긴 하지만) 인 데다, 그의 군대에는 기독교 왕국인 그루지아와 아르메니아가 파견 한 상당한 수의 지원군도 함께 따라서 이집트와 싸우기 위해 행군하고 있었으니 이 정도면 이슬람과 맞서는 십자군이라고 부를 만하지 않겠 는가?

그러나 키트부카의 예상은 보기 좋게 빗나갔다. 팔레스티나의 십자군 도시들은 누구도 몽골군과 합류해 이집트군과 싸우려고 하지 않았다. 오히려 쿠투즈가 이집트군을 이끌고 그들의 영토를 지나갈 때, 식량과 물 같은 보급품을 지원해 주기까지 했다.

사실 몽골군을 바라보는 십자군과 서유럽 기독교도들의 시각은 그다지 호의적이지 않았다. 만에 하나 몽골군이 이라크와 시리아에 이어 이집트마저 정복한다면, 곧바로 팔레스티나의 십자군 도시들을 다음 공격 목표로 삼을 것이었다. 더 나아가 배를 타고 유럽으로 건너와 1242년에 있었던 대규모 침략을 다시 시작하려 한다는 의구심이 서구의 지배층들 사이에서 팽배했다.

더 이상의 외부 지원을 얻지 못한 키트부카는 예루살렘 근방의 작은 마을인 아인잘루트Ain Jalut를 향해 불안한 마음을 품으며 진군을 계속해 나갔다. 그리고 1260년 9월 2일, 쿠투즈와 바이바르스의 이집트군과 키트부카가 지휘하는 몽골군은 서로의 말머리를 마주한 채, 아인잘루트 마을의 외곽인 제즈릴Jezreel 골짜기에 당도했다.

본격전인 전투에 들어가기 앞서, 쿠투즈는 수적인 우세를 살려 몽골군을 유인한 뒤 그들을 포위해 섬멸할 계획을 세웠다. 그리고 몽골군을 끌어들일 미끼로 바이바르스를 선택해 그에게 임무를 맡겼다. 아직도 바이바르스를 미워하고 있던 쿠투즈로서는 그가 임무를 잘해내면 전투가 승리하니 좋고, 만약 실패해도 그 책임은 바이바르스가 지게 되니 손해 볼 일이 없었다. 게다가 만에 하나 운이 따른다면 바이바르스의 목이 몽골군의 칼날에 날아가게 될지도 모르니 일석삼조의 계략인 셈이었다.

바이바르스도 쿠투즈의 속내를 눈치채고 있었다. 물론 전투가 임박한 지금에 와서 반발할 수는 없지만 자신을 은밀히 죽음의 함정으로 내몬 쿠투즈를 몽골군과의 일이 끝나는 대로 응징하겠다고 다짐했다.

다음날인 9월 3일, 바이바르스는 약 2000명의 전위부대를 이끌고 몽골군이 주둔하고 있는 지점으로 찾아가, 그들에게 화살을 쏘아 대며 도발했다. 감히 자신들에게 싸움을 걸고 있는 이집트군을 보자, 몽골군은 진영을 열고 뛰쳐나왔다.

몽골군이 쫓아오는 것을 본 바이바르스는 서둘러 말머리를 돌려 달아났고, 그들을 이즈르엘Jezreel 골짜기의 입구로 유인했다. 기세 좋게 이집트군을 추격해 온 몽골군이 골짜기의 안으로 들어서자, 쿠투즈는 회심의 미소를 지으며 매복시킨 군대를 모두 나타나게 하였고 사방에서 그들을 향해 화살을 퍼붓도록 했다.

골짜기 안으로 들어온 몽골군은 어느새 전면과 좌우 양 측면이 자신들보다 훨씬 많은 수의 이집트군에게 둘러싸인 형국에 빠지고 말았다. 그러나 키트부카는 물러서지 않았다. 그는 이집트군의 화살 세례를 계속 맞고 있다가는 전군이 붕괴된다는 사실을 인지하고, 대규모의 돌격전을 감행해 이집트군을 격파하기로 결심했다.

몽골군이 노도와 같은 기세로 몰려오자, 이집트군은 큰 피해를 입었다. 특히 좌익 부대는 너무나 많은 병사들이 죽거나 다쳐 거의 전멸 직전이었다. 한때는 쿠투즈마저 피신할 곳을 찾아야 했을 정도로 이집트군은 패배의 직전까지 몰렸다.

하지만 전황은 예기치 못한 국면으로 접어들었다. 쿠투즈는 자신이 거느린 최정예의 맘루크 중무장 기병대를 이끌고 몽골군을 거세게 밀어붙였다. 급습을 당한 몽골군은 격렬하게 저항했지만, 이집트의 술탄들이 혼신의 힘을 다해 길러낸 맘루크 군사들의 공격을 받고 하나둘씩 죽어 나갔다.

시간이 갈수록 전황은 몽골군에 불리해져 갔다. 더구나 그들은 이집트 군대에 비해 수적으로 열세였다. 계속 심각해지는 위기 속에 키트부카는 철수를 결심하고 마지막 남은 병사들을 모아 퇴로를 열려고 했지만, 이집트군의 전열을 끝내 뚫지 못하고 생포되고 말았다.

포로로 잡힌 키트부카는 쿠투즈의 앞으로 끌려왔는데, "그렇게 많은 나라들을 멸망시키던 네가 오늘 이렇게 포로가 되어 무릎을 꿇은 소감이 어떠냐?"라는 조롱에 "머지않아 훌라구 칸께서 나의 복수를 하러 대군을 몰고 니희들을 쳐부수러 오실 것이다. 최소한 나는 너희들처럼 주인을 죽인 파렴치한 종놈은 아니다."라고 배짱 있게 답변했다. 물론 그 말을 한 대가로 키트부카는 처형되었다. 간신히 달아난 몽골군 병사들도 이집트군의 추격을 받고 대부분이 살해되었다.

이로써 아인잘루트 전투에서 몽골군은 궤멸되었고, 맘루크군은 완승을 거두었다. 아인잘루트의 승리는 중세 이슬람 역사에서 큰 의미를 가진다. 우선 중앙아시아와 페르시아에 이어 이라크 지역마저 점령하며 승승장구하던 몽골군이, 맘루크가 중심이 된 이집트에게 패함으로써 더 이상 이슬람 세계를 위협하지 못하게 되었다는 점이 가장 중요하다. 그리고 이로 인해 이집트는 몽골군의 침략에서 벗어나 평화와 번영을 구가하여 중세 이슬람 세계의 중심으로 높이 부각되었던 것이다.

집권한 바이바르스,
이집트를 번영의 반석 위에 올려놓다

그러나 의기양양하게 이집트로 개선하던 쿠투즈는 곧바로 바이바르스에게 피살되는 어처구니없는 최후를 맞았다. 바이바르스가 쿠투즈를 죽인 이유에 대해서는 여러 가지 설이 있으나, 가장 확실한 것은 쿠투즈를 살려두게 될 경우 결국 그가 먼저 자신을 죽이게 된다고 생각했기 때문이었다는 것이다. 실제로 쿠투즈가 예전에 그를 죽이려 했던 사실로 미루어 볼 때, 그의 의심은 결코 지나치지 않았다.

쿠투즈를 제거한 바이바르스는 맘루크 노병들의 환심을 사 그들의 지지를 얻었고, 곧바로 카이로로 돌아가 술탄의 자리에 올랐다. 북방

1289년, 트리폴리를 공격하는 맘루크 기병들을 그린 기록화.

초원의 유목민 출신 노예에서 어엿한 한 나라의 왕이 된 것이다.

왕위에 등극한 바이바르스는 곧바로 활발한 군사 활동을 재개하였다. 먼저 약 200년 동안 팔레스타인을 점거하고 있던 십자군 세력들을 정리하는 데 주력했다. 1263년, 갈릴리를 공격해 함락시켰고 1265년에는 3차 십자군 당시 잉글랜드의 사자왕 리처드가 살라딘의 군대를 무찔렀던 전승지인 아르수프를 손

에 넣었다. 1266년에는 성당 기사단이 세운 굳건한 성채인 크락 데 슈발리에를 항복하라는 내용의 거짓 편지를 보내는 방식으로 한 명의 희생도 없이 점령했으며, 1268년 5월에는 시리아 제일의 도시인 안티옥을 맹렬히 공격해 나흘 만에 정복하였다.

이때 바이바르스는 잔악한 일을 저질렀는데, 항복하면 살려주겠다고 약속한 뒤, 주민들이 그 말을 믿고 성문을 열자 군대를 보내 성문을 걸어 잠그고 주민들이 밖으로 도망치지 못하게 막은 다음, 성안에 살던 수천 명의 주민들을 남김없이 살육한 것이다. 남자나 여자는 물론이고 어린아이나 노인들마저 무사하지 못했다. 피의 잔치를 벌인 바이바르스는 도시에 있던 교회에 들어가 병사들로 하여금 제단에서 기독교 사제들과 성직자들을 죽이게 한 다음, 교회를 모두 불태워 버렸다. 그리고 이 사실을 자랑스럽게 편지에 적어 달아난 안티옥의 지배자인 보헤문트Bohemund 6세에게 보냈다. 편지를 읽은 보헤문트는 너무나 끔찍한 학살에 충격을 받았다.

그 후로도 바이바르스는 자주 출정하여 십자군의 잔여 세력이나 페르시아에 자리 잡은 몽골군의 침략을 격퇴했다. 그는 17년의 제위기간 동안 무려 38번이나 출정했는데, 그중 단 한 번도 패배한 전투가 없었다고 할 정도로 전장에서 용맹을 떨쳤다.

바이바르스는 군사 훈련 이외에는 교육을 받지 못해 거의 문맹에 가까웠지만, 그렇다고 내정을 소홀히 하거나 망치지는 않았다. 한 예로 지중해와 홍해 및 인도양을 연결하는 해상의 중계무역을 장악하여 막대한 경제적 수익을 거두었고 그 결과, 이집트는 약 250년 동안 지중해 무역에서 독보적인 위치를 차지하며 놀라운 번영을 구가했다.

또한 몽골군에게 멸망한 아바즈 왕조 칼리프의 후손을 이집트로 데려와 칼리프에 임명하고 모든 이슬람 세계에 이집트가 칼리프를 모시고 있는 정통성 있는 국가임을 과시했다. 뿐만 아니라 신학을 비롯한 각종 학문 연구에도 돈을 아끼지 않고 적극 지원하여 이집트의 문화를 크게 부흥시켰다. 또한 그는 사소한 취미로, 카이로 시내에 고양이를 모아 놓은 동물원을 개설하기도 했다.

1277년 소아시아(터키)에 주둔한 몽골군을 무찌르고 이집트로 개선한 바이바르스는 승리를 축하하는 잔치에 참석한 직후, 갑작스럽게 사망한다. 말젖으로 만든 음료인 쿠미즈를 마시고 죽었는데, 식중독이나 독살로 추정된다.

살라딘과는 달리, 그는 전쟁터에서 신사적이지 않았다. 거짓 약속을 반복하고 군사들만이 아닌 민간인들마저 무자비하게 학살하는 쪽을 선호했다. 하지만 이집트나 시리아를 비롯한 이슬람 세계에서 그는 살라딘을 능가하는 위대한 영웅으로 칭송받고 있다. 살라딘조차 해내지 못했던 십자군의 축출과 이슬람 세계를 위협하던 몽골군이라는 두 적을 완벽하게 격파하고 이집트를 번영의 토대에 올려놓았기 때문이다.

13

100명도
안 되는
스페인군에게
정복당한
아즈텍과
잉카

세계사를 공부하다 보면, 정말 이것이 사실인가 할 정도로 믿기지 않는 부분들이 눈에 띄고는 한다. 그중 대표적인 것이 스페인 군대에게 맥없이 정복당한 아메리카 대륙의 두 문명 아즈텍과 잉카이다. 수천만의 인구와 넓은 영토, 풍부한 농업 생산력을 가진 두 제국들은, 어떻게 해서 고작 1000명도 안 되는 스페인 군대에게 멸망당하고 오늘날까지 무려 500년 동안이나 스페인 문화에 편입되어 종속의 멍에를 써야만 했을까?

스페인의 뛰어난 군사 기술,
그러나 한계가 있었다

빅터 데이비스 핸슨 같은 서구의 군사 연구가들은 스페인의 뛰어난 군사적 장점이 미개하고 낙후된 아즈텍, 잉카인들에게 치명적인 위협으로 작용했고 그로 인해 스페인이 손쉽게 그들을 정복할 수 있었다고 주장한다. 결코 틀린 말은 아니다.

톨레도산[※] 강철로 만들어진 스페인의 장검은 견고한 방어구로 보호받지 못한 원주민 전사들의 팔과 다리를 손쉽게 잘라냈고, 스페인 군사들이 입고 있던 갑옷은 기껏해야 흑요석으로 만들어진 원주민 전사들의 몽둥이를 끄떡없이 막아냈다.

또한 스페인 군사들이 쏘아 대는 아케부스(조총)와 캘버린 대포는 먼 거리에서도 원주민들의 몸을 산산이 부숴 버렸고, 스페인 군대의 기마병들은 말을 본 적이 없는 원주민들에게는 신화 속 괴물의 재림처럼 여겨져 공포의 대상이 되었다. 4미터가 넘는 스페인 보병들의 장창과 밀집 대형은 원주민들의 돌격을 저지하고 그들의 몸에 상처를 입히기에 충분했다.

하지만 이런 장점들을 모두 인정하더라도 여전히 의문점들은 풀리지 않는다. 아즈텍의 정복자인 에르난 코르테스가 멕시코의 해안에 처음 발을 내딛었을 때, 그의 수중에 있는 군대라고는 고작 보병 160명에 기병 20명이 전부였다. 총과 대포도 각각 40자루와 12여 문에 그쳤다. 나중에 쿠바에 있는 스페인 식민지로부터 지원을 받았을 때도 스페인 군대의 수는 1000명을 조금 넘는 정도에 그쳤다. 잉카 제국으로 쳐들어 간 피사로의 군대도 마찬가지 수준이었다.

아무리 스페인 군대의 무기와 전술이 우수하다고 해도 겨우 이 정도 숫자만으로 수천만의 인구를 가진 제국을 멸망시킬 수 있을까? 단지 그것뿐만은 아닐 것이다. 그렇다면 다른 이유들은 무엇일까?

아즈텍 제국을 멸망시킨 스페인 정복자, 에르난 코르테스.

다른 부족들을 잔혹하게 학살했던 아즈텍, 내분에 빠져 있던 잉카

우선 아즈텍과 잉카의 경우에 그들은 정치 체제가 빚어낸 심각한 문제점들을 안고 있었다. 아즈텍은 전쟁에서 붙잡은 다른 원주민 부족의 포로들을 신들에게 제물로 바치는 인신 공양을 치르는 것으로 악명이 높았다. 특히 전쟁과 죽음의 신인 테스카틀리포카^{Tezcatlipoca}에게 바치는 제사에서는 포로들의 심장을 꺼내 신에게 바치고 나머지 몸뚱이는 잘게 찢어 토마토 소스를 발라 구워 먹는 식인食人 의식을 치르기도 했다. 이런 잔인무도한 만행을 저지르는 아즈텍인들은 그들과 싸우며 무수한 희생자를 냈던 틀락스칼라^{Tlaxcala} 같은 원주민 부족들에게 증오의 대상이 되었다.

아즈텍 제국에게 억압받던 원주민 부족들과 함께 아즈텍의 수도인 테노치티틀란을 공격하는 코르테스와 스페인 정복자들을 그린 기록화.

　아즈텍의 수도로 향하던 코르테스는 틀락스칼라족과 아즈텍인들 간의 관계를 간파하고는 자신들과 손잡고 아즈텍에 맞서 싸우자고 제안했다. 평소부터 아즈텍을 미워하고 있었지만, 차마 복수할 엄두가 나지 않던 틀락스칼라족들은 코르테스가 이끄는 스페인 군대를 열렬히 환영하고 그들을 돕는 원주민 동맹군이 되었다. 나중에 아즈텍 제국이 멸망할 때, 아즈텍의 수도에는 스페인 군대보다 틀락스칼라를 비롯한 수만 명의 원주민 동맹군들이 훨씬 많았다. 아즈텍의 몰락에는 스페인 군대만이 아닌, 그들에게 원한을 산 다른 원주민들도 큰 역할을 한 것이다.

　잉카의 경우는 조금 다르다. 잉카인들은 아즈텍인들처럼 적의 포로를 잡아와서 신의 제물로 바치고 식인을 하는 인신공양은 하지 않았지만, 대신 황제의 자리를 둘러싸고 황족과 귀족들끼리 서로 격렬한 내전을 벌이고 있었다. 그 결과, 피사로의 스페인 군대가 잉카의 수도 한복판까지 쳐들어와 주민들을 죽이는 학살극을 자행하고 있을 때도, 황제의 반대파들은 상황을 방관만 하고 있었다. 자기들의 적인 황제와 귀족들을 이방인인 스페인인들이 대신 죽여 주니, 자신들로서는 손 하나 까딱하지 않고 정적을 제거할 수 있는 기회라고 여긴 것이다.

여기에 아즈텍과 잉카는 황제 중심의 전제국가였다는 점도 한몫했다. 모든 권력이 황제 한 사람에게 집중되다 보니, 그를 지배하거나 제거하게 되면 국가의 조직망 전체가 치명타를 입고 마비 상태에 이르게 된다. 코르테스는 아즈텍의 수도인 테노치티틀란을 방문했을 때, 황제인 몬테수마를 신속히 체포하여 인질로 삼았고 쿠바에서 그의 반대파가 보낸 군대가 도착하기 전까지 황제를 인질로 내세워 아즈텍인들에게서 온갖 이권과 보물을 얻어냈다. 자신을 체포하러 온 쿠바의 군대를 상대하러 코르테스가 떠날 때, 남아

있던 부하 장교가 축제를 벌이던 무방비 상태의 아즈텍인들을 학살하는 참극만 벌이지 않았어도 아즈텍인들은 스페인 군대에 맞서는 봉기를 일으키지 않았을 것이다. 바로 자신들의 황제가 인질로 잡혀 있었기 때문이었다.

이 사실을 인지한 코르테스는 훗날 피사로가 스페인 궁정에 왔을 때, 그를 상대로 "원

잉카 제국을 정복한 프란시스코 피사로.

주민들을 상대할 때, 그들의 왕만 잡으면 된다."라고 넌지시 알려주기도 했다. 코르테스의 조언을 가슴속 깊이 잘 간직한 피사로는 잉카 제국을 공격했을 때, 역시 그처럼 황제를 인질로 삼아 잉카인들로부터 엄청난 양의 황금을 얻었고, 중앙 권력을 상실한 그들을 손쉽게 각개격파할 수 있었다.

신대륙 원주민들에게 치명적이었던 세균

많은 학자들이 지적하는 대로 스페인인들이 가져온 전염병도 아즈텍과 잉카를 멸망시켰던 한 원인이 되었다. 1만 년 전, 베링 해협이 갈라지면서 구세계와 고립된 신대륙에서는 오랫동안 인체에 치명적인 세균이나 전염병이 존재하지 않았다. 아즈텍인들만 해도 호수 위의 도시인 테노치티틀란에 거주하면서 매우 깨끗한 환경을 유지했고, 그들을 방문한 스페인 병사들도 감탄할 만큼 위생적이었다. 잉카인들은 고원 지대에 살았던 터라, 매일같이 신선한 공기를 마시며 살았고 전염병으로부터 안전할 수 있었다.

유럽에서 온 스페인인들은 정반대였다. 그들은 자신들이 야만인이라고 깔보던 신대륙의 원주민들보다 훨씬 비위생적인 환경에서 지냈고, 덕분에 평소에도 온갖 전염병에 시달렸다.

역설적으로 이런 부분이 신대륙 정복전에서 강점으로 작용했다.

더러운 환경에서 살던 스페인 병사들의 몸에 붙어 있던 병균들이, 깨끗한 환경에서 살아온 원주민들에게는 치명적인 살인 무기가 된 것이다. 원주민들은 너무나 깨끗하게 살아서 전염병을 옮기는 병균에 대한 면역력을 갖지 못하고 살았기에, 전염병에 걸리면 속수무책으로 죽어나갔다. 공기를 통해 세균에 감염된 원주민들 사이에서는 곧바로 끔찍한 전염병이 창궐했다. 코르테스가 아즈텍의 수도인 테노치티틀란을 공격할 때, 그리고 피사로의 군대가 잉카 제국의 중심부를 정복할 때도 이 전염병은 무수한 원주민들을 병에 감염시켜 죽게 했다. 신대륙 정복전의 숨은 공로자(?)는 다름 아닌 세균들인 셈이다.

아즈텍과 잉카의
뒤떨어진 전투 방식과 기술

전쟁을 대하는 아즈텍과 잉카인들의 태도도 그들의 파멸을 불러왔다. 아즈텍과 잉카인들은 적을 붙잡아 신에게 바치고 개인의 용맹을 과시하는 데에 전쟁의 주안점을 두었다. 그래서 사용하는 무기들도 적을 죽이기보다는 붙잡거나 기절시키는 용도의 몽둥이나 밧줄 등이 고작이었다. 전투 방식도 몇 명의 전사들이 한 조가 되어 먼저 나가 싸우고, 나머지 전사들은 뒤에서 지켜보는 식이었다. 위기에 빠진 동료들을 구하는 일도 하지 않았다. 그럼 그들이 차지할 승리의 영광을 훔치게 되니까.

그러나 스페인 군사들은 적의 말살을 전쟁의 목표로 삼았다. 신대륙 정복전을 치르는 동안, 그들은 닥치는 대로 보이는 모든 적들을 죽이고 파괴했으며 포로들도 좀처럼 살려두지 않았다. 스페인 군대가 가진 철제, 화약 무기들은 살상력에서 원주민들의 조악한 무기보다 훨씬 우수했다. 더욱이 스페인 군대의 전술은 원주민들처럼 몇몇 영웅적인 용사들의 투쟁이 아닌 모든 병사들이 하나가 되어 싸우는 총력전의 태도를 보였다. 말하자면 원주민들은 개인으로 싸웠지만, 스페인 군사들은 하나의 군대로서 싸웠던 것이다.

이 모든 점들을 차치하고서라도, 가장 중요한 요인을 들자면 두 문명(스페인-아즈텍, 잉카)과의 결정적인 차이를 꼽을 수 있다. 문자와 철기 기술, 화약의 사용, 원양 항해 등의 기술을 가진 스페인과 철기는 고사하고 말조차 길들일 줄 몰랐던 원시적 석기 시대에 머물러 있던 문명권인 아즈텍과 잉카는 엄청난 차이가 있었다. 아즈텍과 잉카가 아무리 수백에서 수천만의 인구를 가진 제국이라고 해도, 그들은 석기 시대의 문명에 불과했다. 결국 그들은 자신들보다 훨씬 앞선 문명을 가진 스페인에게 굴복당할 수밖에 없었다.

거짓된 전설
케찰코아틀

끝으로 아즈텍의 멸망과 관련하여 한 가지 부분을 짚고 넘어가고자

한다. 널리 퍼진 통설에 따르면 아즈텍인들은 스페인인들이 나타나자, 그들을 자신들이 믿는 신(神)인 케찰코아틀로 생각해 아무런 방비도 없이 환영하다가 공격당해 멸망했다고 한다.

그러나 이는 엄연히 사실이 아니다. 실제로 아즈텍 정복을 총지휘했던 장본인인 코르테스가 스페인 국왕 카를 5세에게 바친 보고서(국내에서는 《코르테스의 멕시코 제국 정복기》라는 제목으로 번역됨)를 보면 그 어디에서도 '케찰코아틀'이란 이름은 전혀 언급되지 않으며, 오히려 아즈텍 제국의 황제 몬테수마는 코르테스와 만나는 자리에서 자신의 맨살을 보여주며 "나도 당신과 같은 똑같은 인간이오!"라는 말을 했다고 한다.

그렇다면 몬테수마를 비롯한 아즈텍인들은 코르테스와 스페인 군사들이 처음부터 신이 아닌 인간이라고 정확히 알고 있었다는 뜻이 된다. 실제로 코르테스 일행이 아즈텍 동부 해안에 처음 상륙했을 때, 그들을 본 원주민들은 성대한 환영식이 아닌 돌을 던지며 격렬하게 저항했다.

아즈텍인들이 스페인 정복자들을 케찰코아틀의 재림으로 착각했다는 속설은 어디에서 시작되었을까? 아즈텍을 연구하는 많은 고고학자들의 의견에 따르면 케찰코아틀에 관련된 이야기들은 스페인 군대가 아즈텍 정복을 완

아즈텍인들의 케찰코아틀 상상화.

몬테수마의 후계자인 아즈텍 황제 쿠아우테목을 붙잡아
고문하는 코르테스.

전히 끝낸 1541년 이후부터 기록에 나타나며, 정복자인 스페인인들이 자신들의 업적을 정당화하기 위해 일부러 꾸며내 퍼뜨렸거나 아니면 패배한 아즈텍인들이 스페인인들에게 멸망당한 충격을 자신들의 신앙에 짜맞추어 합리화시킨 것이라고 한다.

사실 아즈텍과 잉카 및 스페인의 관계는 뒷장에 나올 청나라와 영국의 관계와 매우 흡사한 부분들이 많다. 소수의 서구 무장 세력이 그보다 인구와 영토 및 재력에서 훨씬 압도적인 대제국을 굴복시켰다는 점에서 보면 말이다.

14

만주족이 세운 청나라는 한족을 관대하게 대했나?

만주족이 세운 중국의 청나라는 역시 이민족 왕조였던 원나라보다 더 오랫동안 존속했다. 오늘날 많은 세계사 교과서에서는 그 이유를 "청나라가 원나라와는 달리 한족들을 훨씬 너그럽게 대했기 때문이다."라고 설명하고 있다.

그러나 이는 결과만을 보고 대충 끼워다 맞춘 주장에 불과하다. 청나라 역시 원나라 못지않게 한족들을 잔혹하게 핍박했다.

만주족의 변발 강요와
한족들의 반발

만주족이 한족을 극렬하게 학대한 가장 큰 사례는 바로 변발의 강요였다. 청의 개국자인 태조太祖 누르하치는 명나라 영토를 점령할 때마다 그곳에 살던 한족들을 상대로 무조건 변발을 하도록 명령했다.

변발은 만주족들이 오랫동안 해 온 머리카락 양식이다. 1991년 개봉된 영화 〈황비홍〉을 보면 중국인 남자들은 머리의 정수리 부분을 모두 깎고 뒷머리만 길게 남겨서 머리 뒤로 늘어뜨렸는데, 그게 바로 변발이다.

이러한 대중문화의 이미지로 인해 많은 사람들은 으레 중국인들이 옛날부터 변발 차림을 하고 살았다고 여긴다. 하지만 변발의 역사는 그렇게 오래되지 않았다. 애초에 변발은 중국 대륙의 원주민인 한족漢族이 아니라 만주족滿洲族들이 남긴 문화였다.

청나라를 세운 태조 누르하치.

춘추전국시대부터 중국인들은 머리카락을 부모로부터 물려받은 유산으로 여겨 결코 깎지 않고 길게 기른 다음, 비녀로 묶고 위로 틀어 올려 관을 써서 가리는 옥잠玉簪 양식을 지켜왔다.

이에 반해 흉노나 돌궐, 여진족 같은 북방의 유목 민족들은 머리에 관을 쓰지 않고 정수리 부분의 머리털을 깎고 양 옆의 머리카락만 남겨두어 아래로 땋거나 내리는 식의 변발을 한다.

유목 민족들이 변발을 하는 이유는 우선 이들이 사는 곳이 물이 부족한 사막이나 초원이라서 머리를 자주 감기가 어렵고, 그러다 보니 머리가 가려워진다. 사람이 오랫동안 머리를 감지 않으면 제일 가려운 부위가 정수리인데, 유목 민족들은 정수리 쪽의 털을 몽땅 깎아 버려서 해결한 것이다. 스스로를 중화中華라 부르며 세계에서 가장 우수한 민족으로 여겼던 한족들은 이렇게 머리칼을 이상하게 꾸미는 유목 민족들을 미개한 오랑캐로 여기고 멸시했다.

그런데 1644년, 청나라 군대가 명나라의 수도 북경을 점령하자 당시 청의 실권자인 도르곤은 온 나라 안에 "모든 명나라 관리와 백성, 군인들은 전부 만주족들처럼 변발을 하라! 만약 한 마을이나 성에서 단 한 명이라도 변발을 하지 않는 자가 있으면, 그 지역의 백성은 모조리 반역자로 간주하여 처형할 것이다!"라고 살벌한 엄포를 놓았다.

청나라의 변발 강요는 당연히 한족들의 극심한 반발을 불러일으켰다. 차라리 목이 잘릴지언정, 결단코 오랑캐의 흉측한 머리 꼴을 하지 않겠다며 분노한 한족들은 전국 각지에서 청나라에 저항하는 봉기를 일으켰다. 북경에 입성한 후 약 20년 동안이나 청나라는 이런 한족들의 반란을 진압하느라 진땀을 빼야 했다.

강음에서 청군이 저지른
끔찍한 대학살

중국 각지에서 변발령에 반발하는 한족들의 봉기가 잇따랐는데, 그중 가장 거센 곳이 강남의 강음江陰현이었다. 강음의 백성들은 "목이 잘린 다 해도, 오랑캐의 변발을 할 수는 없다!"라고 외치며, 변발을 강요하 던 청나라 관리들을 모두 죽였다.

강음의 봉기 소식을 들은 청나라 조정은 왕족인 도도를 진압군 사령관에 임명하고, 대군을 주어 강음으로 파견했다. 그러자 강음 주민들은 명나라 관리였던 염응원과 진명우를 지도자로 추대하고, 청군과 싸우기로 결심했다.

성의 방어 책임자가 된 염응원과 진명우는 성벽을 튼튼히 보강하고 성문을 굳게 닫았으며, 돌과 화살과 창 같은 무기와 군사비로 쓰일 돈을 비축하는 등 청군과의 일전을 불사하였다.

마침내 1645년 7월, 강음의 성벽 바깥에 진을 친 청군은 성을 포위하고 홍의대포를 발사하는 한편, 병사들로 하여금 사다리를 타고 성벽을 넘도록 하였다. 하지만 강음 백성들은 서로 굳게 뭉쳐 돌과 화살을 퍼부으면서 청나라 병사들이 성벽을 넘어오지 못하도록 잘 막아냈다. 한 달 동안이나 청군은 공성전을 벌였으나, 그때마다 백성들의 방어를 뚫지 못하고 번번이 실패만 거듭했다.

강음 백성들의 항전에 고민하던 도도는 청군에 항복한 옛 명나라 장군인 유량좌를 보내 염응원에게 항복을 권유했다. 그러나 염응원은

청의 팔기군에 소속된 기병이 장창을 쥐고 날렵하게 돌격을 하고 있다. 이탈리아인 선교사가 그렸다. 옆에서는 잘 보이지 않지만, 서양식 머스킷 총을 등에 메고 있다.

유랑좌가 만주족 오랑캐에 붙어먹는 배신자라고 욕하며 거절했다.

회유가 실패하자, 도도는 분노하여 막대한 희생을 각오하고라도 전투를 끝내기로 결심했다. 그는 수백 대의 홍의대포들로 하여금 강음의 성벽을 맹렬히 포탄을 퍼붓도록 했으며, 성벽의 밑 부분을 파고 그 안에 화약을 넣어 폭파시키고 성벽을 무너뜨리도록 했다.

결국 도도의 방법대로 외부와 밑에서 청군의 화약 공격을 받은 강음성의 성벽은 무너지고 말았다. 방해물이 없어지자, 청군은 성벽의 틈을 통해 성안으로 쳐들어갔다. 청군이 오는 것을 본 염응원은 직접 창을 들고 청군에 맞섰으나, 청군에게 붙잡혀 처형되었다. 청군과의 전투에서 부상을 당한 진명우는 스스로 온 몸에 불을 지르고 목숨을 끊었다.

당시 살아남은 사람들은 사관탑 안에 숨어 있던 인월화상印月和象이라는 승려와 50명의 백성들뿐이었다.

너무나 참혹했던
양주의 10일

그러나 청군이 저지른 가장 잔인한 학살은 양주에서였다. 1645년, 청나라의 예친왕 도도가 이끄는 청군은 양자강 이남에서 아직 청나라에 복종하지 않고 항거하고 있던 명나라의 잔당인 남명南明 정권의 잔당 토벌에 나섰다.

남명의 전 병부상서(국방장관) 사가법이 양주의 수비 책임자로 있을 무렵, 도도가 지휘하는 청군 15만 명이 쳐들어왔다. 도도는 두 명의 사신을 보내 항복하라고 권유했다. 그러나 사가법은 청군의 사신들을 강물에 빠뜨려 죽여 버렸다.

많은 수의 청군을 보고 두려워한 양주의 장군 이서봉과 고기봉은 사가법에게 항복하자고 했으나, 사가법은 "항복하고 싶으면 너희들이나 하라! 나는 죽더라도 바로 이곳에서 싸우다 죽을 것이다."라며 거부했다.

이서봉과 고기봉은 자신들이 거느린 군사들을 이끌고 성 밖으로 나가 청군에 항복했지만, 사가법은 포기하지 않고 남은 양주 백성들을 모아 청군에 맞설 뜻을 굳혔다.

4월 25일, 청군은 포격전을 퍼부은 다음, 맹렬한 기세로 성을 공격했다. 사가법은 청군에 맞서 강하게 항전했으나, 청군의 공세가 워낙 거세어 성의 방비는 순식간에 뚫렸다. 그럼에도 불구하고 양주의 백성들은 몸을 던져 청군을 막아내려 애썼다. 전투가 길어지자 죽어간 청군과 양주 백성들이 얼마나 많았는지, 그들의 시체가 성벽

주위에 산처럼 수북이 쌓여갔다. 그러자 청군 병사들은 그 시체들을 밟고서 성벽을 타고 넘어가 성문을 열어 버렸다.

성이 함락되자 사가법은 자살하려 했지만, 부하들이 간신히 말리고는 함께 피신하려 할 때, 도도가 군사를 거느리고 돌격해 들어오는 바람에 그들에게 붙잡혔다. 도도는 사가법에게 항복하면 벼슬을 주겠다고 회유했으나, 사가법은 끝내 거부하여 처형되었다.

사가법을 도와 청군에 항전하던 유조기, 마응괴 등 명나라 관리들은 청군과 싸우다 전사했고, 하강과 오이손은 우물에 뛰어들어 죽었다. 양주의 지부인 임민육은 청군에게 죽임을 당했고, 그의 가족 모두는 강에 투신자살했다.

양주 군민들의 끈질긴 저항 때문에 청군도 수천 명의 병사들을 잃었다. 이에 분노한 도도는 양주를 점령한 후, 남녀노소를 가리지 말고 성안의 사람들을 모두 학살하라고 명령했다. 이리하여 열흘 동안 양주의 백성 30여 만 명이 청군의 칼날에 끔찍하게 도륙당했다. 그때 시체에서 나온 피가 어찌나 많았는지, 양주성의 현판이 핏물에 둥둥 떠다녔다고 한다.

양주에서 청나라 군대가 저지른 끔찍한 살육을 가리켜, 후대의 중국 역사에서는 양주 10일楊州十日이라고 부른다.

이런 식으로 강남에서 청군이 저지른 학살은 잘 알려져 있지 않지만, 그 규모와 피해가 매우 컸다. 가정, 남웅, 광주, 남창, 곤산, 그리고 상숙 등지에서 청군은 저항하는 한족들을 무자비하게 대량 학살했다. 그렇게 해서 죽어간 명나라 백성들만 족히 100만 명이 넘었다.

청나라의 언론 탄압,
문자의 옥

청나라의 한족 탄압은 살육에만 그치지 않았다. 만주족은 자신들보다 수십 배나 인구가 많은 한족들이 언제 음모를 꾸며 반란을 일으키지나 않을지 매우 두려워했다. 그래서 대다수의 한족들을 선동하여 반청 감정을 부추길 우려가 있는 지식인들을 상대로 철저한 언론 검열과 감시를 기울여, 조금이라도 의심이 가는 자는 사형이나 유배 같은 중벌로 다스렸다.

청나라를 크게 발전시킨 강희제. 중국 역사상 가장 뛰어난 군주로 평가받지만, 그의 치세에도 어두운 구석이 있었다.

청나라 세조 순치제 시절인 1660년, 시인 유정종이 시집을 내자 장진언이 서문을 지었다. 그런데 장진언이 지은 문장에 들어간 '장명지재將明之材'란 부분이 문제가 되어 유정종은 교수형에 처해졌으며, 장진언도 목이 잘려 죽임을 당했다. 아마 장명지재란 문장이 '명나라明 장수將의 재材능'이라는 말로 해석되어, 순치제의 심기를 거스른 듯하다.

청나라의 전성기를 열었던 성조 강희제 시절에도 문자의 옥은 맹위를 떨쳤다. 1663년, 장정롱이 지은 명사

明史에 만주족을 비판한 내용이 실렸다. 그러자 강희제는 이미 죽은 장정롱의 시체를 무덤에서 끄집어내어 그 목을 베도록 지시했다. 아울러 장정롱의 직계 가족들을 모두 죽이는 한편, 명사의 활자를 인쇄한 사람들도 모두 처형하도록 했다.

강희제의 아들인 세종 옹정제 시절인 1726년에는 예부시랑인 사사정이란 사람이 강서에서 과거를 주관하고 있을 때, 유민소지維民所止라는 글귀를 시험 제목으로 넣었다. 옹정제는 '유維'라는 글자가 자신의 연호인 옹정雍正의 머리를 잘라서 자신을 저주한 것이라고 생각했다. 사사정은 자살을 강요당해 죽었고, 아들도 함께 처형당했다. 사사정의 남은 가족들은 모두 변방으로 유배되었다.

1729년, 증정이라는 한족 학자는 제자인 장희로 하여금 청나라 장수인 악종기를 방문하여 그에게 청나라에 맞서 반란을 일으키라고 제안했다.

어째서 증정이 그런 일을 했을까? 악종기는 바로 남송 시절, 여진족의 침략을 격퇴했던 영웅적인 장군인 악비의 후손이었다. 그런데 그 여진족의 후손인 만주족이 지금 중국에 들어와 한족을 억압하고 주인 노릇을 하고 있으니, 당신 조상인 악비의 업적을 보아서라도 만주족 청나라에 반기를 들라는 것이 바로 증정이 장희를 통해 악종기에게 전한 메시지였던 것이다.

하지만 악종기는 증정의 제안을 거부하고, 곧바로 옹정제에게 이 사실을 보고했다. 그 과정에서 증정이, 한족을 칭송하고 만주족을 얼마 못 가 망할 오랑캐라고 헐뜯었다는 책 《유지집》(여유량 지음)을 보고 그런 일을 저질렀다는 사실을 알게 된 옹정제는 매우 노하였다. 그래서 이미 죽었던 여유량을 관에서 꺼내 목을 자르도록 했으며, 그의 가족들을 모두 흑룡강으로 귀양을 보냈다.

정작 일의 주동자인 증정은 옹정제와의 만남에서 "비록 오랑캐라도 덕이 있으면 중국의 군주가 될 수 있다."라는 맹자의 구절을 보고 그에게 설득을 당하여, 처벌받지 않았다. 하지만 이로부터 6년 후인 1735년, 증정은 장희와 함께 건륭제가 내린 명령에 의해 목숨을 잃었다.

청나라의 국력이 가장 융성했던 고종 건륭제 시절은 문자의 옥이 가장 악성을 떨쳤던 때였다.

1755년, 내각학사 호중조는 '일파심장논탁청一把心腸論濁淸' 이란 시를 지엇는데, 건륭제는 시에 들어간 글자인 탁청濁淸이 '더러운濁 청淸나라' 라는 모욕적인 뜻으로 지은 것이 아니냐고 트집을 잡아 처형했다.

화려한 갑옷과 투구를 입은 건륭제의 기마도.

하남성의 선비 단창서는 집에다 반란을 일으켰던 장수 오삼계가 쓴 반청 격문을 보관하고 있었는데, 이 격문이 발견되자 단창서는 반역죄로 처형되었다.

1767년, 여유량의 제자였던 제주화는 당시 변방으로 추방되었다가 기한이 다 끝나 집으로 돌아와서 문집을 출간했다. 그러나 문집의 내용에 청나라를 비방한 부분이 들어갔다고 해서 건륭제는 제주화를 사지를 찢어 죽이는 극형에 처했다.

1778년, 건륭제는 죽은 학자 서술기가 지은 차파호아일각변且把壺兒一攔邊이라는 시구에서 호아壺兒는 '오랑캐의 아이'를 뜻하는 호아胡兒와 발음이 같으니, 조정을 오랑캐로 여겨 모독했다고 여겨 부관참시하고, 서술기의 아들과 손자를 모두 처형시켰다.

예부상서를 지낸 심덕잠은 살아있을 때, 지은 시에서 이종야칭왕異種也稱王이란 구절을 넣었다. 그런데, 건륭제는 이 글귀를 '다른 종족異種인 이민족 청나라가 스스로 왕이라고 칭한다稱王.'라는 모욕적인 의미로 받아들였다. 그래서 건륭제는 죽은 심덕잠의 관을 부수고 시체를 꺼내 목을 베었다.

이상이 만주족들이 가한 문자의 옥이다. 뿐만 아니라 강희제와 건륭제는 중국 전역을 뒤져, 오랜 고서적들에서 중국을 침략했던 흉노, 선비, 거란, 여진, 몽골, 그리고 만주족 같은 유목 민족들을 비방하는 내용들을 발견하면 모두 불태워 버리라고 명령했다. 중국의 문화유산들을 고의로 억압하고 말살한 것이다.

만주족 황제들이 솔직하게 말한
만주족과 한족을 보는 시각

강희, 옹정, 건륭제를 비롯하여 역대 청나라 황제들은 두 가지의 딜레마 때문에 고민이 많았다. 인구의 절대다수를 차지하는 피지배층인 한족들과 자신을 비롯한 지배층을 이루고 있는 만주족이란 두 개의 다른 집단을 놓고 어떻게 대우해야 할 것인가 하는 것이었다.

아무래도 수억에 달하는 한족들을 고려해야 하기는 했지만, 지나치게 그들의 입맛에 맞추게 되면 옛날 금나라처럼 만주족이 정체성을 잃고 한족에 완전히 동화될 우려가 컸다.

하지만 그렇다고 한족들을 노골적으로 멸시하고 만주족을 지나치게 우대하게 되면, 원나라처럼 한족들의 반청 봉기가 곳곳에서 일어나 자칫 중원에서 쫓겨날 우려도 있었다. 물론, 한족들의 비위를 맞추기 위해서 지배층의 핵심인 만주족을 내팽개칠 수도 없는 노릇이었다.

고심 끝에 청나라 황제들은 두 가지 방법을 쓰기로 했다. 우선 표면적으로는 공자를 비롯한 유교의 보호자이자 한족으로 대표되는 중국 문화를 애호하는 것처럼 행세한다. 그리고 기회가 있을 때마다 한족 지식인들을 상대로 "만주족과 한족은 평등한 대우를 받는다." "우리 청나라에서 민족 차별이란 없다." "천하의 만민은 다 황제의 자식들이다."라고 입발림을 해서 안심시킨다.

그러나 황제들은 만주족 장군이나 대신들에게 보내는 서신에서 한족에 대한 자신들의 솔직한 감정을 털어놓았다. 요즘 전 세계적으로 충격을 불러일으키고 있는 위키리크스와 비슷한 내용이라고 할 수 있겠다.

한족들은 거짓을 일삼는 간사한 버릇이 있다. 한족들은 입으로만

184

효행을 말하지만, 출세를 하고 나면 부모도 외면한다.

– 강희제가 만주족 장군 연타이에게 보낸 편지에서

옹정제의 유지에서도 한족들에 대한 부정적인 시선이 담겨 있다.

곡식의 값이 약간 올랐다고 큰 난리가 난 것처럼 호들갑 떨지 마라.
그런 일은 비열하고 천박한 한족들이나 하는 우스꽝스러운 짓이다.

이 말은 17~18세기 모든 청나라 황제들이 어느 정도 공유했던 한
인에 대한 불신과 경멸에 관련되어 있다. 많은 만주족들은 일반적으
로 한인을 불신했다.

한족들은 내심 우리들이 빨리 무너지기를 기대하고 있다. 한족들
을 경계하고, 그들의 거짓말을 주의하라.

– 1707년 강희제가 남긴 유지

이처럼 청나라 황제들은 동족인 만주족을 상대로는 평소 한인들에
게는 꾹꾹 숨겨놓았던 민족 감정을 유감없이 털어놓았다. 다르게 본
다면 만주족들을 추켜세우는 한편, 한인을 깎아내려 그들을 다독이고
아울러 자신들이 한인보다 황제로부터 더 우대를 받고 있다는 우월감
을 느끼게 하려는 고도의 방편일 수도 있다.

권력은 철저하게 만주족이 장악,
한족은 감시와 견제를 받아

청나라 황제들은 "일찍이 만주족은 명나라 말기의 혼란에서 중국을 구했으니, 한족들은 그런 만주족을 이해하고 존중해야 한다."라는 포고문을 내려, 만주족의 우월성과 지배를 정당화했다.

청나라가 멸망할 때까지 지배 계급은 줄곧 만주족이었다. 특히 만주 팔기군은 지배 계급의 중추 세력이었다. 청나라의 국운이 쇠약해지던 19세기 말에도 한 만주 팔기군 병사가 요즘의 시장 격인 성주를 구타하고도 아무런 처벌을 받지 않은 사건이 있었다. 그 시장은 한족이었기 때문이다.

청나라의 모든 관료기구의 최고 책임자는 항상 만주족과 한족 2인 체제로 구성되었다. 겉으로 내세운 명분은 만주족과 한족의 화합을 위해서 이원 체제로 꾸렸다고는 하지만 사실은 만주족이 한족을 쉽게 감시하기 위한 장치였다.

또한 모든 행정 기구에서 최종 결정권자는 항상 만주족이었다. 만주족 관료와 한족 관료가 만나서 대화를 나누려면 일단 한족 관료가 만주족 관료 앞에서 무릎을 꿇고 앉아야 했고, 만주족 관료의 허락이 없으면 일어나 의자에 앉을 수도 없었다.

난징의 명나라 잔여 세력을 섬멸하여 중원을 완전히 평정하고 난 이후에도 만주족들은 한족들을 믿지 못하고 그들이 행여 반란을 일으키지나 않을지 두려워했다. 그래서 대부분의 만주족들은 만성滿城이라는 성을 쌓고 자기들끼리만 그 안에서 따로 모여서 살았다.

일단 만성 안에 사는 만주족들에게는 치외 법권이 인정되었는데, 만주족들은 이를 악용하여 한족들에게 일부러 시비를 걸어 그들을 죽이거나 다치게 하고는 재빨리 만성으로 도망쳐 숨었다. 그래서 한족들은 만성을 가리켜 소설 《수호지水湖志》에 나오는 '양산박梁山泊'이라고 불렀다. 흉악한 범죄자들의 소굴이라는 뜻이다.

이 밖에도 청나라 시대에 한족들은 원칙적으로 만주족과 결혼할 수 없었다. 귀순한 한족 거물 장수나 성인인 공자의 후손에게 정략적인 차원에서 만주족 황실의 여자가 출가하는 특별한 예외를 제외하면 한족은 만주족과의 결혼이 금지되었다.

이러한 점들로 미루어 보건대, 과연 청나라가 한족들을 관대하게 대우했다고 말할 수 있을까? 서구 열강과 일본의 공세 앞에 국운이 위태롭던 19세기 말에도 만주족들은 "나라를 외국에게 넘겨줄지언정, 집안의 노비家奴에게는 결코 주지 않겠다!"라고 서슴없이 말했다. 그렇다면 그 '집안의 노비'란 누구였을까? 바로 청나라 인구의 절대 다수를 차지하던 한족이었다. 청나라의 지배층들은 한족을 엄연한 노비로 취급했던 것이다.

15

바르바리 해적단, 서구인들의 300년 공포

보통 세계사 교과서에서는 르네상스 이후, 아프리카에서 백인들에게 포획되어 아메리카 대륙으로 끌려간 흑인 노예들에 대해 주로 서술한다. 그러나 같은 시기, 교과서에는 나와 있지 않지만 유럽에서 납치되어 아프리카와 중동으로 팔려갔던 백인 노예들도 있었다.

유럽 백인들을 노예로 잡아갔던 대담한 이들은 다름 아닌, 이슬람 교도(무슬림)들로 구성된 북아프리카의 바르바리 해적단Barbary pirate이었다. 그들은 어떻게 해서 '감히' 백인을 노예로 잡아갈 수 있었을까?

그리스인 형제가 조직한
바르바리 해적단

북아프리카에 이슬람 해적 세력들을 키워 준 것은 아이러니하게도 서구 기독교 왕국인 스페인이었다. 1492년, 이베리아 반도 남부 끝에서 간신히 명맥만 유지하고 있던 이슬람 국가 그라나다 왕국은 스페인 군대에게 멸망당했는데, 이때 수많은 무슬림(이슬람 교도)들이 북아프리카로 도망쳐 온 것이다.

특히나 철저한 기독교 국가인 스페인 왕실은 자국 내에 이교도인 무슬림들이 대규모로 분포하는 일을 국가 안보에 위협적인 문제라고 판단해 무슬림들의 추방에 열을 올렸다. 그런데 우습게도 그런 조치가 정작 스페인은 물론이고 다른 기독교 유럽 국가들에게도 크나큰 위협이 되고 말았다.

고국에서 쫓겨난 이슬람 난민들은 모로코와 알제리 같은 북아프리카에 정착했는데, 그들 앞에 혜성처럼 나타난 구세주가 있었으니 오루크Oruc와 히지르Hizir라는 그리스인 형제였다.

이집트를 비롯한 동부 지중해에서 기독교도들을 상대로 소규모 해적 활동을 벌이던 두 형제는 북아프리카에 대규모의 무슬림 난민들이 몰려왔다는 소식을 듣자, 자신들의 포부를 크게 키울 기회라고 판단하여 1512년 서쪽으로 모험을 떠난 것이다.

난민들을 알제리의 해안 지대에 정착시킨 오루크와 히지르 두 형제는 그들을 규합하고 대규모의 조선소와 함선을 만들었다. 그리고 자

그리스인 형제 중 형인 오루크의 초상.

신들을 쫓아낸 기독교와 스페인에 대해 난민들이 품고 있던 증오심을 적절하게 이용하여 잔인하고 흉포한 해적 집단으로 양성해 나갔다.

오루크, 히지르 형제가 난민을 이끌고 자리 잡은 알제리의 해안은 그 옛날, 로마인들이 베르베르Berber족이 산다고 해서 베르베르라는 이름을 붙였던 곳이었다. 세월이 흘러 16세기에 이르자 유럽인들은 알제리에서 두 형제를 추종하며 해적질을 벌이던 무슬림들을 가리켜 바르바리Barbary 해적이라고 부르게 되었다.

1512년, 처음 해적질에 나선 바르바리 해적단은 주로 빠른 속력을 내는 쾌속선을 사용했다. 그들은 튀니스나 알제의 해안가에 숨어 있다가 스페인이나 이탈리아의 상선이 다가오면 재빨리 모습을 드러내 그들에게 전속력으로 다가가 승객과 선원들을 제압하고 배를 빼앗았다.

상선에 실린 물건들은 두 형제가 입수하여 알제의 시장에서 팔아 자금을 마련했고, 상선 자체는 그들이 포획하여 새로운 해적선으로 개조해 사용했다. 또 상선에 타고 있던 승객과 선원들은 노예로 만들어 알제의 시장에 내다 팔거나 자신들이 당했던 것처럼 갤리선에서 노를 젓게 했다. 이렇게 해서 오루크와 히지르는 21척의 상선을 빼앗았고 38명의 유럽인들을 포로로 잡았다.

해적 활동으로 어느 정도 입지를 다졌다고 생각한 오루크는 더욱 대담한 단계로까지 나아갔다. 그는 자신들의 해적질을 별로 반기지 않던 알제의 술탄을 목욕탕으로 유인해 목 졸라 죽이고, 자신이 거느린 군대를 동원해 알제의 왕족들도 죽인 다음, 북아프리카의 중요한 도시인 틀렘센을 점령하고 자신이 알제의 통치권을 탈취해 버렸다.

하지만 승승장구하던 두 해적 형제의 앞날에도 먹구름이 몰려왔다. 자신들이 몰아낸 무슬림들이 힘을 키워 나가는 것을 불안하게 보고 있던 스페인은 1518년, 군대를 보내 알제리 서부의 도시인 오란^{Oran}을 공격했다. 이 전투에서 형인 오루크가 전사하고 히지르는 간신히 목숨만 건져 달아났다.

오스만 제국과 손을 잡은 바르바리 해적단

위기를 모면한 히지르는 혼자만으로는 막강한 스페인에 맞서기 어렵다고 판단하여, 스페인의 적대국인 오스만 제국의 힘을 빌리기로 했다. 그는 오스만 제국의 술탄인 셀림 1세^{Selim I}에게 사신을 보내, 자신이 가진 모든 영토와 거느린 난민들을 오스만 제국의 속령으로 바치겠다고 제안했다.

셀림 1세는 히지르의 제안을 흔쾌히 받아들였다. 그는 히지르를 알제의 총독에 임명했고, 오스만 제국의 최정예 부대인 예니체리 병

붉은색 수염을 길러 바르바로사라는 별명으로 불리던 히지르. 그는 오스만 제국의 해군 제독으로 임명되었다.

사 2000명을 보내 주었다. 아울러 그에게 정의와 은총이란 뜻의 칭호인 하이레딘^{Hayreddin}까지 하사했다.

오스만 제국이라는 든든한 후원자를 얻은 히지르의 입지는 더욱 강화되었다. 그가 기독교도들을 상대로 일종의 성전, 즉 지하드^{Jihad}를 과감하게 벌이고 있다는 소문을 듣고 동방에서 수많은 추종자들이 알제리의 수도 알제와 튀니지의 수도 튀니스로 몰려왔다. 자신들도 히지르처럼 해적이 되어 약탈로 한몫 잡아보려는 야심을 품고서 말이다.

1520년대 말이 되자 히지르는 셀림 1세가 보내준 2000명의 예니체리 병사를 제외하고도 4000명의 지원병을 더 거느렸다. 그리고 알제와 튀니스에서 활동하면서 히지르를 따르는 해적 두목들은 40명으로 불어났다. 그들은 노략질로 얻은 수익의 12퍼센트를 히지르에게 바치며, 그 대가로 히지르의 보호를 받으며 살았다.

1529년, 히지르는 부하 해적 두목인 아이딘에게 빠른 속력을 낼 수 있는 소형 갤리선 15척을 주어 발레아레스 제도와 스페인 동부 발렌시아 해안을 노략질하게 했다. 아이딘이 거느린 바르바리 해적단은 평화롭게 축제를 벌이고 있는 스페인 주민들을 납치하고, 상선까지 약탈한 다음 알제로 귀환했다. 이 사건이 알려지자 스페인의 해안 지대에 사는 주민들은 언제 자신들도 바르바리 해적단의 공격을 받을지 몰라 불안에 떨었다.

그러나 그의 활약상을 들은 오스만 제국의 백성들은 히지르를 유럽인 이교도를 정벌한 위대한 영웅이자 모험가로 여기고 열렬히 칭송했다. 특히 오스만 제국의 술탄 쉴레이만 1세는 히지르를 적국인 신성 로마 제국과 스페인의 해군에 맞설 적임자로 생각하고 그를 불러들였다.

1533년, 히지르는 14척의 갤리선과 18명의 해적 두목들을 이끌고 이스탄불의 골든혼에 입항하여 쉴레이만 1세를 만나 그에게 충성 맹세를 했다. 쉴레이만 1세는 히지르를 오스만 제국 해군 총사령관에 임명하고, 그가 거느린 바르바리 해적단 전체를 제국의 정규 해군으로 편입시켜 주었다. 해적이 국가 정규군인 해군이 되는 것이 이상하게 보일지도 모르겠지만, 당시 지중해 세계에서는 이런 일이 매우 흔했다. 스페인의 무적함대를 격파한 영국의 해군 제독 드레이크도 본래는 스페인 상선을 노략질하던 해적 출신이었다.

히지르가 지휘하는 바르바리 해적단은 1537년 9월 28일, 그리스 서북부의 프레베자Preveza에서 벌어진 프레베자 해전에서 오스만 제국의 해군으로 편입되어 기독교 연합 함대와 싸웠다. 이 전투에서 히지르는 122척의 함대와 2만의 병사로, 교황청과 제노바, 베네치아, 스페인, 몰타 기사단이 연합한 302척의 함대와 6만의 병사로 구성된 '신성 동맹' 함대에게 대승리를 거두었다. 프레베자 해전의 승리로 오스만 제국은 1571년 레판토 해전 이전까지 약 40년 동안 지중해의

바르바리 해적단이 주로 사용하던 갤리 선. 소형이지만 무척 빠른 속력을 낼 수 있어, 기습적인 약탈과 재빠른 후퇴에 모두 유용했다.

제해권을 거머쥐었다.

하지만 해군 사령관이 되었다고 해서 그의 본업(?)인 해적질을 소홀히 하지는 않았다. 1544년, 히지르는 77세의 고령에도 불구하고 이탈리아 서부 해안 지역으로 대대적인 노략질에 나섰다. 그가 이끄는 바르바리 해적단은 항구와 마을마다 무자비하게 노략질을 하고 다녔다. 겁에 질린 사람들이 마을을 버리고 달아나면 그들을 추격해 잡아왔으며, 남아 있는 식량이나 의복, 돈 같은 물품들을 모두 약탈하고 나면 마을에 불을 질러 버렸다.

항구도시인 에르콜레와 탈라모네 마을, 그리고 나폴리 북서쪽의 이스키아 섬에서는 무려 2000명의 주민들이 포로로 잡혀갔다. 얼마나 많은 주민들이 해적들에게 잡혔던지, 해적단의 갤리선 한 척은 포로들을 싣고 오다가 살레르노 항구 인근의 바다에서 침몰하고 말았다. 포로들이 너무나 많이 타고 있는 바람에 그들로 인한 하중을 배가 견디지 못한 것이었다.

이렇게 해서 1544년의 서부 이탈리아 원정에서 히지르는 무려 7000명의 이탈리아인들을 노예로 잡고, 오스만 제국의 수도인 이스탄불로 귀환했다. 그 와중에 오랜 감금 생활로 몸이 쇠약해진 수백 명의 이탈리아인들은 노예로서의 가치가 없다고 판단하여 바다에 버렸다.

이스탄불의 골든혼으로 히지르의 함대가 들어오자, 수십만의 이스탄불 시민들은 축포와 폭죽을 터뜨리며 그를 열광적으로 환영했다. 살아남은 이탈리아인 포로들은 해적 선단에서 내려와 이스탄불 시내를 돌며 시민들의 좋은 눈요깃거리가 되었다.

2년 뒤인 1546년, 히지르는 이스탄불에서 사망했다. 그가 남긴 위대한 업적을 기념하고자 오스만 해군의 제독들은 출정할 때마다 히지르가 묻힌 무덤에 들러 참배했다. 잔인한 해적 두목이 모든 해군과 뱃사람들의 숭배를 받는 성인聖人이 된 것이다.

그러나 살아생전 그에게 시달려 온 유럽인들은, 히지르가 죽었다는 소식을 선뜻 믿으려 하지 않았다. 심지어 이탈리아 남부에서는 밤이 되면 죽은 히지르가 무덤에서 나와 시체들과 함께 돌아다니면서 다시 해적질을 한다는 흉흉한 소문까지 나돌았다. 유럽인들이 얼마나 그를 두려워했는지를 잘 보여 주는 사례라 할 수 있다.

아이슬란드와 아일랜드까지 침략했던 바르바리 해적단

히지르는 죽었으나 바르바리 해적단은 와해되지 않았다. 오히려 그의 죽음으로 바르바리 해적단이 유럽인들에게 가하는 위협은 더욱 증대되었다. 지금까지 히지르라는 강력한 카리스마를 지닌 수령의 휘하에

일반적인 바르바리 해적단원
의 모습을 그린 그림.

서 일사불란하게 통제되어 있던 해적단은, 그가 죽고 나자 수십 명의 해적 두목들이 각자 자신이 거느린 해적들을 이끌고 마구잡이로 유럽의 해안가를 노략질하면서 바르바리 해적단의 활동 범위가 훨씬 광범위해졌던 것이다.

그들의 활약상은 흔히 거론되는 바이킹들과 비교해 보아도 전혀 뒤떨어지지 않으며, 어떤 면에서는 훨씬 뛰어날 정도였다.

1554년 바르바리 해적단은 이탈리아 동남부의 도시인 비에스테Vieste를 습격해 7000명의 주민들을 납치했다. 다음 해인 1555년이 되자 그들은 코르시카에 상륙하여 6000명의 주민들을 포로로 잡아갔으며, 1558년에는 스페인 동부의 섬 메노르카Menorca의 도시인 키우타델라Ciutadella를 습격하여 무자비한 파괴를 저질렀고, 수많은 주민들을 포로로 납치해 그중 3000명을 이스탄불에 노예로 팔아 버렸다.

17세기에 이르자 그들의 행동은 더욱 대담해졌다. 놀랍게도 바르바리 해적단은 대서양을 멀리 횡단하여 1627년에는 저 먼 북해의 섬인 아이슬란드까지 공격하였다. 이때 아이슬란드 주민 400명이 포로가 되었는데 노예로서의 가치가 없다고 판단한 노인과 허약한 사람들을 교회 안에 가둔 다음 불태워 죽이는 잔인한 짓까지 저질렀다. 결국 400명의 아이슬란드인 중 242명만이 살아남아 바르바리 해적단에게 붙잡혀 갔다.

아이슬란드인 포로들 중 주교인 올라프 에길슨Olafur Egilsson은 다행히 몸값을 내고 다음 해인 1628년에 아이슬란드로 돌아와 노예로 붙잡힌 고통스러운 경험담을 글로 남겼다. 그의 책은 아이슬란드와 덴마크에서 출판되었는데, 바르바리 해적의 습격을 받지 않은 덴마크인들도 올라프의 글을 읽고 혹시 자신들도 언제 해적들의 노략질을 당하게 되지나 않을지 하는 두려움에 떨었다.

덴마크인들의 불길한 예감은 현실로 나타났다. 아이슬란드가 공격당한 1627년, 덴마크를 포함해 스웨덴과 노르웨이 등 스칸디나비아 반도의 나라들도 바르바리 해적들에게 노략질을 당했다. 정확히 수를 알 수 없는 세 나라 주민들은 그들의 친척인 아이슬란드인들처럼 해적에게 납치되어 알제와 튀니스로 끌려갔다. 불행하게도 스칸디나비아 국가들은 1655년과 1660년에도 해적들의 습격을 받았다.

1631년에는 아일랜드에도 바르바리 해적단이 들이닥쳤다. 그들은 아일랜드 서부의 항구도시인 볼티모어Baltimore를 급습해, 237명의 주민들을 체포하여 알제리로 끌고 갔다.

그리고 1655년에는 영국의 서남쪽에 위치한 브리스톨 해협의 룬디Lundy 섬이 40척의 선단으로 구성된 바르바리 해적들에게 점령당했다. 이후 5년 동안 룬디 섬은 바르바리 해적들이 차지하였고, 그들이 대서양을 휘젓고 다니는 전초기지가 되었다.

이런 식으로 바르바리 해적단은 포르투갈과 스페인에서부터 발레리아스 섬과 사르디니아, 코르시카와 이탈리아, 그리고 시칠리아와 멀리는 아이슬란드와 아일랜드까지 종횡무진 누비며 살육과 약탈을

상선을 추격하는 바르바리 해적선과 해적들.

일삼았다. 심지어는 노르웨이와 지브롤터 해협 너머에 있는 아프리카의 서부 해안인 카나리아 제도에까지도 이들의 손길이 뻗었다고 하니, 가히 상상이 가지 않는 범위이다.

많은 학자들의 연구에 따르면 바르바리 해적단이 본격적으로 활동하기 시작한 1530년부터 1780년까지, 이들에게 붙잡힌 유럽인들은 자그마치 125만 명에 육박한다고 한다. 근대 서양인들에게 바르바리 해적단은 그야말로 지옥에서 온 악마나 다름없었다.

포로로 잡힌 유럽인들이 겪었던 고통스러운 노예 생활

일단 유럽인이 해적에게 포로가 되면 그때부터 지옥 같은 고통이 시작되었다. 우선 많은 포로들이 음식과 물의 부족 때문에 북아프리카까지 오는 동안 굶주려 죽어 갔다. 또한 배 안의 환경이 비위생적인 데다 좁은 곳에서 한꺼번에 많은 사람들이 몰려 생활하다 보니 전염병도 자주 일어났다.

이 모든 항해 생활의 고난을 견디고 운 좋게 살아나 북아프리카로

온 사람들이라고 해서 나을 건 없었다. 포로로 잡혀 온 사람들은 바르바리 해적단의 근거지인 알제리나 모로코, 튀니지의 감옥으로 끌려갔는데, 1634년경 알제리의 감옥에만 3만5000명의 유럽인들이 수감되어 있었다.

그러나 감옥 안은 극히 지저분한 위생 환경과 부족한 식량 때문에 전염병의 온상이 되었고, 수많은 포로들이 병이나 굶주림에 시달리다 죽어 나갔다. 납치된 포로들의 높은 사망률 때문에, 바르바리 해적단은 항상 노예 납치에 열을 올릴 수밖에 없었다.

포로들 중에서 몸값을 낸 사람은 즉시 석방되었지만, 그렇지 못한 사람들은 얼마 지나지 않아 알제리나 모로코 및 튀니지의 노예시장에

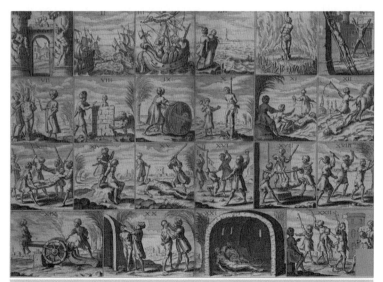

바르바리 해적단에게 납치된 유럽인 포로들의 생활을 묘사한 그림. 노예로 팔려와 이슬람교로 개종할 것을 강요받고, 힘든 강제 노동에 시달리다가 군대에 끌려가고, 감옥에서 병든 채로 죽어 간다.

서 경매에 넘겨졌다. 유럽인 포로들을 사는 주 고객은 모로코의 왕이나 알제리에 파견된 오스만 제국의 총독이었다.

경매에서 팔린 유럽인 포로들은 남녀 성별에 따라 분류되었다. 남자들은 바르바리 해적들이 모는 갤리선의 배 밑창에서 노를 젓는 노예가 되었다. 하지만 바르바리 해적들은 1년 중 약 80일에서 100일 동안만 배를 타고 노략질을 나갔기 때문에, 항해가 없을 때는 알제리나 트리폴리의 노역장에서 일하는 공사장 인부로도 일해야 했다.

여자들은 주로 가정이나 부엌에서 일하는 노예로 팔려갔지만, 간혹 미모가 뛰어난 여성들은 오스만 제국의 하렘(이슬람 사회에서 여성들을 모아둔 처소)으로 끌려가 권력자들의 첩이나 후궁이 되어 살았다.

바르바리 해적단의 노예가 된 유럽 여성들 중에서 가장 유명한 인물은 프랑스의 귀부인인 에이메 두부크였다. 그녀는 1776년 서인도 제도의 프랑스령인 마르티니크에서 태어났는데, 프랑스 본국으로 가는 배를 타고 북대서양을 횡단하다가 1788년 8월, 바르바리 해적단에게 납치되고 말았다.

바르바리 해적단에게 납치되어 오스만 제국의 황후가 된 에이메의 초상화.

해적에게 생포당한 에이메 두부크는 알제리로 끌려오고 나서 곧바로 오스만 제국의 수도 이스탄불로 팔려갔고, 술탄 압둘하미트Abdülhamit의 총애를 받아 차기 술탄인 마흐무트 2세Mahmut를 낳았다. 이후 1817년에 사망할 때까지 그녀는 제국의 황후가 되어 부귀영화를 누리며 살았다.

에이메 두부크는 바르바리 해적단에게 납치당한 수많은 포로들 중에서 극히 드물게 행운이 따른 경우였다. 붙잡혀 온 포로들의 대부분은 공사장의 노예나 가정집의 하녀 및 하렘의 창녀가 되어 쓸쓸하게 죽어 갔다.

고된 지옥에서 살아가던 유럽인 노예들이 품는 희망은 두 가지였다. 유럽에서 그들을 구하기 위해 레뎀토리스트회Redemptorists나 라자로회Lazarists 같은 가톨릭 신부들로 구성된 자선 단체들이 그들의 몸값을 지불하고 고국으로 데려가거나, 아니면 감시의 경계망을 뚫고 용케 탈출하는 것이었다.

하지만 유럽의 자선 단체들이 모두 노예들을 구하기에는 돈이 턱없이 부족했고, 어렵게 모은 돈으로 북아프리카에 가도 노예들을 거느린 무슬림 권력자들은 포로들의 몸값을 예정보다 더 비싸게 부르거나 하는 식으로 좀처럼 내어 주려 하지 않았다.

돈을 구할 수 없다면 남은 방법은 탈출이었다. 대개의 탈출은 실패하여 끔찍한 고문을 받고 처형되어 광장이나 노예시장에 시체가 내걸렸지만, 운 좋게 북아프리카를 빠져나와 고향으로 달아난 사람도 있었다.

가장 유명한 노예 생활 귀환자는 1738년 7월 지브롤타로 도망쳐온 영국인 토마스 펠로우Thomas Pellow였다. 그는 11세가 되던 1716년, 다른 동료 선원과 함께 바르바리 해적에게 납치되었고 22년 동안 모로코에서 노예로 살았는데, 몇 번의 실패 끝에 마침내 탈출에 성공했다. 1740년, 토마스 펠로우는 그리운 고국인 영국으로 돌아가 바르바

리 해적단에게 붙잡혀 알제리에서 생활했던 경험담을 책으로 펴냈다
(국내에는 《화이트 골드》라는 제목으로 번역되어 나왔음.)

18세기가 되자 유럽인 노예들의 형편은 조금 나아졌다. 노역장 이
외에도 목욕탕이나 병원, 상점에서 노예들이 일할 수 있게 됨에 따라
적게나마 임금도 받았고 돈을 모아서 몸값을 지불하고 자유를 찾는
사람들도 생겨났다. 개중에는 노예 생활을 하면서 모은 돈으로 작은
구멍가게를 차리는 수완가들도 있었다. 하지만 그들은 노예 신분에서
벗어날 때까지, 발에 족쇄를 차고서 살아야 했다.

바르바리 해적단은 노예 포획 이외에도 해적의 본업(?)인 상선을
상대하는 일에도 적극적이었다. 한 예로 1609년에서 1680년까지 영
국은 바르바리 해적단에게 무려 626척의 무역선을 격침당하거나 빼
앗겼다. 하도 많은 상선들이 피해를 입다 보니, 영국을 비롯한 많은
유럽 국가들은 바르바리 해적단에게 매년마다 안전한 해상 교역과 통
행을 위해 돈을 줘야 했다.

유럽 국가들의 군사적 대처

물론 자국민을 납치하고 무역선을 약탈하던 바르바리 해적단을 유럽
각국이 그대로 방치한 것은 아니었다. 기회가 있을 때마다 유럽의 나
라들은 해적단을 토벌하기 위해 자주 군사 원정을 벌였다. 1655년 영

국 해군은 해적단이 활동하는 튀니스를 공격했으며, 프랑스 해군은 1682년에, 스페인 해군은 1783년에 알제리의 항구 도시인 알제에 포격을 퍼부었다.

하지만 이런 해상 원정에도 불구하고 바르바리 해적단의 약탈은 쉽게 근절되지 않았다. 일단 바르바리 해적단은 알제나 트리폴리, 튀니스 같이 여러 곳에 근거지를 두었고 그중 한 곳이 공격을 받으면 재빨리 다른 도시로 도망쳤다가 유럽 해군이 포격을 끝내고 물러가면 다시 나타나 항구와 배를 재건하고 해적질에 나서는 경향이 일반적이었다.

더구나 북아프리카의 모로코 왕국은 유럽 국가들이 쉽게 넘보지 못할 만큼 강력한 군사력을 지녔으며, 종종 바르바리 해적단이 기대는 든든한 버팀목 역할을 톡톡히 해 주었다. 특히 포악한 전제 군주 이스마일 이븐 사리프Ismail Ibn Sharif(1672~1727)의 통치 기간에 모로코 왕국은 막강한 위세를 자랑하며 바르바리 해적단을 사주하여 수많은 유럽인 노예들을 사들여 군대나 궁정에서 일하는 노동자로 삼았다. 모로코 왕국이 건재하는 한, 영국과 프랑스 해군이 아무리 알제나 튀니스를 공격해도 바르바리 해적단은 그들이 함부로 건드릴 수 없는 모로코 왕국으로 피신했다가 다시 힘을 길러 해적질을 재개하면 그만이었다.

막대한 재정 부담을 각오하고 해적단을 공격해도 별 효과가 없으니, 해적단에게 노략질을 하지 않는다는 조건으로 돈을 주고 안전 협정을 체결하는 것이 더 효율적이었다. 마치 중국의 역대 왕조들이 북방 유목민들에게 약탈을 안 하는 대가로 매년 막대한 공물을 바쳤던 것과 비슷하다.

미국의
트리폴리 공격

이렇게 전성기를 구가하던 바르바리 해적단은 19세기에 들어 서구 열강이 산업혁명에 성공하고 해외 진출에 나서면서 몰락의 길을 걷게 된다.

1783년, 영국에서 갓 독립한 신생 미국은 유럽과의 해상무역로가 바르바리 해적단에게 자주 차단되고, 미국 선박에 탑승한 미국인들이 해적단에게 납치되어 그들을 석방시키기 위한 몸값 마련 때문에 막대한 재정 부담을 안고 있었다.

1800년에만 바르바리 해적단과 그들의 배후가 되는 모로코와 알제리 같은 국가들에게 미국 정부가 약탈을 막아 달라며 '보호비'의 명목으로 보내는 비용은 모두 6만 달러였는데, 국가 전체 예산의 20퍼센트에 달할 정도였다. 더구나 1785년에서 1793년까지 약 130명의 미국인들이 바르바리 해적단에게 붙잡혀 알제리에서 비참한 노예로 지내고 있었다.

당시 미국 국회에서는 이런 바르바리 해적단에 대한 대책을 놓고 연일 뜨거운 논의가 진행되고 있었다. 대화를 통한 협상을 할 것인지,

아니면 군대를 보내 해적단을 근절시킬 것인지가 주요 논점이었다.

1786년, 프랑스 주재 미국 대사인 토마스 제퍼슨Thomas Jefferson은 영국 주재 미국 대사인 존 아담스John Adams와 함께 영국 주재 트리폴리 대사관에 찾아가 대사인 시디 하지 압둘 라흐만 아드자Sidi Haji Abdul Rahman Adja를 만났다. 그리고 미국 정부의 제안을 그에게 전달했다.

"왜 당신 정부는 당신 나라에 아무런 잘못도 하지 않은 미국인과 미국 상선들을 계속 습격하고 노략질하는가? 당신들이 자국 영토에 거주하는 바르바리 해적단을 잘 설득하여 더 이상 해적질을 비롯한 약탈 행위를 하지 말게 하기를 바란다."

그러나 시디 하지는 다음과 같이 천연덕스럽게 대답했다.

"코란에 이르기를 예언자 무하마드의 가르침을 믿지 않는 불신자들은 멸망해야 마땅하며, 그들의 재산은 얼마든지 약탈할 수 있다. 바르바리 해적단은 아무런 잘못이 없다."

여기에 트리폴리의 파샤 유수프 카라만리Yusuf Karamanli는 1801년, 미국의 3대 대통령으로 취임한 토마스 제퍼슨에게 22만 5000달러의 안전보장금을 요구했다.

하지만 더 이상 미국 정부는 바르바리 해적단에게 돈을 줄 생각도, 국민과 무역선을 빼앗길 생각도 없었다. 대화로 문제가 해결될 수 없음을 안 미국 정부는 결국 군사력을 동원한 무력 해결에 나서게 된다. 토마스 제퍼슨 대통령은 유수프의 요구가 있었던 해인 1801년, 더 이상 바르바리 해적단이 미국인을 납치하거나 무역선을 습격하는 일을 방관하지 않겠다고 선언했다.

미군 해병대와 바르바리 해적단과의 전투. 최초의 해외 파병을 성공적으로 수행한 미군 해병대는 그 후 미군의 최정예 부대로 명성을 떨치게 된다.

그리고 1803년 10월, 7척의 전함으로 구성된 미 해군 함대는 트리폴리로 향했고, 항구에 정박 중이던 해적선단을 불태워 버린 후에 항구를 봉쇄해 버렸다. 2년 후인 1805년 4월 5일, 윌리엄 이튼William Eaton 장군은 8개의 해병 부대와 500명의 그리스와 아랍인 용병들을 이끌고 리비아 북동부의 도시이자 바르바리 해적들의 근거지였던 다르나Darnah에 상륙해 리비아군 및 해적들과 격전을 벌인 끝에 점령했다.

이 전투에서 미군 측은 35명이 전사하고 64명이 부상을 당했는데 비해, 바르바리 해적단은 800명이 사망하고 1200명이 부상을 입었다. 누가 보아도 미군의 완벽한 승리였다. 파샤 유수프 카라만리는 미군이 강요하는 휴전협정에 굴복하여 300명의 미국과 유럽인 노예들을 석방하고 6만 달러의 배상금을 미군에 지불했다.

오늘날 미군 해병대의 군가에 나오는 '트리폴리의 해변까지to the shores of Tripoli'는 바르바리 해적단과의 전투를 위해 트리폴리로 파병되었던 역사적 배경에 근거를 둔 것이다. 또한 전투에서 활약한 미군 해병대 병사들은 바르바리 해적단이 휘두르는 칼날에 목을 보호하기 위해 질긴 가죽으로 만든 칼라가 달린 제복을 입었는데, 미군 해병들을 가리켜 부르는 '가죽 목Leatherneck'이란 별칭은 여기에서 생겨났다.

영국과 네덜란드 해군,
알제를 맹렬히 포격하다

미군으로부터 일격을 맞고 비틀거리던 바르바리 해적단은 10년 후에 영국과 네덜란드로부터 치명타를 입는다. 나폴레옹 전쟁을 승리로 끝낸 영국은 북아프리카에 웅크리고 있는 바르바리 해적단을 노렸다. 지중해의 제해권을 장악하기 위해서는 반드시 바르바리 해적단을 뿌리 뽑아야 한다고 결심한 것이다.

그런데 바르바리 해적단은 아직도 상황 파악을 제대로 하지 못했다. 1815년, 그들은 영국의 보호 아래 있던 사르디니아 섬과 팔마 섬을 습격해서 200명의 주민들을 또다시 납치해 갔다. 이 사건은 영국을 포함한 유럽 국가들의 분노를 일으켰고, 바르바리 해적단을 철저하게 파괴해야 한다는 여론이 들끓는 결과를 불렀다.

마침내 1816년 8월 27일, 영국의 에드워드 펠로우 엑스마우스Edward Pellew Exmouth 자작이 지휘하는 영국과 네덜란드의 연합 함대는 9시간 동안 알제리의 항구 도시이자 바르바리 해적단의 본거지인 알제에 맹렬한 포격을 퍼부었다. 이 날의 포격에서 영국과 네덜란드 연합 함대는 5만 1356대의 박격포를 동원하고 118톤의 포탄을 소

영국의 엑스마우스 펠로우 자작. 공교롭게도 그는 100년 전, 바르바리 해적단에게 납치되어 모로코로 끌려가 22년 동안 노예 생활을 했던 토마스 펠로의 친척이었다. 알제 포격전은 선조의 복수였던 것일까?

비했다.

　물론 알제 측에서도 도시를 지키기 위해 대포를 준비해 놓고 응사했지만, 결과는 너무나 대조적이었다. 영국과 네덜란드 연합 함대는 대략 900명의 인명 손실이 발생했지만, 알제는 7000명이 죽거나 다쳤다. 1805년에 있었던 미군과의 전투 때보다 훨씬 큰 손실을 입은 것이다.

　영국 해군의 압도적인 무력을 실감한 알제리 정부는 2911명의 유럽인 포로들과 연금되었던 영국 영사를 석방했다. 하지만 영국과 네덜란드 해군은 이 정도로 만족하지 않았다. 그들은 알제리 정부를 다그쳐 알제리 영토 안에서 살고 있던 바르바리 해적단의 우두머리들을 모두 처형하라고 요구했으며, 알제리 정부는 그대로 응할 수밖에 없었다.

　그리고 1830년과 1881년, 프랑스 해군은 알제와 튀니스를 점령하고 알제리와 튀니지를 식민지로 삼았다. 마침내 1912년에는 모로코마저 프랑스의 지배하에 놓이게 됨에 따라, 약 400년 동안 유럽의 해안 지대를 공포에 떨게 했던 바르바리 해적단은 드디어 역사 속으로 사라졌다.

16

세계 최강 청나라는 왜 영국에게 무릎을 꿇었나?

1840년, 4000명의 영국 군대가 인도에서 함대를 타고 청나라에 쳐들어와 전쟁을 걸었다. 청나라 조정은 이 한 줌도 안 되는 서양 오랑캐들을 보고는 코웃음을 치고 일격에 박살내 천조天朝의 지엄함을 보이리라 으름장을 놓았지만, 결과는 전혀 예상 밖이었다.

절강 전투에서 영국군의 전사자는 고작 2명에 불과한 데 반해, 청군은 무려 5000여 명의 전사자를 내고 참패를 당했다. 서북 변방의 반란을 진압하여 명성을 떨치고 있는 쟁쟁한 장군들이 다시 지휘를 맡아도 계속 똑같은 일들이 반복되었다. 영국 함대는 중국의 연해를 종횡무진 누비며 연안 도시들을 잇달아 점령해 나갔고, 급기야 지엄한 황제가 있는 수도 북경까지 위협하게 되었다.

20년 후에 벌어진 제2차 아편전쟁에서는 더욱 비참했다. 2만4000명의 영국, 프랑스 연합군이 쳐들어오자 청군은 제대로 싸워 보지도 못한 채 무너졌고, 황제인 함풍제는 허겁지겁 달아났다. 주인이 없는 패전의 대가로 청나라는 홍콩과 구룡 반도를 영국에게 139년 동안이나 내주었고, 2100만 냥이라는 엄청난 배상금을 지불해야 했다.

세계 제일의 대국 청나라,
알고 보니 골병을 앓던 거인

18세기 말까지 세계에서 가장 많은 생산력과 인구, 방대한 영토를 지녔던 초강대국 청나라는 어째서 고작 1만8000명에 불과한 영국군에 일방적인 대패를 당하고 무릎을 꿇게 된 것일까?

첫 번째 원인으로는 군사 기술의 낙후성을 들 수 있다. 아편전쟁에서 영국군을 맞아 싸운 청군 병사들은 청룡도나 창, 석궁같이 형편없는 무기로 무장했다. 300년 전이라면 그런대로 쓸 만했겠지만, 최신식 라이플 소총과 대포를 가진 영국군에게는 도저히 상대가 되지 못했다.

물론 청군도 어느 정도의 총기를 가지고 있기는 했지만, 영국군이 사용하던 것들보다 훨씬 오래되고 성능도 뒤떨어졌다. 청군과 영국군의 전투가 벌어지면 청군 병사가 한 발의 총탄을 쏠 때, 영국군 병사는 열다섯 발을 쏘는 식이었다. 그나마 있는 총기들도 제대로 관리가 되지 않아 창고에서 녹이 슨 채로 방치되어 있었다.

청군의 문제는 무기뿐만이 아니었다. 병사들의 처우 문제는 더욱 엉망이었다. 청군의 핵심 중추인 팔기군과 녹영병은 머릿수만 채운 오합지졸로 전락한 지 오래였다. 기초적인 생활의 필수 요소인 급료도 제대로 지급이 안 되는 날이 많다 보니, 대부분의 병사들이 병영 밖으로 나가서 장사를 하거나 무술

팔기군 중 정남기의 갑주.

시범을 보여야 겨우 먹고사는 정도였다.

이런 병사들로 이루어진 군대의 사기가 높을 리 없고, 군율이 갖추어져 있을 리가 만무했다. 태평천국의 난을 진압하러 나선 청군 장수 증국번은 청군이 가진 문제점을 다음과 같은 말로 요약했다. "병사들은 다른 부대가 전투에서 패하는 것을 보고도 웃으며 가만히 있기만 할 뿐, 나서서 돕지 않는다."

서양에서 일어난 군사 혁명, 동양을 압도하다

반면 영국은 어떠했는가? 1700년대부터 시작된 해외 식민지 개척 경쟁에서 영국은 오랜 라이벌인 프랑스를 누르고 확고하게 우위를 다져나가던 상황이었다. 비록 1783년 식민지인 미국이 독립해 나가긴 했지만, 캐나다는 여전히 영국에 충성하는 식민지였다. 또한 1757년의 플라시 전투에서 영국은 프랑스군을 격파하고 인도의 식민지 통치권을 차지했다. 중국에 맞먹는 방대한 인구와 영토를 가진 인도가 마침내 영국의 세력권에 편입된 것이다.

여기에 1800년부터 1815년까지 유럽 대륙에서 벌어진 나폴레옹 전쟁을 치르면서 영국을 비롯한 유럽 열강은 군사 부문에서 획기적인 혁신을 달성했다. 이미 16세기 중엽부터 유럽은 대포를 비롯한 화약 무기에서 중국을 포함한 동양보다 앞서 있었다. 임진왜란 당시, 조선에 파병된 명나라 군대가 선보여 왜군들을 공포에 떨게 했던 불랑기포나 1619년의 영원성 전투에서 누르하치가 이끌던 후금군을 격파한 홍이포는 포르투갈과 네덜란드인으로부터 화포 제조 기술을 전수받아 만들어진 것이었다.

홍이포 이후, 동양의 화포는 정체된 수준이었는 데 반해 유럽에서는 끊임없는 전쟁을 겪으면서 화포의 성능이 계속 진보되었다. 1500년대 말에는 75파운드의 포탄을 발사하고 6톤의 무게를 지닌 거포 로얄 캐논Royal cannon이 등장했다. 1615년부터 1640년까지 유럽의 거의 모든 국가들이 참여한 30년 전쟁에서는 두 마리의 말이 끄는 기마 포병Horse Artillery이 도입되어 포 부대의 신속한 이동이 가능해졌다. 여기에 나폴레옹 시대를 거쳐 19세기 중엽에는 탄도학의 발달로 명중률도 높아졌다. 아편전쟁 무렵, 청군의 장수 양방은 영국군 함대에서 쏘아 대는 포탄이 먼 거리에서도 정확하게 명중하는 것을 보고 영국군이 요술을 부린다고 착각할 정도였다.

대포처럼 크지는 않지만 작으면서도 효과적인 발명품도 등장했다. 17세기 말, 프랑스에서 개발된 총검銃劍: bayonet은 전장에서 창병을 신속히 퇴출시키고, 총으로 무장한 보병들이 전장의 주역으로 군림하는 데 결정적인 역할을 했다. 총검을 장비한 보병들의 밀집 방진은 1798년 이집트의 임바바 전투에서 맘루크 기병들을, 1815년 워털루 전투에서 프랑스 기병대를 완벽하게 격퇴시킬 수 있었다. 반면 동양에서는 17세기 중엽의 명청 교체기에 총검이 잠깐 쓰였다가 곧바로 사장되어 버렸다.

해군 분야에서는 더욱 차이가 났다. 바람에 전적으로 의존해야 하는 목제 정크선을 주력으로 사용하던 청군에 비해, 영국군은 증기로 움직이는 강철 군함을 채택하고 있었다.

물론 아편전쟁 당시의 영국군도 전열함 같은 목제 범선을 사용하기는 했다. 그러나 영국군의 전열함은 청군의 정크선보다 큰 규모와 우수한 내구력을 갖추었으며, 배에 탑재한 대포의 개수도 더 많고 성능도 훨씬 뛰어났다.

여기에 영국군의 정규 보병대는 한 번 대열을 이루면 전멸되는 한이 있더라도 결코 도망가지 않는다는 명성이 유럽 전역에 자자했다. 붉은 제복을 입어 레드 코트Red Coat라는 별명으로 불리기도 했던 영국 보병대는 워털루 전투에서 나폴레옹 휘하의 프랑스 기병대와 크림 전쟁에서 러시아 기병대를 맞아 그 위력을 입증했다.

한 예로 크림 전쟁에서 영국군 보병대는 총검을 이용한 밀집 방진

워털루 전투에서 프랑스 기병대의 돌진을 총검 방진 대형으로 막아내고 있는 영국군 보병대.

크림전쟁에서 러시아 기병대의 돌격을 두 번의 일제 사격으로 분쇄시킨 영국군 소속 하이랜더 부대.

과 2번의 일제 사격으로 러시아 기병대의 돌격을 철저하게 분쇄시켰
다. 이 광경은 종군했던 영국 기자에 의해 '씬 레드 라인The Thin Red Line'
이라는 이름으로 생생하게 묘사되었다.

아편전쟁의 패배를 겪은 후, 영국과의 협상을 맡은 청의 전권대신
기선은 친구들에게 보내는 편지에서 "서양 오랑캐 군대(영국군)의 무
기가 워낙 우수하고 군율이 엄격하니, 도저히 우리가 싸워서 이길 수
있는 상대가 아니다."라고 털어놓았다.

부패와 타락으로 얼룩졌던
청나라의 내부 사정

하지만 무기의 차이가 아편전쟁에서 청나라가 패배한 원인의 전부라

고는 볼 수 없다. 아편전쟁에서 패배한 경험을 바탕으로 청나라 조정은 군사 무기의 현대화에 박차를 가해 서구에서 크루프 대포와 암스트롱 대포 같은 우수한 신식 무기들을 대규모로 도입했지만, 이런 무기들을 가지고도 일본과의 청일전쟁에서 치명적인 패배를 당하고 말았다. 어째서 그런 것일까?

그것은 당시 청나라의 정치와 사회 전반이 극도로 부패했기 때문이었다. 앞서 청군의 무기력함을 말했지만, 사실 사회가 정치와 분리되어 존재할 수는 없다. 정치가 부패하고 사회의 기강이 문란해지자 자연스레 군대가 약화된 것이다.

2차 아편전쟁 무렵, 북경을 지키던 청군은 약 7만 명이나 되었지만 영·프 연합군이 쳐들어오자 단 한 번도 싸우지 않고 모두 달아나 버렸다. 청군 병사들이 겁쟁이여서 그런 것이 아니다. 당시 청군들은

아편전쟁의 한 장면을 그린 그림.

정부로부터 한 푼의 급료나 식량도 지급받지 못해 오랫동안 배고픔에 허덕여 사기가 땅에 떨어진 상태였다. 병사들이 받아야 할 녹봉을 고위 관료와 중간 관리자들이 모두 횡령하는 바람에 벌어진 일이었다. 그런 상황에서 어떻게 병사들이 강대한 적군을 맞아 싸울 수 있겠는가?

또한 두 번에 걸친 아편전쟁에서 영국군은 수많은 원군을 얻었는데, 그들은 돈을 받기 위해 영국군의 부역자가 된 청나라의 가난한 백성들이었다. 훗날 쿨리라고 불리게 된 이들은 당장의 생계를 위해 영국군이 던져 주는 돈을 받고, 중국의 지리에 어두운 영국군을 위한 길잡이 노릇을 하거나 청나라 군대와의 결전에서 먼저 선봉에 나서 공격하여 영국군의 손실을 줄여주는 총알받이 노릇까지 잘 치러냈다.

서구의 사정을
전혀 몰랐던 청나라

그러나 가장 중요한 것은 상대방에 대한 무지였다. 영국은 이미 1780년과 1810년, 두 번에 걸쳐 청나라에 사신을 파견했고, 청의 내부 사회가 얼마나 부패했으며 취약한 부분들이 무엇인지를 상세히 파악한 상태였다.

예컨대 1780년 영국 공사 매카트니가 건륭제를 만나러 청나라에 왔을 때, 청나라의 병사들은 창이나 칼은 물론이고 석궁이나 도끼에

심지어 돌팔매 같은 낡은 무기를 여전히 사용하고 있었다. 기마와 활 쏘기가 자랑이었던 만주족 팔기군조차 정부가 주는 보조금을 받으며 음주와 도박, 사창가 출입과 새 기르기 같은 방탕한 생활에 빠져 사느라 말을 타려다 땅에 떨어지고, 활을 쏘아도 화살이 나가지 않을 정도로 전투력이 약화되었다.

물론 모든 팔기군이 나약했던 것은 아니었다. 몽골 출신인 차하르와 만주 북부의 시버 및 솔론 팔기군은 상당히 막강한 군사력을 가지고 있었다. 하지만 영국과 프랑스의 최신 무기와 전술 앞에서는 그들도 당해낼 수 없었다.

더구나 청의 정치는 부정부패의 극치를 달렸는데, 건륭제의 총애를 받던 대신인 화신和珅은 혼자서 사금 200만 냥과 황금 15만 냥, 은 940만 냥 등 무려 20년치의 국가 재정을 횡령하는 악질적인 탐관오리였다. 화신만 아니라 다른 대신들도 한 끼 식사를 차리기 위해 은 10만 냥을 써 버릴 정도로 청의 관료 세계는 사치와 부패의 늪에 빠져 있었다.

여기에 1796년과 1804년에는 백련교를 앞세운 농민들의 반란이 전국 각지에서 잇달아 일어났다. 1813년에는 농민군이 수도 북경까지 쳐들어 올 정도로 청나라는 내부 혼란에 휩싸여 있었다.

중국을 방문한 영국 공사 일행들은 이런 청나라의 약점과 부패상을 상세히 관찰했고, 청나라가 덩치만 클 뿐 속은 형편없이 썩어 있다는 사실을 깨달았다.

반면 청나라는 영국에 대해 전혀 몰랐다. 아편전쟁 직전까지 중국인들은 영국인들이 앞다투어 중국산 차※를 사들이는 모습을 보고 그들이 차를 마시지 않으면 몸에 병이 생겨 죽는 줄로만 알았다. 국민들이 투표를 통해 선출한 국회의원들이 국정을 운영한다고 하자, 천박하고 무식한 백성들에게 나라의 주권을 맡기는 오랑캐의 야만스러운 제도라고 비웃었다. 심지어 영국이 섬나라라는 기본적인 사실조차 알지 못했다. 황제조차 영국의 사절단이 방문하자, "신강에서 서쪽으로 가면 영국으로 통하는 육지 길이 있느냐?"라고 물을 정도였다.

이런 사정은 영국 상인들의 뇌물을 받지 않고 아편 문제를 근절하려 했던 강직한 관리인 임칙서도 마찬가지였다. 임칙서는 1차 아편전쟁 당시, 도광제에게 올리는 상소문에서 "영국인들은 다리를 두꺼운 옷으로 감싸고 있으니 육지에 올라오면 걸어 다닐 수 없고, 그들의 배는 너무나 커서 강으로는 통행이 불가능하며, 그들의 군대는 매우 적으니 쉽게 그들을 이길 수 있습니다."라고 호언장담을 늘어놓았다. 물론 현실과 동떨어진 허튼소리였다.

임칙서의 상소만을 믿고, 영국에 대해 안이한 인식을 가지고 있던 도광제와 대신들은 쓰라린 패배와 치욕을 맛보았다. 그리고 세계 최강대국 청나라는 영국을 필두로 한 서구 열강의 무차별 공세에 서서히 무너져 내리며 반⁺식민지로 전락하게 된다.

17

태평천국운동은 평등한 세상을 꿈꾸었나?

한국사와 세계사 교과서에서 가장 오랫동안, 잘못 알려진 내용을 꼽으라면 단연 근대 중국의 태평천국운동(1850~1864)이 될 것이다.

자그마치 20년이 넘는 세월 동안, 많은 교과서들이 하나같이 태평천국에 대하여 '기독교적 가치를 내세워서 낙후된 중국 사회에 저항했다' '중국 농민들의 열렬한 지지를 받았다' '여성 차별을 없애고 남녀평등을 꿈꾸었다' '외세에 저항하며 근대화된 제도를 도입하려 했다' '비록 실패했지만 이후의 중국의 근대화 개혁에 큰 영향을 미쳤다'는 식으로 서술하고 있다.

그러나 교과서에 실린 태평천국에 대한 설명은 잘못된 부분이 많다. 태평천국의 실체를 자세히 알고 보면 결코 긍정적이지만은 않다는 것을 알게 될 것이다.

태평천국의 창시자
홍수전은 정말 기독교도였나?

먼저 '태평천국운동'이라는 표현이 과연 적합한지 살펴보자.

태평천국은 오늘날 민주화된 국가에서 정부의 부패나 실정을 자유롭게 비판하는 시위나 데모 같은 시민들의 정치적 '운동'과는 전혀 성격이 달랐다. 태평천국의 개창자인 홍수전洪秀全은 애당초 자신이 창설한 조직인 배상제회의 회원들을 무장시켜 무력으로 청나라를 뒤엎고 새로운 나라를 세울 계획이었다.

그래서 태평천국은 시작부터 끝까지 내내 잔인한 폭력과 살육으로 가득 찬 전쟁의 연속이었다. 이걸 가리켜 운동이라는 표현을 쓸 수 있을까?

만약 태평천국을 가리켜 운동이라고 부른다면 임진왜란이나 6·25 전쟁도 운동이라고 불러야 하지 않을까?

태평천국에 관해 가장 유명한 이미지는 이런 것이다. 홍수전은 기독교 선교사가 전해 준 성경을 읽고 꿈을 꾸었는데, 꿈에서 노인과 중년 남자를 만났다. 노인은 그에게 검과 도장을 주면서 지상의 요괴를 물리치라는 말을 남겼다. 꿈에서 깨어난 홍수전은 곰곰이 생각하다가 그 노인은 성경에서 말한 하느님上帝이고, 중년 남자는 하느님의 아들인 예수 그리스도이며 자신은 예수의 동생이자 하느님의 둘째 아들이라는 사실을 깨달아 지상에 평화를 가져다주기 위해 봉기했다는 일화이다.

얼핏 보기에는 마치 요즘 인기 있는 무협지나 판타지 소설의 내용 같다. 그렇다면 홍수전은 정말 꿈을 꾸고 나서 세상을 바꾸려 용감하게 일어났을 만큼 기독교에 대한 신앙심이 강하고 낭만적인 사람이었을까?

태평천국을 이끌었던 천왕 홍수전의 얼굴을 그린 기록화.

결론은 그렇지 않다. 홍수전은 본래 기독교와는 전혀 상관없는 유학을 공부하던 집안에서 태어났다. 젊은 시절 그의 인생 목표는 세상의 구원이 아니라 과거 시험에 합격해 고위 관료(오늘날의 공무원)가 되는 일이었다.

그가 성경을 처음 접한 때는 1837년, 그의 나이 23세가 되던 해에 과거 시험을 보러 광주에 갔을 무렵이었다. 광주의 거리에서 전도를 하던 중국인 선교사 양아발에게 《권세양언勸世良言》이라는 성경 요약본을 한 권 얻었다. 그러나 당시 홍수전은 과거를 치렀다가 낙제했던 터라 다시 과거 시험을 준비하는 데 매우 바빴고, 이 책을 그냥 방 안에 던져두고 전혀 읽지 않았다.

그러던 그는 1843년, 또다시 과거에서 낙방한 이후에야 비로소 《권세양언》을 펼쳐 들었다. 그리고 자신이 그때부터 하느님의 둘째 아들이자 인간 세상의 왕이라는 말을 하면서 하느님, 즉 상제를 섬긴다는 뜻의 조직인 배상제회拜上帝會를 만들어 7년 동안의 노력 끝에 마침내 태평천국 전쟁을 시작했던 것이다.

그가 자신이 꾸었다는 기이한 꿈 이야기를 했던 때도 이 무렵이었다. 그는 자신이 처음 《권세양언》을 얻었던 1837년에 저런 꿈을 꾸었다면서 자신의 봉기를 신비화시켰다.

하지만 6년 전에 꾸었던 꿈의 내용을 그렇게 생생하게 기억하는 사람이 과연 몇이나 될까? 꿈이란 한 번 꾸고 나면 얼마 지나지 않아 바로 잊혀지는데 말이다.

과거 시험 합격을 노리던 유생(선비)인 홍수전이 갑작스레 성경의 가르침을 앞세워 청나라에 저항하는 반란을 일으키게 된 동기는 무엇이었을까?

홍수전과 비슷한 길을 걸었던 인물이 한 명 있다. 900년 전, 당나라 말기 농민 반란군의 지도자였던 황소黃巢이다. 비록 홍수전처럼 기독교를 내세우지는 않았으나, 역시 과거 시험을 보던 유생이었던 황소는 과거에 연이어 낙방하자, 인생에 희망이 없다고 여겨 소금 밀매 조직에 들어가 힘을 길러 마침내 반란을 일으켰다.

홍수전도 황소와 같은 이유로 태평천국 전쟁을 시작한 것이 아닐까? 당시 중국에서 과거 시험은 결코 쉬운 일이 아니었다. 《사서삼경》이나 《논어》 같은 엄청난 양의 유교 경전을 모두 외워야 하고, 그동안 남은 가족들은 공부 이외에는 아무런 일도 하지 않는 수험생의 뒷바라지를 하느라 갖은 고생을 해야 했다. 오늘날 고시 준비생이나 고3 수험생을 둔 가족들의 처지를 생각하면 쉽게 이해될 것이다.

그런데 6년 동안이나 힘들여 공부를 하고, 온 가족이 뒷바라지를 했는데도 불구하고 또 과거에 떨어졌으니 홍수전과 그 일가의 심정이 어떠했을까? 아마 하늘이 무너지는 심정이었을 것이다.

가족들 얼굴 보기 민망하고 6년 동안의 노력이 허사가 되어 자신의 인생이 참 허망하게 느껴졌을 홍수전이, 마지막으로 선택한 길이 바로 반란이 아니었을까? 아무리 과거 공부를 해 봐야 합격할 가능성도 없고, 그렇다고 이제까지 책만 펴오다가 생소한 업종인 농사나 장사를 하는 것도 어렵고, 어차피 더 이상 잃어버릴 것도 없다는 절박한 마음에서 내린 결론이었으리라.

젊어서 유교 경전과 사서들을 공부한 홍수전은 중국 역사에서 무수히 많은 농민 반란이 일어났다는 것을 잘 알고 있었다. 그리고 만약 한고조 유방이 한나라를 세우고, 명태조 주원장이 명나라를 세웠듯이 반란이 성공한다면 과거에 합격하는 것과는 비교할 수 없을 정도로 어마어마한 부귀영화와 권력을 잡게 된다는 사실도 염두에 두었을 것이다.

홍수전이 기독교적 가치를 내세워서 낙후된 중국 사회에 저항했다는 세계사 교과서들의 설명은 틀렸다. 그는 배상제회를 만들어 농촌에 포교를 하면서, 자신은 하느님의 둘째 아들이자 세계 모든 나라들의 주인이라고 선언하였다. 그리고 오직 하느님만을 유일한 신으로 섬겨야 한다는 구약성경의 십계명을 바탕으로 자신을 따르는 배상제회 회원들을 이끌고, 중국 농촌 사회에서 사당에 모셔 놓고 숭배하던 여러 신들, 공자나 맹자 및 염라대왕이나 용왕 등의 신상들을 사악한 요괴의 우상이라고 비난하며 부숴 버렸던 것이다. 그가 백성들에게 숭배를 허용했던 대상은 하느님과 그의 대리자인 자기 자신뿐이었다.

이런 일을 가리켜서 '낙후된 중국 사회에 저항했다'고 보기에는 다소 무리가 있지 않을까? 과대망상에 빠진 광신도의 소행이라고 보는 것이 더 적합하다.

좀 더 자세히 말한다면, 홍수전은 진정한 의미에서의 기독교도라기보다는 기독교를 바탕으로 한 새로운 신흥종교를 만들어 사회적으로 물의를 빚고 있는 JMS 같은 사이비 교주라고 보아야 할 듯싶다.

태평천국은
반외세를 내세웠을까?

한 고등학교 한국사 교과서를 보면 홍수전은 중국에 들어와서 청나라를 세운 만주족을 쳐부수고, 그들에게 지배당하고 있는 중국의 대다수 민족인 한족을 부흥시킨다는 뜻의 구호인 멸만흥한滅滿興漢을 내걸었다고 나온다. 이것만 보면 그는 중국에 들어와 한족을 억압하고 있는 만주족 청나라를 몰아내려는 반외세적인 성격을 띠고 있었던 것으로 보인다.

그러나 이 말은 반은 맞고 반은 틀리다. 홍수전과 태평천국이 만주족을 가리켜 비난한 격문 등을 보면, 그들의 자세는 단순한 반외세에 그치지 않고 마치 히틀러와 나치가 유대인을 가리켜 '가장 저급하고 열등한 하등 인종이자 인류의 전염병'으로 여겼던 것처럼 인종차별적인 태도에 가깝다.

다음은 홍수전이 만주족을 선동적으로 저주하고 모욕한 문장의 내용이다.

만주족은 하얀 여우와 붉은 개의 자손이다. 그들은 미개하고 야만스러운 종족이었으며, 야생 여우를 사악한 황제로 앉혔다.

만주족의 궁정은 여우 떼와 개 떼가 몰려 사는 곳이다. 여기에 무릎을 꿇고 절을 하는 중국인 관료들은 개나 돼지보다 못한 무지하고 어리석은 자들이다.

만주족들은 중국에 들어와서 중국인들에게 변발을 강요하고 있다. 이것은 우리 선조들의 전통 의상에 어긋나며, 짐승과 오랑캐 같은 모욕이자 만행이다.

또한 만주족들은 중국의 아름다운 여인들을 모두 궁궐로 끌고 가서 첩으로 삼았다. 그 때문에 3000명의 미녀들은 구역질나는 짐승들에게 몸을 더럽히고 말았다.

그리고 기근이 들고 굶어 죽는 사람들이 늘어나거나, 부패한 탐관오리들이 백성들을 착취해도, 만주족들은 그저 방관만 하고 있을 뿐이다. 저들은 우리들이 가난해져 약해지기를 노리고 있는 것이다.

격문에서 홍수전은 만주족을 가리켜 '흰 여우와 붉은 개' '미개하고 야만스러운 종족' '여우 떼와 개 떼' '개나 돼지' 등의 극히 모욕적인 어휘를 써 가면서 비난하고 있다. 여기서 그는 만주족을 비인간적인 짐승이나 괴물로 간주하며, 격문을 읽는 대상자의 만주족에 대한 경멸감과 증오를 불러일으키고 있다. 단순히 반외세적이라고 보기에는 그 태도가 지나치지 않은가?

아울러 태평천국의 수뇌부들은 조직원들을 상대로 청나라의 관군

태평군과 청군의 전투 장면을 그린 청나라 말기 무렵의 풍속화.

이나 관리들을 청요清妖라고 부르도록 했다. 청나라清에 협력하는 자들은 사람이 아닌 '요괴妖'라는 것이다. 요괴를 상대로 무슨 동정심이나 이해가 필요할까?

그래서 태평군은 난징에 입성하기 전, 홍수전이 내린 "만주족으로 구성된 군대인 팔기군은 한 명도 살려두지 마라!"라는 명령에 충실히 따랐다. 그로 인해 1853년 3월 난징에 주둔하고 있던 3만 명의 만주 팔기군은 한 사람도 남김없이 끔찍하게 학살당했다.

이 사건이 불러일으킨 파장은 매우 컸다. 나중에 태평군은 지도부의 내분에도 불구하고 절대다수가 청군에게 항복하지 않고, 끝까지 싸웠다. 그 이유는 '청나라 관군에게 항복을 해도, 받아주지 않고 모두 죽이기 때문'이었다. 혹시 그 배경에는 태평군이 난징에서 벌인 만주족 학살 소식을 접하고 분노한 청나라 조정이 태평군 토벌에 나선 군 지휘부에게 "앞으로는 태평군이 항복해도 받아 주지 말고 전부 죽여라."라고 내린 밀명이 있지 않았을까?

실제로 태평천국 전쟁의 막바지 무렵, 증국번이 이끄는 상군에게 항복한 태평군 지휘관 이수성은 자술서를 다 쓰고는 처형당했다. 상군에게 붙잡힌 홍수전의 어린 아들인 홍천귀복도 "사면해 준다면 죄를 뉘우치고, 과거 공부를 해서 관리가 되겠다."라고 사정했지만 끝내 처형당했다. 소주성을 공격한 청나라 장수 이홍장은 생포한 태평군 병사 1만 명을 모조리 죽이는 잔인함을 보이기도 했다.

태평천국 전쟁이 16년 동안이나 계속될 만큼 길어졌던 이유도 이러한 태평군 측과 청군 측의 '내가 저들을 죽이지 않으면 저들이 우리를 모두 죽일 것이다.'라는 공포와 증오 때문이었다. 쌍방은 살아남기 위해서 한 치의 양보도 없이 팽팽하게 맞섰던 것이다.

농민들의 열렬한 지지를 받았다?

태평천국을 두고 세계사 교과서들은 하나같이 '농민들의 열렬한 지지를 받았다'는 식으로 긍정 일변도의 칭찬을 늘어놓고 있다. 태평군의 내막을 잘 모르는 사람이 본다면 마치 농민들이 자발적으로 참여한 사회 개혁 운동이라고 착각할 정도이다.

그러나 태평천국의 수뇌부였던 이수성이 직접 쓴 자술서에 의하면 실상은 전혀 다르다. 그는 대려리大黎里라는 마을 출신의 농민인데, 태평군이 이 마을을 통과할 때 일가와 함께 참가했다.

> 내가 사는 마을에 북왕과 서왕의 군대가 와서는 마을 전부를 샅샅이 수색해서 음식과 옷가지를 강제로 가져갔다. 그들은 마을 주민들이 몰래 산에다 숨긴 식량까지 모두 빼앗아갔다. 서왕은 마을 주민들을 모아놓고 "우리와 함께 다닌다면 굶을 일은 없을 것이다." 라고 말하면서 자기들과 함께 가자고 요구했다. 나는 가난한 집에서 살고 있었으며, 그 밖에 다른 사람들도 서왕의 군대에 음식을 빼앗겨서 어쩔 수 없이 굶어 죽지 않기 위해서 그들에게 합류했다.

여기서 태평군은 집에 있는 음식과 옷은 물론, 산속에 농민들이 숨겨 놓은 것까지 모두 징발해 가져가는 모습을 보인다. 또한 이렇게 의식을 빼앗긴 농민들은 먹을 것을 위해서 따라갔을 뿐이었다. 그도 그럴 것이 자그마치 수십 만이나 되는 농민들이 혁명이나 이상 같은 애매모호한 이념 때문에 살던 고향을 간단히 버리고 낯선 자들을 따라갔을까?

또한 태평군에 가담한 사람들에는 모두 농민들만 있었던 것은 아니었다. 전혀 뜻밖의 계층들도 태평군에 합류했다. 그중에는 제철업에 종사했다가 대량 실직을 당한 수공업자들도 포함되어 있었다. 어째서 그들이 반란에 가담했을까?

1840년, 영국이 무력을 사용하여 청나라를 굴복시키고 맺은 난징 조약 이후, 중국의 산업은 큰 타격을 받았다. 중국 남부 광주 등지는 노동 밀집적인 제철업이 흥성했는데, 영국에서 생산된 철판과 못, 농기구 등이 싼값에 대량으로 유입되는 바람에 가격경쟁력에서 밀린 수많은 제철업 종사 노동자들이 몰락하여 실업자가 되고 말았다.

졸지에 일자리를 잃은 수공업자들은 자신들이 이 꼴이 된 이유가 서양 오랑캐들의 물품을 들여오도록 허락한 청나라 조정에 있다고 믿으며 분노를 삼켰다. 그리고 1850년, 광주 출신의 서생 홍수전이 청나라 타도를 외치며 태평천국의 난을 일으키자 바로 광주의 전직 제철 노동자들이 대규모로 참가해, 16년 동안이나 중국을 대혼란에 빠뜨렸던 것이다.

또한 태평군에 가담한 세력 중에는 천지회天地會같이 청나라에 저항하는 비밀 결사 조직들도 있었다. 실제로 1786년, 천지회는 대만에서 임상문林爽文이 주동이 되어 청나라에 저항하는 폭동을 일으키기도 했다. 그들은 청방靑邦이라고도 불리는데, 오늘날 중국 최대의 범죄 조직인 삼합회三合會도 여기에서 유래했다. 홍수전이 만주족 청나라에 저항한다는 기치를 내걸자, 천지회는 그에 공감해서 합류하였다.

태평군의 점령 지역과 진출 방향. 난징을 노리고 북상하여 점령하는 데는 성공했으나, 그 이후 지도부들이 난징의 환락에 빠져 방탕한 생활을 하는 바람에 북방 원정에 실패하여 패망을 자초하게 된다.

이 밖에도 태평군에는 중국 남부의 해안이나 산악 지역에서 활동하던 해적이나 산적들도 대거 가담했다. 그들은 태평군이 내세운 반청이나 기독교적 이념에는 관심도 없었다. 단지 홍수전이 반란을 일으켜 청나라를 뒤엎고 중국을 지배하는 황제가 되려 하자, 그에 가담해서 한몫 단단히 챙기려는 속셈으로 끼어든 것이다.

그런데 처음 태평군에 몸을 담았던 해적과 산적들 중 대부분은 나중에 태평군과 손을 끊고, 청군에 가담하여 태평군을 공격하는 데 앞장섰다. 태평군에서는 합류한 해적과 산적들에게 "술이나 아편을 하지 마라." "여색을 멀리 하라." "약탈한 재물들은 모두 천왕 홍수전에게 바쳐라." 하는 식으로 귀찮은 규칙을 만들어 지키라고 강요했기 때문이었다. 반대로 청군에게 붙으면 그런 골치 아픈 요구 따위는 일절 없었다.

이처럼 태평군에 포함된 집단들은 그 성분이나 출신도 제각각이었고, 동참한 목적들도 하나같이 달랐다. 이런 이색적인 세력들의 모임을 "농민들의 열렬한 지지를 받았다."라고 한마디로 일컬어 표현하기에는 무리가 있다.

태평군이 과연 농민들의 환영을 받던 해방군이었을까? 태평군은 가는 곳마다 살육과 약탈을 일삼았다. 1852년 6월 3일, 전주성全州城을 공격하던 태평군 지휘관인 풍운산이 수비군이 쏜 총탄에 맞아 전사하자, 분노한 태평군 병사들은 전주성으로 들어가 성안에 있던 거의 모든 군사와 백성들을 무자비하게 학살해 버렸다.

이런 태평군을 가리켜 이상적인 농민 운동이라고 칭송하는 것은 지나친 과장이 아닐까?

태평천국이
여성 인권을 향상시켰다고?

태평천국을 설명할 때, 빠지지 않고 등장하는 내용이 하나 더 있다. 다름 아닌 태평군을 일으킨 홍수전이 여성들의 인권을 향상시켰다는 것이다.

확실히 태평군에는 여성들로 이루어진 군대인 여군이 편성되었고, 여군도 남군과 함께 전장에 투입되어 싸웠다. 이런 사실만 본다면 태평군과 홍수전은 여성들의 인권에 신경을 쓴 것처럼 보인다.

하지만 태평군 내에서, 그리고 장차 난징을 손에 넣고 도읍으로 삼고 난 이후, 태평군에서 여성이 어떤 취급을 받았는지 안다면 그런 말을 하기 힘들다.

먼저 태평천국의 창시자인 홍수전의 배경을 알아보아야 한다. 그는 중국 남부의 소수민족인 객가客家 출신이다. 객가족은 그 기원이 불분명한 집단인데, 북송 말기에 여진족이 세운 금나라의 침략을 피해 남쪽으로 이주한 한족의 일파로 추정된다. 주로 깊은 산속에서 고립되어 살았던 객가족들은 한족들과는 다른 독특한 그들만의 풍속을 지키며 살았다. 그중 하나가 여성들이 전족을 하지 않는 것이었다.

객가족이 여성의 전족을 허용치 않는 이유는 대단한 평등주의나 이념 때문이 아니었다. 워낙 가난하게 살다 보니, 여성들의 노동력도 필요했기 때문에 여성들이 움직이기 편하도록 발을 억지로 묶는 전족을 하지 않았던 것뿐이었다.

그러다 보니 일반 한족 남성들은 전족을 하지 않는 객가 여성들이 아름답지 못하다고 여겨 객가 여성들을 멀리했고, 그 때문에 객가 여성들은 남편감을 같은 객가 남성에게서 찾을 수밖에 없었다.

그렇다면 태평군이 여성의 전족을 금지했다는 이유도 알고 보면 여성 해방이라는 거창한 이념이나 목표가 아니라, 회원들의 대다수가 객가족으로 구성되고 객가 출신인 홍수전의 문화적 배경에서 유래한 것이 아닐까? 게다가 초기의 태평군은 일정한 근거지를 갖지 않고, 이리저리 떠돌아다니면서 청의 관군과 싸우며 약탈을 일삼던 유적流賊 집단이었으니, 움직임을 거추장스럽게 하는 전족을 하지 않았던 것이 더 자연스러운 일이었다. 따라서 태평군이 전족을 금지했다고 해서 대단한 여성 해방이나 평등 운동이라고 크게 놀라워하며 감격할 일이 아니다.

또한 태평군이 매춘을 금지시킨 일을 두고, 그들이 여성의 인권을 향상시켰다며 높이 평가하는 내용도 세계사 교과서들에서 찾아볼 수 있다. 하지만 태평천국은 합법적인 부부 관계조차 금지시켰다. 아니, 아예 군대에 참여한 모든 병사들을 대상으로 남자와 여자의 성관계 자체를 범죄로 간주하여 엄격히 금지시켰다.

그래서 태평천국 안에는 남자들만 편성된 남군男軍과 여자들로만 편성된 여군女軍을 따로 두었고, 이들이 서로 만나거나 가깝게 지내지 못하도록 했다. 심지어 부부로 참가한 사람들도 서로 남군과 여군에 따로 두고, 대화도 하지 못하게 할 정도였다.

하지만 우두머리인 천왕天王 홍수전을 비롯하여 동왕東王 양수청, 서왕西王 소조귀, 남왕南王 풍운산, 북왕北王 위창휘, 익왕翼王 석달개 등의 지도자들은 이런 방침에 구애받지 않고, 아내와 첩들을 여럿 거느렸다.

기본적으로 홍수전은 가장 높은 천왕이니 여러 지도자들 중에서 가장 많은 88명의 첩들을 두었고, 양수청은 36명, 위창휘는 14명, 석달개는 7명의 첩을 두었다. 그중에서 특이하게 양수청은 어린 소녀들을 좋아해서 스무 살 이하의 소녀들만 첩으로 두고 그녀들로 하여금 시중을 들게 하면서 전쟁터에 나갔다.

하급 병사들에게는 색色에 빠지지 말고 엄격한 군율을 유지해야 한다며, 부부 관계조차 갈라놓을 정도로 혹독하게 굴던 지도층들이 정작 자기 자신들은 이렇게 색을 탐하는 모습을 뭐라고 해야 할까?

그러나 이런 방침으로도 막지 못한 것들이 있었다. 태평군이 난징을 점령하자 남군들만 모아 놓은 남관 안에서는 남자 병사들끼리 동성애를 하는 광경이 목격됐다. 또한 난징 같은 대도시를 점령하고 나자 남자 병사들은 약탈한 재산을 바탕으로 매춘부를 찾아 자주 성관계를 가지기도 했다.

그러자 태평군은 얼른 새로운 처벌 조항을 만들어, 동성애와 매춘을 금지시켰다. 13세 이상의 남자들이 동성애를 하다가 적발되면 모두 처형시켰고, 남자 중 한쪽이 13세 미만이라도 동성애 관계를 가졌다면 용서 없이 사형시

난징을 점령한 이후 홍수전이 앉았던 황금 용상.

컸다. 그리고 매춘부를 찾아 성관계를 가진 남자와, 역시 관계에 응한 매춘부도 모두 처형시켰다.

이것만으로는 미덥지 않았던지, 태평군은 남군 병사가 여군 병사에게 옷을 보내 빨래나 바느질을 해 달라고 부탁을 해도 참수 같은 극형으로 다스렸다. 혹시나 남군과 여군이 연애에 빠지는 불상사(?)를 막기 위해서였다. 그래서 태평군의 모든 남자 병사들은 자신의 손으로 직접 빨래와 바느질을 해야만 했다.

그러나 이러한 엄격한 금지 방침에도 불구하고, 이미 부부로 태평군에 들어온 사람들이 몰래 만나서 성관계를 자주 가지는 바람에 여군들의 거주지인 여관에서는 임신한 병사들이 수없이 생겼다. 결국 태평천국의 남녀 분리 정책은 난징을 손에 넣은 뒤인 1855년 초, 지도부들 스스로의 생각에도 무리라고 여겼던지 결혼한 부부들은 자유롭게 만날 수 있게 허용했다. 하지만 여전히 결혼하지 않은 남녀들이 몰래 만나서 교제하다가 들키면 용서 없이 사형에 처해졌다.

이에 반해, 난징을 함락시킨 이후 홍수전을 비롯한 태평군 지도부들은 예전보다 더욱 음탕한 쾌락에 빠져들었다. 한 예로 천왕 홍수전은 1853년 난징에 들어와 1864년 사망할 때까지 11년 동안, 단 한 번도 난징을 떠나지 않았다. 그리고 자신이 거처하는 화려하고 웅장한 건물인 천왕부天王府에 틀어박혀서 무려 100명의 후궁과 1000명의 여관女官(하녀)들과 함께 방탕한 쾌락을 즐기며 살았다.

색탐을 하지 말라면서 지도층 본인들은 색에 빠져 살았던 이율배반적인 모습에서 이미 태평천국의 패망은 예고되어 있었다고 본다면,

지나친 추측일까? 3000명이 넘는 여성들을 후궁과 첩으로 거느리며 방탕한 성생활을 즐겼던 진시황을 가리켜 "그는 여성 인권을 향상시켰다."라고 말할 수 있을까? 그럴 수는 없을 것이다.

무당이 지배했던 태평천국

태평천국에 관해, 교과서에서 전혀 다루어지지 않지만, 매우 중요한 사실이 하나 있다. 태평천국을 움직이는 핵심 세력은 신들림을 이용하여 사람들을 속이고 현혹시켰던 무당이었다는 것이다.

홍수전의 동료이자 태평천국의 주요 인물인 양수청은 자신의 몸에 귀신鬼神이 깃들게 하여 원래와 다른 목소리를 내는 특이한 기술을 가지고 있었다. 현대의 한국에도 흔한 남자무당인 '박수'였던 셈이다.

양수청은 신들림 기술을 이용해, 초기 배상제회의 포교 활동에 많은 역할을 했다. 농민들을 모아 놓고, 그들 앞에서 귀신이 내려온 것처럼 이상한 목소리를 내어 마치 홍수전이 하늘에서 내려온 신의 아들이라고 선전하는 수법을 썼다. 순진한 농민들은 양수청의 말을 믿고, 홍수전이 세상을 구원할 진짜 구세주라고 믿게 되었다.

좀 더 시간이 지나자 양수청은 자신의 몸에 깃든 신이 그냥 잡신이 아니라, 홍수전 일행이 믿는 하느님이라고 주장했다. 그리고 하느님이 자기 입을 빌려서 말하는 것처럼 배상제회의 교리를 설파했고, 홍수전을 지원했다.

하지만 태평천국 전쟁이 일어나고 태평군의 규모가 커지면서, 양수청과 홍수전은 미묘한 갈등에 휩싸였다. 바로 우두머리의 서열 문제였다. 물론 태평군 내부에서는 천왕이자 하느님의 둘째 아들인 홍수전이 가장 높았다. 그러나 양수청은 하느님이 깃드는 몸이었다. 따라서 하느님이 양수청의 몸에 깃드는 때가 되면, 자연히 그는 하느님의 둘째 아들인 홍수전보다 더 높은 위치가 된다. 그렇다면 그 순간만큼은 태평군의 최고 지도자가 양수청이 되는 셈이다.

자신이 가진 신들림 기술의 효과를 잘 알고 있던 양수청은 난징에 입성하자, 1856년 8월 '하느님의 입'을 빌려서 홍수전에게 "너도 양수청도 똑같은 나(하느님)의 아들이다. 그러니 양수청도 만세萬歲로 올려 달라."라고 강요했다.

여기서 만세는 중국 역사상 황제들의 별명이었다. 홍수전은 태평천국 전쟁을 일으키면서 자신의 호칭을 만세라고 불렀다. 그리고 다른 지도자들은 조금 낮춰서 불렀는데, 양수청은 구천세九千歲, 소조귀는 팔천세八千歲, 풍운산은 칠천세七千歲, 위창휘는 육천세六千歲, 석달개 오천세五千歲 등이었다. 양수청은 태평군 안에서 홍수전 다음가는 2인자였는데도 만족하지 못하고, 홍수전과 동일한 지위에 오르려 했던 것이다.

홍수전은 무척 당혹해하면서도 그의 요구를 따를 수밖에 없었다. 물론 양수청이 말하는 하느님이 깃들었다는 신내림이 완전한 사기이자 거짓임은 그도 잘 알고 있었다. 하지만 이제 와서 그의 요구를 거부한다면, 그동안 하느님의 입을 빌어 활동했던 태평천국의 기반이 모두 사기라는 사실을 스스로 입증하는 꼴이 아닌가.

이와 관련해서 또 다른 얘기가 있다. 난징에 입성한 이후, 홍수전이 자신을 시중들던 여관(하녀)을 죽이자, 양수청은 자신의 몸에 하느님이 내려왔다면서 천왕부로 가서 홍수전에게 "너는 사람들을 너그럽게 대우해야 한다."라고 꾸짖었다. 그러나 양수청이 자신과 아무런 관계도 없고 알지도 못하는 한낱 하녀를 진심으로 동정해서 그랬던 것 같지는 않다. 아마 홍수전이 하녀를 죽인 일을 꼬투리 삼아서 그를 압박하려는 핑계로 쓰기 위함이었을 것이다.

어쨌든 자신에게 하느님이 내려왔다고 하는 양수청의 말을 홍수전이 무시할 수는 없었다. 홍수전은 얼른 양수청에게 엎드려 사과를 했고, 양수청은 그에 대한 벌로 홍수전의 머리를 막대기로 40대 때리는 벌을 내리게 하였다. 그리고 홍수전은 후궁과 비빈 및 하녀들이 보는 앞에서 정말로 머리를 40대나 막대기로 맞았다.

당연한 일이지만 이 사건을 계기로 홍수전은 자신을 모욕하고 망신 준 양수청에게 극심한 분노와 원한을 품었다.

양수청은 이후로도 오만방자하게 행동하여 주위 사람들에게 미움을 사다가, 홍수전의 명령을 받은 위창휘에게 가족들과 함께 죽임을 당했다. 그러나 양수청의 죽음과 함께 태평군은 내분이 본격화되어 석달개가 난징에서 달아나는 등 세력이 크게 약화된다.

한낱 무당 흉내로 조직의 최고 지도자까지 올랐던 양수청의 사례는 태평군의 실체가 어떠했는지를 적나라하게 보여준다.

근대화된 토지제도?

세계사 교과서를 공부하는 학생이라면 태평천국에 대해서 한 가지 사실은 분명히 암기하고 넘어간다. 고등학생 시절에 누구나 한 번쯤은 귀에 들었을 법한 천조전무天朝田畝 제도이다.

교과서들은 한결같이 천조전무 제도를 가리켜, '공정하고 근대화된 토지제도'라고 설명한다. 그러나 천조전무 제도의 본질은 그렇지 않았다.

천조전무 제도란 한마디로 개인의 토지 소유를 인정하지 않고, 모든 토지와 거기에서 나오는 생산물은 하느님의 것이니, 하느님의 대리자인 천왕 홍수전에게 바치라는 것이었다. 그렇게 하면 홍수전이 알아서 토지를 고루 분배해 준다는 내용이었다.

이것은 모든 토지는 공산당의 것이니, 농민들이 가진 토지를 모두 공산당이 빼앗아 소유하는 소련의 스탈린식 집단농장과 같다.

쉽게 말해서 천조전무 제도는 시대적 흐름인 자본주의에 완전히 역행하면서, 개인의 사유재산을 부정하는 제도였다고 보면 된다.

태평천국에서 사용했던 옥새.

천조전무 제도 이외에도 태평천국은 성고聖庫 제도도 운영했다. 난징의 상인들이 가지고 있던 모든 재산을 빼앗아 성고에 넣고, 이것을 백성들에게 고르게 나눠 준다는 핑계를 댔다.

그러나 자신의 재산을 남에게 빼앗기는 것을 좋아하는 사람은 없다. 태평군이 입성할 당시, 80만 명에 달했던 난징의 인구는 1864년 난징이 함락당할 무렵, 15만으로 줄어 있었다. 말할 것도 없이 태평군의 정책에 반발하여 수많은 사람들이 난징 밖으로 도망친 것이다.

태평천국, 어떻게 봐야 하는가?

이상이 태평천국 전쟁의 진면목이다. 여기까지 읽어 본 독자들은 알겠지만, '기독교적 가치를 내세워서 낙후된 중국 사회에 저항했다' '중국 농민들의 열렬한 지지를 받았다' '여성 차별을 없애고, 남녀평등을 꿈꾸었다' '외세에 저항하며 근대화된 제도를 도입하려 했다' 는 식의 평가는 전혀 옳지 않다.

오히려 태평천국 전쟁은 사이비 종교가 주도한 잔인하고 억압적이며 모순적인 농민 반란이라고 보아야 하지 않을까?

18

사우디아라비아 와하비즘의 실체

19세기의 근대사를 설명하는 세계사 교과서에 어김없이 빠지지 않고 등장하는 부분이 사우디아라비아의 와하브 운동이다. 고등학교용 역사부도나 세계사 교과서에서는 와하브 운동을 가리켜 "서구 열강 등 외세의 침입에 맞서서 이슬람의 개혁을 일으켰으며, 와하브 운동의 결과로 오늘날의 사우디아라비아가 탄생했다."라는 식으로 간결하게 설명하고 있다.

그래서 이슬람과 아랍 역사를 잘 모르는 일반인들이 이 구절만 보면, '와하브 운동은 훌륭한 개혁이었구나.' 하고 생각하기 쉽다.

그러나 와하브 운동에서 탄생한 와하비즘이 지배하고 있는 현재의 사우디아라비아를 본다면, 과연 와하브 운동을 가리켜 훌륭한 개혁이라고 볼 수 있을지 심각한 의문이 든다.

호전적이고 공격적인 이슬람 원리주의, 와하비즘

와하브 운동, 혹은 와하브주의, 와하비즘은 극단적인 이슬람 맹신주의다. 일종의 종교적 원리주의다. 종교적 원리주의가 무엇인지 잘 모르겠다는 사람들을 위해 설명하자면, 21세기인 요즘에도 지구가 둥글지 않고 네모나며, 모든 생물들은 진화가 아니라 신에 의해 창조되었다고 믿는 것이 그것이다. 또 동성애자는 죽어서 지옥에 가고 다른 종교를 믿는 자들은 죄인이니 개종시키거나 모조리 죽여야 한다고 믿는 자들이 종교적 원리주의자들이다. 얼마 전 국내에서는 성경에 나온 대로 죽은 자기 가족을 다시 되살린다며 장례식도 치르지 않고, 썩어가는 시체 옆에 앉아서 닷새 동안 계속 기도만 하던 사람도 있었다. 즉 와하비즘이란 이슬람교에서 가르치는 교리들을 그대로 맹신하는 극단적인 광신이라고 이해하면 될 것이다.

　이러한 와하비즘의 시초는 멀리 13세기, 다마스쿠스에서 활동한 이슬람 학자인 이븐 타이미야가 주장한 이론에서 비롯되었다. 당시 중동의 이슬람 세계는 멀리 동방에서 쳐들어온 몽골군에게 무참하게 짓밟혔다. 터키의 우르파에서 태어난 이븐 타이미야는 몽골군을 피해 시리아의 다마스쿠스로 이주했는데, 그는 침략자인 몽골인에 대한 증오를 담은 신학을 만들어 발표했다. 1260년, 몽골군은 지금의 이란을 정복하고 일한국을 세웠으며, 13세기 말에 접어들자 이슬람교로 개종하기에 이른다. 그러나 이븐 타이미야는 "몽골인들은 거짓 무슬림

화려하게 장식된 이슬람 경전, 코란의 겉표지.

이다. 그들이 이슬람으로 개종했다고 해서 무슬림이 될 수는 없다."라며 그들을 비난했다. 몽골인들이 이슬람 세계에 저지른 살육과 약탈의 죄는 간단하게 용서받을 수 없다는 것이 이븐 타이미야의 주장이었다.

그래서 이븐 타이미야는 몽골군처럼 이슬람 세계를 위협하는 적들에 대해서는 무자비하게 공격하여 그들을 쳐부숴야 한다는 호전적인 교리를 퍼뜨렸다. 그가 남긴 구절 가운데, 다음과 같은 내용이 있다.

"신을 위해서 목숨을 바치는 순교자들이야말로 제일 고귀하고 아름다운 죽음을 맞는 훌륭한 사람들이다."

거기서 더 나아가 이븐 타이미야는 이슬람의 적을 돕는 자는 어린아이나 여자라고 해도 모두 적으로 간주하여 공격해야 하며, 또한 같은 무슬림이라도 이슬람의 적과 동맹을 맺거나 함께 활동한다면 죽여야 마땅하다는 말까지 남겼다.

또한 이븐 타이미야는 극단적인 이슬람 원리주의를 주창했다. 그는 이슬람교의 창시자인 무하마드가 주장한 이후, 많은 이슬람 학자들이 이슬람의 경전인 코란에 여러 가지의 해석을 하며 이슬람 교리를 자유롭게 변형하는 것을 반대했다. 모든 무슬림은 무하마드가 말한 원래의 이슬람 교리만을 그대로 따라야 한다고 말한 것이다.

얼핏 들으면 무척 좋은 말처럼 보일지도 모른다. 마치 유럽의 르네상스 시대, 마르틴 루터나 칼뱅 같은 종교 개혁 운동가들이 외쳤던 "허례허식을 모두 버리고 오직 성경 말씀만 따라야 한다!"라는 말처럼 느낄 사람도 있을 것이다.

그러나 원리주의는 그렇게 좋기만 한 것이 아니다. 원리주의는 현실을 인정하거나 타협을 하지 않고, 오직 경전에 있는 내용만을 고집하는 이념이다. 가령 어떤 기독교인이 구약성경에 있는 "너희들 중에 남자들끼리 부부처럼 동침을 하는 자가 있어서는 안 된다."라는 구절을 근거로 동성애를 금지하는 법안을 만들고, 어기는 자들은 죽이거나 처벌하겠다고 나오면 어떻게 될까? 혹은 어느 무슬림이 코란에 있는 내용대로 "유대교와 기독교도는 우리의 원수이니, 그들을 용서하지 말고 모두 죽이라." 하고 나온다면 어떻게 될까? 실제로 우리나라에는 구약성경에 나온 "나 이외의 신을 너희 앞에 있게 하지 마라. 이 방신의 제단을 모두 부숴라."라는 내용을 그대로 실천에 옮겨 불교 사찰들을 습격해 불상의 목을 자르고 절들을 부숴 버리려고 했던 개신교 신도들도 있었다. 즉, 이븐 타이미야가 주창한 이슬람 원리주의는 이교도와 이방인에 대한 무슬림들의 복수심과 공격성을 정당화하고 이를 부추기는 폭력적인 교리였던 것이다.

1328년, 이븐 타이미야는 사망했지만 그가 남긴 새로운 이슬람 신학은 후세의 이슬람 지도자들에게 큰 영향을 미쳤다(물론 부정적인 면이 더 강하지만). 18세기 말, 무하마드 이븐 압드 알 와하브가 사우디아라비

이집트에 폭력적인 이슬람 원리주의를 도입하려 했다가 이집트 정부에 의해 처형된 사이브 쿠틉. 아직도 많은 이슬람 테러리스트들은 그를 성자로 숭배하고 있다.

아에서 와하비즘을 전파했을 당시, 그는 자신이 이븐 타이미야가 만든 신학에 큰 영향을 받았다고 고백했다. 다시 말해서 와하비즘이라는 이념 자체가 이븐 타이미야가 말한 폭력적이고 호전적인 교리에서 비롯된 것이다.

또한 이집트 태생의 이슬람 사상가인 사이브 쿠틉도 와하비즘으로부터 많은 영향을 받았다. 그는 젊어서 미국 유학을 다녀오기도 했지만, 오히려 그로 인해 미국과 서구인에 대한 적개심과 증오심만 더 강해지는 부작용을 겪었다. 사이브 쿠틉은 미국인들의 도덕과 윤리는 짐승보다 못하며, 모든 유대인과 기독교도들은 이슬람의 적이니 죽여야 하고, 이슬람만이 전 세계의 문명 중에서 유일한 진리라는 극단적인 주장까지 펼쳤다.

1966년, 사이브 쿠틉은 그의 폭력적인 주장에 놀란 이집트 정부에 의해 국가 전복 혐의로 사형당한다. 그러나 여전히 전 세계의 많은 무슬림들은 그를 스승으로 추종하고 있으며, 특히 이슬람 테러 단체들은 사이브 쿠틉의 가르침을 따르며 자신들의 테러 행각을 정당화한다.

와하비즘이 만든
사우디아라비아의 끔찍한 현실

그렇다면 이런 와하비즘을 국시로 삼고 있는 사우디아라비아는 과연 어떤 나라일까? 우리나라 사람들은 1970년대 중동 개발 붐을 타고 사우디 등 중동에 나가 일을 하며 돈을 번 파견 노동자들의 기억 때문인지, 사우디아라비아에 대해서 호의적이거나, 나쁜 인상이 없어 보인다. 하지만 사우디아라비아의 현실은 북한에 비길 만큼 억압적이고 폐쇄적이다.

사우디아라비아는 이븐 타이미야와 알 와하브가 만든 와하비즘, 이슬람 원리주의를 내세워 자국민들을 철저히 억압하고 있다. 사우디아라비아에서 범죄자는 공공장소에서 손목이 잘리거나 참수를 당한다. 미국과 유럽 등 서구의 인권단체들이 이런 일을 두고 인권을 억압한다고 비난하면, 사우디 정부의 대답은 한결같다.

"코란에 이르기를, 도둑은 손발을 자르라고 했으니 우리는 그대로 따르는 것뿐이다."

실제로 이슬람교의 경전인 코란에 저런 구절이 있는 것은 사실이다. 그러나 그런 논리를 다른 종교에도 적용하자면 구약성경에 "나 이외의 다른 신을 내 앞에 있게 하지 마라."라는 구절도 있으니, 모든 기독교 신자들은 불교 같은 다른 종교의 사원을 습격해서 부숴 버려야 하는가?

범죄자를 엄하게 응징하는 사우디의 법이 질서에 좋은 방법이라고 박수칠 사람도 있을 테지만, 문제는 그만큼 사우디에서 개개인의 인권은 무참히 짓밟히고 있다는 현실이다. 그러한 방식의 잔혹한 압제는 범죄를 저지르지 않은 사람에게도 똑같이 적용된다.

사우디아라비아는 2005년에야 최초로 민주적인 국민투표가 도입되었을 정도로 봉건적이고 폐쇄적인 국가이다. 그것도 미국과 유럽 등 서구 각국의 인권단체들로부터 거센 항의와 외교적 압력을 받고서 겨우 이루어진 결과다. 하지만 아직도 현실은 만만치 않다. 남성들은 투표를 할 수 있지만, 여성의 경우는 더욱 가혹하다. 여성에게는 아예 투표권도 주어지지 않는다.

그뿐만이 아니다. 사우디는 이슬람을 국교로 하는 나라인 관계로 종교 경찰들이 수시로 나라 안을 돌아다니면서 국민들을 상대로 이슬람 율법에 어긋나는 일을 하고 있는지를 면밀히 감시한다. 이들의 지독한 간섭에 사우디 국민들마저 내심 진저리를 내고 있다.

한번은 이런 일도 있었다. 2002년 3월, 사우디의 여자 학교에 불이 나서 구조 헬리콥터와 버스가 달려왔다. 그런데 종교 경찰들이 들이닥쳐서는 여학생들이 학교 밖으로 빠져나가는 것을 막았다. 여학생들이 이슬람 율법에 맞지 않게 옷을 입었기 때문이라는 이유에서였다. 결국 사우디 여학생들은 제대로 대피하지 못하고 모두 불에 타 끔찍하게 죽고 말았다. 뒤늦게 이 사실이 알려지자 사우디 전역에서 몰인정한 종교 경찰들을 향해 격렬한 비난 여론이 일어났다. 당황한 사우디 왕가는 서둘러 피해 여학생 가족들에게 막대한 위로금을 주고 입을 막아야 했다. 더욱 심각한 것은 사우디의 종교 경찰들이 자국민뿐만 아니라 사우디에 체류하는 외국인들에게도 이슬람 율법을 지키라고 강요한다는 점이다. 이를 어기면 막대한 벌금을 무는 것은 기본이고, 심하면 곧바로 사우디 밖으로 강제 추방당한다.

사우디에서 가장 심하게 억압받는 계층은 여성들이다. 사우디아라비아에서 여성은 남자 가족이 없이는 혼자서 차를 운전할 수도 없고, 남자 가족이 동행하지 않으면 공공장소를 돌아다니거나 외국에 여행을 갈 수도 없다. 여기에 사우디 여성들은 집 밖으로 나갈 때, 온몸을 가리는 검은색 부르카를 반드시 입어야 한다. 나름대로 엄격한 이슬람 국가인 이란에서도 여성은 부르카를 입으면 남성들과 같은 직장에서 근무할 수 있지만, 사우디에서는 그조차도 불가능하다.

2011년, 사우디의 한 여성은 남자 동행자가 없이 여자 혼자서도 차를 몰 수 있도록 해야 한다며 인터넷에 자신이 직접 혼자서 차를 운전하는 동영상을 찍어서 올렸다. 물론 그 여성은 곧바로 사우디 경찰에 체포되어 감옥에 갇혔다.

이 밖에도 사우디아라비아가 일반 국민들의 인권을 얼마나 억압하는지 보여 주는 적나라한 사례가 하나 있다. 사우디아라비아의 여권에는 여권 소지자가 '왕가의 소유물belongs to the royal family' 이라는 표기가 찍혀 있다. 사우디의 평민은 인격체가 아니라, 사우디 왕가가 소유한 재산으로 취급받는 것이다.

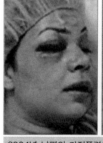

2004년 남편의 가정폭력으로 열세 군데에 골절상을 입은 유명 TV아나운서 라니아 알 바즈. 바즈는 남편에게 정기적인 폭력을 당했고, 자신과 자녀들을 위해 이 사실을 공개하기로 했다고 밝혔다. 이 일로 사우디의 여성 인권 문제와 가정폭력의 심각성이 세계에 알려졌다.

부패와 환락에 빠진
사우디 왕가의 추한 모습들

무엇보다 유념해야 할 점은 사우디아라비아는 아직까지도 왕과 그의 친족인 왕족들이 국가의 모든 것을 마음대로 쥐고 흔드는 절대왕정 체제하의 나라라는 사실이다. 결코 자유로운 민주국가가 아니다.

더구나 사우디아라비아 왕실은 중동의 왕가 중에서 가장 부패하고 타락하기로 악명이 높다. 대부분의 사우디 왕족들은 모두 정부로부터 한 달에 최소 1만9000달러에서 최고 27만 달러까지 생활비를 받고 있다. 그러나 유럽, 미국 등 해외에서 사치스러운 환락을 즐기기 위해서는 한 달에 27만 달러 정도로는 어림도 없다. 그래서 사우디의 거의 모든 왕족들은 건설 프로젝트에서 나오는 뇌물이나 무기 거래, 마약 밀수, 시민 재산 탈취 등의 방법을 통하거나, 심지어 민간 은행에서 돈을 빌리고 갚지 않는 방식으로 돈을 챙긴다.

이븐 사우드 사우디 전 국왕.

그중에서 특히 사우디아라비아에 가장 많이 퍼져 있는 왕족들의 횡포는 바로 시민들의 재산을 마구 빼앗는 일이다. 이러한 왕족의 재산 갈취 행위는 너무나 광범위하게 퍼진 탓에 사우디 국민들로부터 큰 원성을 사고 있다. 어느 가게에 손님들이 많이 몰려들어 돈벌이가 괜찮으면, 어떻게 냄새를 맡는지 한 사우디 왕족이 찾아온다. 그리고 그는 주인을 불러 거의 헐값에 가게를 인수하겠다고 제안한다. 상점 주인은 어떠한 항의도 못하고 그가 부르는 값대로 가게를 팔아야 한다. 거부했다가는 무슨 봉변을 당할지 모르니까.

늙은 왕족들은 한술 더 뜬다. 예를 들어, 어느 지역에 백화점이나 대형 마트가 건설된다는 정보를 입수하면, 그들은 정부에 요청하여 백화점과 대형 마트가 세워질 땅을 국가가 사들이도록 한 다음, 왕에게 부탁하여 자신이 헐값에 사들이는 식으로 재산을 늘린다.

이런 왕족들의 무분별한 토지 강탈에 지방장관인 알 샤이크는 "달만 빼고는 사우디의 모든 땅을 왕족들이 차지하고 있다." 하고 탄식할 정도였다.

토지 강탈을 못 하는 왕족들은 다른 수법으로 돈을 벌기도 한다. 그중에는 마약 밀수도 있는데, 사우디 왕족이자 내무부 장관인 나이프 빈 술탄은 1999년 자신의 자가용 비행기에다 무려 2톤의 코카인을 프랑스 파리로 싣고 가서, 주변 사람들에게 팔기도 했다.

한편 수단과 방법을 가리지 않고 돈을 벌어들이는 사우디 왕족들이 가장 즐기는 놀이는 바로 섹스다. 그들은 레바논의 사창가 포주들을 통해서 외국인 여자들을 사우디 항공사의 스튜어디스로 위장해 사우디로 데려오는 수법을 쓰기도 했다.

물론 사우디 왕족들이 자기 나라 안에서만 환락을 즐기지는 않는다. 그들이 영국과 스페인, 프랑스 같은 외국을 넘나드는 것은 흔한 일이다. 서유럽 국가들의 휴양지와 사창가에서 가장 많은 돈을 지출하는 고객이 바로 사우디 왕족들이다.

압둘라 사우디 현 국왕. 왕족 내에서 개혁파로 불렸지만, 현재 중동을 휩쓸고 있는 민주화 운동에 대해서는 강하게 반대하는 모습을 보여주었다.

이러다 보니, 사우디 왕족들은 한 사람당 무려 70명이나 되는 자식들을 낳고 있다. 그래서 중동 국가들 중에서도 사우디 왕가의 출산율은 해마다 증가하고 있다. 현재 사우디의 왕족들은 약 4만 명에 달하는데, 앞으로 10년 후에는 그 수가 최소한 두 배 이상으로 늘어날 것이다.

돈과 쾌락에만 파묻혀 사는 사우디 왕가의 추악한 부패와 타락상이 너무나 역겨웠는지, 한번은 1970년대에 어느 사우디인이 익명으로 사우디 왕가의 비리를 폭로하는 책을 냈었다. 그러나 그는 얼마 못 가, 레바논의 베이루트에서 납치당해 사우디 왕가가 고용한 암살자에 의해 살해당하고 말았다.

와하비즘과
이슬람 테러 지원

이렇게 와하비즘을 신봉하는 사우디 왕가는 자국민들을 극도로 억압해 놓고, 자신들은 석유를 팔아 번 돈을 독점하고 호화 생활을 즐기고 있다. 그러나 그들도 바보는 아니라서 이런 극단적인 빈부 격차가 계속된다면 가난에 견디지 못한 국민들이 들고 일어나 왕정을 없애 버릴지도 모른다는 두려움에 떨고 있다.

2003년 조사된 바에 의하면 사우디의 실업률은 30퍼센트에 이른다. 지금도 이 수치는 별로 달라지지 않았다. 사우디의 엄청난 오일머니를 노리고 파키스탄과 방글라데시, 인도와 필리핀 등지에서 이주노동자들이 연일 사우디로 몰려온다. 사우디의 기업체 주인들은 사우디 국내인보다 외국인 노동자들을 부리면 임금을 더 적게 줘도 되기때문에 외국인들을 우선 채용한다. 그러니 사우디인들, 특히 젊은이들은 대부분 일자리가 없어서 빈둥거리는 처지이다.

이러니 사우디 왕가는 자신들의 부패한 현실을 잘 알고 있는 이슬람 지도자들을 무척 두려워하고 있다. 그들이 행여나 국민들을 선동해 반왕정 봉기를 일으킬까 봐 무서워하고 있는 것이다.

그래서 사우디 왕가는 수십억 달러를 들여 이슬람 단체에 기부하고 나라 곳곳에 이슬람 사원과 대학을 짓는 등 종교인들을 포섭하는데 안간힘을 쓰고 있다.

역설적으로 이런 정책이 오히려 더욱 큰 문제를 불러일으켰다. 앞서 언급한 것처럼 일자리가 없는 사우디 젊은이들은 남는 시간을 정부에서 돈을 주어 건설한 이슬람 사원과 종교 학교에 가서 보내고 있다. 그런데 사우디의 이슬람 성직자들은 하나같이 미국과 유럽은 이슬람의 적이며, 그들을 무자비하게 공격해야 한다는 극단적인 와하비즘의 신봉자이다. 그런 사우디 성직자들이 외치는 와하비즘 선전을 연일 듣는 사우디 젊은이들은 자연스럽게 이슬람 테러리스트가 될 수밖에 없다.

2001년 전 세계를 놀라게 했던 9·11 테러의 주범인 18명의 미국

여객기 납치범들 중 단 한 명만이 아프간인이고, 14명은 사우디아라비아인들이었다. 더욱이 이슬람 테러 집단인 알 카에다의 총수인 오사마 빈 라덴 역시 사우디아라비아의 왕족 출신이었다. 그의 집안인 오사마 가문은 부시 전 미국 대통령의 부시 가문과 매우 밀접한 사이였으며, 9·11 테러 당일 미국에 오사마 가문의 일가친척이 머물고 있다가 테러가 발생하자 미국 정부가 특별히 마련해 준 전용기를 타고 미국을 빠져나갔다는 사실도 뒤늦게 밝혀졌다.

종교인들뿐만 아니라 사우디 왕족들이 테러를 지원하기도 한다. 사우디아라비아가 관련된 이슬람 테러는 비단 오사마 빈 라덴과 알 카에다에게만 국한되지 않는다. 헤즈볼라 같은 과격한 이슬람 테러리스트 조직에 가장 많은 자금을 지원하는 세력이 바로 사우디아라비아 왕가이다.

또한 사우디아라비아 왕가는 전 세계 이슬람 국가들에게 약 700억 달러가량의 엄청난 자금을 투자하여 와하비즘을 전파하고 있다. 애당초 사우디아라비아라는 나라 자체가 19세기에 발생한 와하비즘을 토대로 만들어졌으니 그리 놀라운 일은 아니지만.

여기에 사우디를 비롯한 많은 무슬림 교도들은 이슬람의 성지인 메카에 미군이 주둔하고 있는 현실을 마치 이슬람이 이교도인 미국에게 지배당하고 있는 굴욕쯤으로 여겨 내심 분노하고 있다. 사우디아라비아는 이런 무슬림들의 반미 감정을 적절히 이용하여 그들에게 돈을 대줄 테니 반미, 반이스라엘 테러 단체를 결성하라고 은밀히 꼬드기고 있다. 그렇게 함으로써 사우디아라비아는 미국을 증오하는 전 세계 무

슬림들의 맹주 역할을 톡톡히 맡고 있
다.

헤즈볼라와 알 카에다, 탈레반, 그리
고 사우디 왕족 출신인 오사마 빈 라덴
같은 과격한 이슬람 테러리스트들은 와
하비즘을 오늘날 가장 잘 실천하고 있
다. 그들은 미국과 유럽 등 중동에 강력
한 영향력을 행사하려 드는 서방 국가들
을 13세기에 이슬람 세계를 침략한 몽
골군과 같은 선상에 놓고 적대시한다.
실제로 19세기부터 20세기 중엽까지,
서구 열강은 중동 이슬람권을 침략해 식
민 지배를 한 적도 있었으니 그들의 주
장이 완전히 틀린 것은 아니다.

사우디 출신의 테러리스트 오사마
빈 라덴(2011년 사망)이 자행한 것으
로 알려진 9·11 테러.

하지만 문제는 그들의 공격 목표가 지나치게 무분별하다는 것이
다. 과격한 이슬람 테러 단체들은 단순히 미국과 유럽 정부만이 아닌,
서구의 민간인들도 테러의 대상으로 삼는다.

이를 두고 잔인하다고 비난하는 사람들도 있을 것이다. 그러나 이
슬람 테러 단체들은 이븐 타이미야가 말한 와하비즘을 내세워 반박한
다. 서구의 민간인들은 세금을 내서 자국의 정부에 바치고, 그렇게 모
은 세금으로 서구 각국은 이슬람에 대한 공격을 하고 있으니, 결과적
으로 그들은 이슬람의 적을 돕는 셈이다. 따라서 서구의 민간인들을

공격하는 행위는 결코 잘못이 아니라고 말이다.

그렇다고 사우디 왕가가 이들의 생각에 동조하는 것은 아니다. 사우디 왕가는 반미 테러와 와화비즘 전파의 목적보다는 국내 문제 해결을 위해 이들을 지원하고 있을 뿐이다.(다음 장에서 쓰겠지만 사우디 왕가와 미국 정부는 협력관계다)

따라서 사우디 왕가가 와하비즘과 반미 테러를 지원하는 데는 나름대로 심각한 고충이 있다. 사우디 왕가는 자신들이 저지르는 부정부패에 불만을 품은 국민들이, 여론주도 계층인 이슬람 율법 학자들의 선동에 휘말려 왕가를 몰아내려는 혁명을 일으킬 것을 우려하고 있고, 이 때문에 이슬람 율법 학자들을 달래 주기 위해서 그들이 원하는 대로 와하비즘을 전파와 반미 테러 단체 활동에 자금을 지원해주고 있는 것이다.

미국이 사우디의 현실에 침묵하는 이유

그러나 어째서인지 미국 정부는 9·11 테러의 배후나 주범으로 사우디아라비아를 지목하거나 그 책임을 묻지도 않았다. 오히려 전혀 무관하다고 할 수 있는 아프간과 이라크를 공격했을 뿐이었다. 도대체 그 이유가 무엇이었을까?

20세기 들어 미국과 사우디아라비아와의 긴밀한 밀착 관계를 생각하면 답이 나온다. 중동에서 영국의 영향력이 쇠퇴하면서 그 빈자리에 미국이 대신 들어섰고, 미국의 대중동 정책에서 사우디아라비아는 매우 중요한 역할을 맡았다. 중동의 한복판에 자리 잡은 사우디아라비아를 우방으로 붙들어 두게 되면, 자연스레 중동에서 미국의 지배력은 견고히 성립될 수 있고, 더 나아가 현재 중동에서 유일한 반미 국가인 이란을 견제할 수 있다.

여기에 현재 사우디아라비아는 세계 최대의 원유 생산국임과 동시에 산유국들의 모임인 OPEC의 리더이기도 하다. 에너지 자원의 대부분을 사우디를 비롯한 중동에 의존하고 있는 미국의 현실에서 사우디아라비아는 결코 함부로 건드릴 수 없는 동맹국이다.

또한 사우디 왕가도 미국과의 협력이 필요하다. 사우디와 이란은, 각각 이슬람 수니파와 시아파 국가로 역사적으로 적대관계에 있어 언제 어떤 일이 생길지 모르며, 왕가의 통치에 반발해 행여 일어날지 모르는 국내의 소요 사태를 진압하기 위해서도 반드시 미국의 힘을 빌려야 하기 때문이다.

사우디아라비아의 왕족과 외교관들은 항상 거액의 자금을 미국 정부 기관과 관리들에게 보내고 있다. 사실상 뇌물인 셈이다. 사우디를 비롯한 중동 지역에서 20년 동안 근무했던 전직 CIA 요원이던 로버트 베어는 그의 저서인 《악마와의 동침》에서 "사우디가 주는 돈을 받아먹지 않은 미국 관리나 기관은 찾아볼 수 없다. 거의 모든 미국 정부의 부처들이 사우디가 뿌리는 돈을 먹고, 그들의 가혹한 실상을 외면했다."라고 신랄하게 비판했다.

사우디 정부의 외교관이자 로비스트인 아드난 카쇼기는 1960년대부터 시작해 40년 넘게 미국 정부와 요인들을 상대로 한 로비에 가장 열정적이었던 인물이다. 그는 1968년 리처드 닉슨 대통령에게 100만 달러를 선물했으며, 1984년에는 매사추세츠 애비뉴의 아메리칸 대학에 500만 달러를 기부했다. 또한 1970년부터 1975년까지 미국과 사우디아라비아의 무기 거래에서 중개인 노릇을 하며 수수료로 무려 1억600만 달러를 챙기기도 했다.

주 미국 사우디아라비아 대사인 반다르 빈 술탄 왕자도 미국 정부를 상대로 한 로비에 열심인 사람이다. 반다르 빈 술탄 왕자는 1983년 34세 때, 미국 주재 사우디 대사로 임명된 이래, 미국 정부의 핵심 인물들과 사귀어 오면서 미국 정계에 막강한 영향력을 행사해 오고 있다. 그는 미국 텍사스 칼리지 스테이션에 들어설 부시 대통령 도서관의 건축에 100만 달러를 기부했으며, 레이건 전 대통령 부인인 낸시 레이건 여사가 주최한 마약 퇴치 캠페인과 부시 전 대통령 부인인 바버라 부시 여사의 문맹 퇴치 캠페인에도 각각 100만 달러를 기부했다.

또한 그는 미국 CIA 국장 윌리엄 케이시의 부탁을 받고 이탈리아 공산당에 맞서는 이탈리아 기독교 민주당에게 1000만 달러를 보내기도 했다. 클린턴 전 대통령이 당선되자, 반다르 왕자는 클린턴의 고향인

미국 정계의 숨은 거물인 반다르 빈 술탄 왕자. 미국 주재 사우디아라비아 대사인 그가 미국 정부로부터 받는 예우는 미국 대통령과 동등한 수준이다.

아칸소의 대학에 2300만 달러를 기부하여 사우디를 긍정적으로 홍보하는 중동 연구 센터center for Middle Eastern Studies를 개설하도록 했다. 반다르 왕자의 현금 공세는 두말할 필요도 없이 미국 내에서 사우디의 영향력을 높임과 동시에, 사우디의 진실을 숨기고 거짓된 이미지를 덧칠하기 위한 작업이다.

미국의 다큐멘터리 감독이자 진보적인 지식인인 마이클 무어는 그의 영화, 〈화씨 911〉에서 3000명의 미국 시민들을 죽인 9·11테러의 주범은 사우디아라비아인데도 불구하고, 미국 정부가 사우디아라비아에 대해서는 아무런 제재나 처벌도 하지 않고, 주 미국 사우디아라비아 대사관을 백악관보다 더 삼엄하게 경비하는 모습을 영화 속에 넣어 문제 삼기도 했다. 미국과 사우디아라비아의 유착 관계를 간접적으로 언급한 것이다.

미국은 이라크를 점령하면서 애초에 내걸었던 알 카에다와의 연계점이나 대량 살상 무기의 존재를 찾을 수 없자, 뜬금없이 "중동에 민주주의를 전파하러 왔다."라고 둘러댔다. 하지만 그런 명분 자체가 공허한 선전에 불과하다. 정말로 미국이 중동에 민주주의를 전파하러 왔다면, 사우디아라비아의 부패한 왕실부터 없애고 국민들에게 자유를 주는 민주 정부를 수립해야 마땅하지 않을까?

이상이 와하비즘이 초래한 오늘날의 사우디아라비아이다. 과연 이런 현실을 두고 와하비즘이나 와하브 운동을 가리켜 위대한 개혁이라고 칭송할 수 있을까?

19

에디슨에 가려진 천재 발명가, 니콜라 테슬라

흔히 현대 문명의 탁월한 과학자 내지 발명가라고 하면 누구나 미국의 토마스 에디슨을 떠올린다. 하지만 현대 문명의 비약적 발전이 에디슨 단 한 사람에 의해서만 이루어진 것은 아니다. 그를 도왔던 혹은 그와 경쟁했던 수많은 다른 과학자와 발명가들의 노력 또한 적지 않았다. 그중에서도, 에디슨보다 훨씬 훌륭한 발명품을 개발하고 수많은 과학적 원리를 발견했음에도 불구하고, 사람들에게 거의 알려지지 않고 사라져 버린 비운의 과학자가 있으니, 그가 바로 니콜라 테슬라Nikola Tesla이다.

동유럽 태생이었던
니콜라 테슬라

니콜라 테슬라는 1856년 7월 10일, 세르비아 영토였던 크로아티아의 스미즈란 Smijlan에서 태어났다. 그의 부모는 모두 세르비아인이었는데, 아버지는 세르비아의 귀족이었고 어머니는 동방 정교회 신부의 딸이었다.

20세기의 천재 과학자, 니콜라 테슬라.

1875년, 테슬라는 오스트리아의 그라츠 Graz에 있는 공예 학교로 가서 전자공학을 공부했다. 그는 교류 전기의 용도에 관해 공부하는 동안, 학사 학위를 받았다. 1878년 12월에, 그는 그라츠를 떠나 현재 슬로베니아 공화국에 있는 마리보르Maribor로 갔으며, 보조 기술자로 일했다.

2년 후인 1880년, 테슬라는 아버지의 손에 이끌려 프라하에 위치한 찰스 페르디난드Charles-Ferdinand 대학에 입학했지만, 얼마 후에 아버지가 죽자 곧바로 대학을 떠났다. 아마 대학에서 배우는 학문의 내용이 마음에 들지 않았던 모양이다.

학교에서 책을 읽고 공부를 하면서 테슬라는 일종의 정신질환을 앓게 되는데, 눈앞에 아주 밝은 빛이 나타나면서 수시로 환각이 보이며 두통을 느끼는 일이었다. 이러한 증상은 그가 죽을 때까지 계속되었다.

대학을 나온 그는 같은 해에 헝가리 부다페스트의 국립 전화 회사에 취직해, 세르비아인 발명가인 네보자 페트로빅과 함께 쌍둥이 터빈 엔진twin turbines을 개발했다. 그리고 1881년, 테슬라는 전화 연락망을 위한 확성기와 스피커를 처음으로 발명해 부다페스트에 설치했다.

에디슨과 만나
동업을 하다

다음 해인 1882년, 프랑스 파리로 떠난 테슬라는 미국의 발명왕이라 불리는 에디슨이 파리에 지점을 낸 '대륙 에디슨 회사Continental Edison Company'에 들어가 전기 장비를 다루는 기술자로 일했다. 거기서 테슬라는 유동식 전동기를 개발하는데, 6년 후에 특허를 인정받게 된다.

테슬라의 놀라운 재능을 들어서 알고 있던 에디슨은 그를 미국으로 초청해 함께 일하고 싶다는 의사를 밝혔다. 1884년 6월 6일, 테슬라는 미국 뉴욕에 도착해 곧바로 에디슨의 회사 에디슨 컴퍼니Edison company로 향했다.

거기서 테슬라는 에디슨으로부터 한 가지 제안을 받았다. 에디슨 자신이 발명해낸 직류 발전기가 잦은 고장을 일으켰는데, 이러한 비능률적인 모터와 발전기의 성능을 더 좋게 만들어 재설계해 준다면, 5만 달러를 주겠다는 내용이었다.

에디슨의 말을 믿은 테슬라는 밤과 낮을 가리지 않고 일한 끝에 마침내 직류 발전기의 성능을 더욱 훌륭하게 향상시켰다. 하지만 에디슨은 약속을 어겼다. 1885년, 테슬라는 에디슨을 위해서 일한 보수를 언제 받을 수 있느냐고 물었다. 그러자 에디슨은 다음과 같이 천연덕스럽게 대답했다.

"테슬라, 자네는 유머 감각이라고는 전혀 없군! 농담도 모르나?"

이렇게 그는 비열하게 한 입으로 두말을 했다. 그동안 에디슨의 밑에서 일하면서 테슬라는 단지 1주일에 18달러밖에 받지 못했다. 뻔뻔하게도 에디슨은 테슬라에게 앞으로 계속 자신과 함께 일한다면 주당 25달러를 주겠다고 제안했다. 하지만 이미 에디슨의 거짓말에 당한 테슬라는 더는 그를 믿지 않고 당장 회사를 그만두었다.

악덕 고용주에게서 벗어나 자립을 하다

에디슨의 회사를 나온 테슬라는 1886년, 테슬라 전력 제조 회사라고 명명한 자신만의 기업을 차렸다. 그는 에디슨과 함께 일하면서 수동으로 작동되는 직류 발전기가 얼마나 자주 고장이 나고 형편없는지를 절실히 경험했다. 그런 이유로 그는 직류 대신 교류 전기를 사용하는 모터를 개발하기로 했다.

그러나 그의 회사에 자금을 투자한 투자자들은 에디슨이 사용하는 직류가 아닌 교류 전기를 선택한 테슬라의 생각에 동의하지 않았다.

테슬라로서는 분통이 터졌지만, 에디슨의 직류 전기에 익숙해 있던 사람들의 선입견은 고쳐지지 않았다. 결국 투자자들은 자금을 도로 회수해 갔고, 테슬라는 재정난에 시달려 사실상 회사는 경영 중단 상태에 놓였다.

눈부신 발명의 시작

무일푼이 된 테슬라는 돈을 벌기 위해 1887년까지 1년 동안 뉴욕에서 공사장 인부로 힘들게 일하면서 모은 돈으로 다시 회사의 운영 자금을 마련했다. 1887년 4월, 테슬라는 전류를 고주파로 변화시키는

자신이 만든 무선 전파 송신기를 대중 앞에서 선보이고 있는 테슬라. 1891년 그려진 작품.

원리를 발견하였고 다음 해인 1888년에는 브러시가 필요 없는 교류 유동 전동기alternating motor와 자신의 이름을 딴 테슬라 코일 변압기Tesla Coil transformer를 개발했다. 이 테슬라 코일 변압기는 100만 볼트 이상의 전류를 수천 킬로미터 이상의 먼 거리까지 안정적으로 공급할 수 있도록 한 훌륭한 발명품이었다.

1892년, 테슬라는 방사선을 이용한 엑스레이의 원리를 발견했으며, 2년 후에는 세계 최초의 라디오를 발명하고 1897년 특허를 신청했다. 하지만 공교롭게도 이탈리아의 굴리엘모 마르코니Guglielmo Marconi가 1896년에 라디오를 만들었다. 테슬라는 자신이 마르코니보다 앞서서 라디오를 발명했다는 사실을 증명하기 위해 많은 노력을 기울였다. 하지만 그가 죽은 1943년에야 미국 대법원은 그의 라디오 특허 사실을 인정하고 특허 번호 645576을 수여했다.

1891년 7월 30일, 테슬라는 35세의 나이로 미국 시민권을 얻었다. 같은 해에 테슬라는 뉴욕 남쪽의 5번가에 자신의 실험실을 차렸고, 나중에는 휴스턴 거리에도 실험실을 설치한다.

그 와중에 테슬라는 무선으로 전기를 보내는 작업에 착수했는데, 결과는 대성공이었다. 전기 램프가 그가 보낸 무선 신호로 불이 붙었고, 그 빛이 너무나 밝아 뉴욕 경찰들이 몰려와 혹시 화재가 나지 않았나 놀라워했을 정도였다.

1892년, 테슬라는 모처럼 기쁜 소식을 들었다. 그가 개발한 다상 전원 시스템에 관한 특허가 드디어 인정을 받았던 것이다. 낭보에 힘을 얻은 그는 회전하는 자기 원리의 연구를 계속해 나갔으며, 1894년

명상에 잠겨 있는 테슬라. 그는 자주 명상을 하면서 발명에 대한 영감을 얻었다고 전해진다.

까지 미국 전기 기술자 협회의 부회장 자격을 얻었다.

1893년, 테슬라는 고주파 교류 전류의 원리를 발견했으며, 테슬라 코일을 사용하여 100만 개 볼트의 교류 전류를 생성하고 조정한 회로를 디자인하고 잠, 코드가 없는 가스 방전 램프 유도를 위한 기계를 발명하는 한편, 철사 없이 전자기 에너지를 전달하는 최초의 무선 송신기를 건축했다.

테슬라가 남긴 최대의 업적은 1895년 나이아가라 폭포에 자신이 고안한 교류 전기를 이용해 웨스팅하우스Westinghouse 사와 함께 수력 발전소를 세운 것이다. 이렇게 만들어진 수력 발전소는 막대한 양의 전력을 생산해 미국 전역에 공급했고, 테슬라는 그 광경을 보면서 뿌듯함을 느꼈다.

수력 발전소의 성공으로 많은 돈을 번 테슬라는 계속 연구에 몰두했는데, 1897년에는 우주에 떠도는 방사선을 찾아냈으며 1898년에는 라디오를 통해 원격 조종되는 선박을 만들었다. 또한 내부의 산화 가솔린 엔진을 이용한 점화 플러그를 만들어 내어 미국 법원으로부터 특허 번호 609250을 받았으며, 지상을 통한 저주파수 전달에 성공하여 특허를 따내기도 했다.

1899년, 테슬라는 좀 더 대담한 실험에 도전한다. 그의 실험실에 수백만 볼트로 이루어진 인공 번개를 만들어 내리치게 하려 했던 것이다. 그는 이 인공 번개를 콜로라도의 평원에서 다시 재현해 보았는데, 결과는 대성공이었다.

이러한 결과를 응용하여 테슬라는 무선 송전 시설을 설립했고, 전기 진동의 강렬함을 증가시키기 위한 방법을 미국 대법원으로부터 인정받고 특허 번호 685012를 수여받았다.

1900년, 테슬라는 거대 재벌인 J. P 모건Morgan과 손잡고 15만 달러의 비용을 들여 미국 동부 롱아일랜드Long Island에 거대 규모의 무선 방송 시스템이 설치된 방송탑Wardenclyffe을 세웠다. 그러나 나중에 모건은 테슬라에게 제공하던 자금 지원을 돌연 중단해 버렸는데, 그 이유는 알 수 없다. 그동안 테슬라는 1906년에 1분당 1만6000번의 회전을 하는 200마력짜리 터빈을 발명했으며, 1917년에는 세계 최초로 주파수를 이용한 레이더 시스템을 고안했다.

1920년, 테슬라의 관심은 약간 색다른 곳에 가 있었는데, 죽음의 광선이라는 레이저 무기에 집중되어 있었다. 일설에 의하면 테슬라가 고안한 죽음의 광선은 어떠한 폭탄보다 더욱 강력하며, 영국 정부가 그와의 협상을 거쳐 가져가려 했다고 한다. 테슬라는 죽음의 광선을 가리켜 모든 전쟁을 끝낼 초강력 무기super weapon라고 칭했으며, 수백만 볼트의 전류와 정전기의 반발 작용을 통해 작동되는 진공관이 있어야 작동한다고 주장했다.

하지만 이상하게도 미국이나 영국, 프랑스를 비롯한 어느 나라의 정부도 그가 고안한 죽음의 광선을 채택하지 않았고 그것을 사기 위한 계약도 맺지 않았다. 아마 시대를 너무 앞서 나간 발상 때문에 선뜻 믿기가 어려웠던 모양이다.

죽음의 광선 문제와 더불어 테슬라는 수직으로 이착륙하는 비행기의 원리도 개발했는데, 공교롭게도 그가 죽고 난 이후에 영국은 해리어라 불리는 수직 이착륙 전투기를 만들어 실전에 배치한다.

크나큰 시련이
닥치다

1928년, 전자레인지를 개발한 이후 테슬라는 큰 시련에 부딪치게 된다. 그의 실험실에 원인 모를 화재가 발생해 그동안 애써 연구해 둔

1952년, 크로아티아 자그레브에 세워진 니콜라 테슬라의 동상.

과학 원리들과 발명품들이 불에 타 버리고, 엎친 데 덮친 격으로 평소에 앓고 있던 심장병이 점점 심해져 갔던 것이다.

말년의 테슬라는 뉴욕에 있는 뉴요커 호텔의 3327번 방에서 지내면서도 여전히 발명과 과학 이론을 기록하고 연구하는 데 골몰했다. 하지만 그러는 사이, 그는 갈수록 많은 빚에 시달렸고 건강 악화 때문에 새로운 발명품을 만드는 일도 어려워졌다.

결국 1943년 1월 7일, 테슬라는 머물던 뉴요커 호텔에서 심장마비로 사망했다. 그가 남긴 모든 기록과 연구 결과물은 미국 정부에 의해 맨해튼 창고에 보관되었다.

테슬라의 장례식은 1943년 1월 12일, 뉴욕 맨해튼의 세인트 존^{Saint John} 대성당에서 치러졌다. 장례식 직후, 그의 몸은 화장되었고 거기서 나온 재는 그가 살았던 세르비아와 베오그라드 및 뉴욕에 나누어 안치되었다.

진정한 신사였던 테슬라

생전의 테슬라는 독특한 습관 덕분에 그를 알고 지내던 사람들 사이에서 많은 화제를 낳았다. 세르비아어와 함께 체코어, 영어, 프랑스어, 독일어, 헝가리어, 이탈리아어, 라틴어 등 8개의 외국어를 유창하게 구사한 반면에, 한 번 손을 씻을 때 수십 번이고 계속 반복해서 비누를 묻히고 씻을 정도로 청결에 대한 강박관념이 강했다.

또한 테슬라는 육식을 멀리한 철저한 채식주의자였다. 그는 식생활에 관한 자신의 신념을 이렇게 밝혔다. "나는 채식이, 육식이라는 야만적인 습관에서 탈피

니콜라 테슬라의 초상이 들어간 세르비아의 100디나르 화폐.

하려는 훌륭한 일이라고 생각한다. 오늘날 세계의 많은 사람들이 굶주리고 있는데, 고기를 먹게 되면 그만큼 동물들을 키우기 위해서 곡식을 사료로 써야 하니 큰 낭비이다."

그는 평생 결혼을 하지 않고 독신으로 살았는데, 순결을 지키는 것이 과학적인 연구에 큰 도움이 된다고 주장했다. 하긴, 그가 진정으로 사랑한 것은 여자가 아닌 과학과 발명이었으니 말이다.

독신주의자였지만, 테슬라는 여자들에게 매우 인기가 많았다. 우선 그는 점잖고 상냥한 말투를 사용했으며, 항상 예의 바른 태도를 보였다. 테슬라와 만난 사람들은 그를 가리켜 "세련되고 관대하면서 겸손하고 성실한 진짜 신사다."라며 찬사를 아끼지 않았다.

사후에 테슬라는 기나긴 암흑기를 보냈다. 그가 이룩한 명성의 대부분은 에디슨이 차지했으며, 그의 이름을 아는 사람조차 드물었다.

그런 테슬라가 얼마 전부터 다시 각광받고 있다. UN 산하 문화 교육 단체인 유네스코는 2006년을 테슬라 기념 해로 선포했고, 베오그라드의 국제공항은 이름을 니콜라 테슬라 공항Nikola Tesla Airport이라고 바꾸었다. 또한 미국 뉴욕과 나이아가라 폭포 및 캐나다의 빅토리아 여왕 공원에도 그의 동상과 기념물이 설치되어 있다. 또한 베오그라드 대학에도 그의 동상이 들어섰다.

하지만 그가 정말로 원했던 것은 무거운 청동 덩어리나 요란한 기념 해 제정이 아닌, 자신이 이룩한 과학적 원리와 발명품으로 인류가 행복한 생활을 누리는 모습이 아니었을까?

20

문명
속 야만,
1977년
뉴욕
정전 사태

오늘날 전기는 현대 문명을 떠받치는 가장 중요한 요소이다. 만약 전기가 끊어지게 되면 사회 전체가 크나큰 불편을 겪게 되며, 그런 정전 사태가 신속히 수습되지 않을 경우에는 자칫 걷잡을 수 없는 혼란이 일어날 수 있다.

전기가 보편화된 20세기에 대규모 정전 사태는 곧바로 엄청난 사회적 혼란과 재앙을 초래한다.

역사상 최악의 정전 사태는 1977년 7월 13일 뉴욕에서 일어났다. 이전인 1965년 11월 9일에도 대규모 정전이 발생했지만, 1977년에 벌어진 정전 사태는 그보다 규모 면에서 더 컸고 심각한 후유증을 낳았다.

낙뢰로 시작된
뉴욕 정전 사태

사건의 원인은 뉴욕시에 전기를 공급하는 콘 에디슨^{Con Edison} 발전소에 벼락이 떨어진 것이었다. 오후 8시 27분에 처음 낙뢰가 시작되자, 록올웨이스^{Rockaways} 인근의 사우스퀸^{Southern Queens} 지역을 제외한 전 뉴욕시가 순식간에 정전이 되고 말았다. 발전소의 기술자들이 황급히 전송선과 변압기 및 차단기의 보수에 나섰지만, 8시 55분과 9시 36분에 연이어 벼락이 내리치자, 시에 전력을 공급하는 전송선이 완전히 망가졌다.

발전소가 세 차례의 낙뢰 사고로 먹통이 되자, 뉴욕시는 칠흑 같은 암흑 속에 뒤덮였다. 그리고 도시의 모든 기능은 마비되었다.

뉴욕의 라 과디어^{LaGuardia}와 케네디^{J.F.Kennedy} 공항은 정전 때문에 비행기의 이착륙을 돕는 관제탑이 불능 상태에 빠져 비행기들의 이착륙이 금지되었고 8시간 동안 문을 닫았다. 자동차 터널은 환기가 안 되어 폐쇄되었고, 4000명의 시민들이 어두컴컴해진 지하철 안에 갇혀 발을 동동 구르며 구조를 기다렸다. 지하철 역과 백화점에서 에스컬레이터를 타고 올라가던 사람들도 에스컬레이터가 갑자기 멈춰 서는 바람에 수백 명이 뒤엉키며 굴러떨어져 부상을 입었다. 대형 운동 경기장인 양키스 스타디움과 메디슨 스퀘어 가든에서도 수많은 관중들이 예기치 못한 정전으로 급히 빠져나가려다 수십 명이 깔리고 경기장 안으로 떨어지거나 크게 다쳤다.

정전을 계기로 시작된
범죄의 물결

그러나 더욱 심각한 일은 평소에도 극성을 부리던 범죄가 정전을 기회로 미친 듯이 팽창했다는 것이었다. 밤거리를 환하게 밝혀 주던 전광판과 가로등이 모두 꺼지자, 암흑을 틈타 여기저기 곳곳에서 상점을 습격하여 물건을 빼앗는 절도가 성행하기 시작했다. 흑인과 푸에르토리코계 이민자들이 집단 거주하는 할렘가에서 처음 시작된 약탈로 인해 브로드웨이에 있는 134개의 상점들이 약탈당하고 37개의 건물들이 불에 탔으며, 브롱스Bronx 자동차 대리점에 전시된 폰티액Pontiacs 자동차 50대가 도난당했다.

이런 식으로 방화와 파괴와 절도는 도시 곳곳으로 순식간에 전염되었고, 급기야 수만 명의 평범한 시민들마저 집에서 뛰쳐나와 범죄의 대열에 합류했다.

브로드웨이Broadway의 상점들을 빛내 주던 쇼윈도의 유리는 폭도들에 의해 박살이 나서 흩어졌으며, 각 가게와 백화점에서 고급 의류와 소파와 텔레비전 등이 광기와 흥분의 열기에 도취된 군중들의 손에 들려 나왔다. 특히 값비싼 귀금속들을 보관하던 금은방들은 총과 야구방망이를

1977년 뉴욕 정전 사태 당시, 약탈에 가담한 시민들.

약탈과 범죄를 막기 위해, 안간힘을 쓰던 뉴욕 경찰들.

들고 몰려오는 폭도들에게 남김없이 약탈당했고, 총을 들고 가게를 지키려던 주인들은 어둠 속에서 수적으로 우세한 강도들에게 심한 폭행을 당하고 죽거나 중상을 입었다.

그렇게 해서 물건을 훔친 사람들이 얼마나 많았던지, 두 손에 가득 훔쳐 온 물건을 안고 돌아다니는 강도들을 다른 강도들이 몰려가 두들겨 패고 쓰러뜨려 물건을 빼앗아 달아나는 장면이 도시 곳곳에서 목격되었다.

이날 밤 뉴욕에서는 총 1616개의 상점들이 약탈을 당했으며 시내에서는 1037건의 화재가 발생했다. 그렇게 도시 곳곳에서 어둠을 밝히고 피어오르는 불길은 희망을 주는 빛이 아니었다. 그것은 마치 인간성의 파탄으로 인한 세상의 종말을 상징하는 재앙의 징조와도 같았다.

도시 곳곳에서 벌어지는 약탈과 파괴, 절도를 막기 위해 뉴욕시의 모든 경찰들이 나서서 폭도들과 싸웠다. 그 과정에서 550명의 경찰관들이 부상을 입었으며 무려 1만253명의 약탈자들이 검거되었다. 너무나 많은 범죄자들이 한꺼번에 잡히는 통에 경찰서들의 유치장들이 모자라, 지하실이나 창고에 임시로 가둬 놓았지만 감시 소홀을 틈타 수많은 용의자들이 도망쳤다.

정전 사태와 범죄로 드러난
참담한 뉴욕의 맨얼굴

다음날인 7월 14일 오후 1시 45분, 콘 에디슨 발전소의 전력 시스템이 기술자들의 필사적인 노력 덕분에 가까스로 복구되었다. 하지만 뉴욕시 전체에 전력 공급이 정상화된 시점은 오후 10시 39분에서 가능했다.

이리하여 괴기스럽고 무질서한 이틀간의 아비규환은 끝을 맺었으나, 그 후유증은 만만치 않았다. 정전으로 인한 경제적인 손실과 약탈, 방화, 파괴로 입은 피해를 복구하는 데 들어간 비용만 무려 1100만 달러나 되었다.

무엇이 평범하고 선량한 시민들을 하루아침에 약탈과 방화 같은 흉악한 범죄를 저지르는 폭도들로 변하게 했는지는 아직까지 정확하지 않다. 많은 학자들은 일단 그 이유를 예기치 못한 낙뢰로 인한 대규모의 정전과 그 시간이 밤이었다는 점을 든다. 갑자기 닥친 정전으로 인해 어둠 속에서의 대중적인 익명성이 부여되자 사람들은 마음속에 감추고 있던 이기심과 탐욕을 마음껏 분출시켰던 것이 아닐까?

경찰이 보는 앞에서도 태연하게 약탈을 하고 달아나는 사람들.

그러나 단순히 정전이 밤에 일어났다는 것만이 이유의 전부가 되지 않는다. 비교적 최근인 2003년 8월 14일 오후 4시에서 다음 날인 15일 오후 9시까지 뉴욕은 계속 정전에 놓였지만, 1977년과 같은 약탈이나 방화 같은 범죄는 전혀 일어나지 않았다. 왜 똑같은 시민들이 1977년과 2003년에 보인 모습이 달랐을까? 이 원인을 알려면 1977년 미국이 어떤 상황에 놓여 있었는지를 살펴보아야 한다.

약탈이 일어난 원인은 무엇이었을까?

당시 미국은 최근의 금융 위기에 필적할 만큼 경제 상황이 악화 일로로 치닫고 있었다. 1963년부터 12년 동안 베트남 전쟁을 치르느라 2000억 달러라는 천문학적인 예산과 50만 명에 달하는 병력을 쏟아부었지만, 끝내 베트남에서 패배해 물러나고 마는 바람에 국제사회에서 미국의 지위는 크게 실추되었다.

명실상부한 세계 최강대국인 미국이 아시아의 보잘것없는 후진국을 이기지 못했다는 사실은 미국인들에게 크나큰 충격을 주었다. 도대체 어떻게 이런 일이 가능하단 말인가.

그러나 베트남전의 패배는 그 자체보다 다른 문제들을 불러왔다. 존슨 대통령이 야심차게 추진한 '위대한 사회Great Society' 같은 의료와 복지 계획 사업도 베트남전을 치르는 데 국가 예산의 대부분을 쓰는 통에 많은 부분이 무산되거나 취소되었다. 그 때문에 수십만 명의 미국인들은 복지 혜택을 받지 못하고 최저 생계마저 위협당하며 집을 잃고 거리로 쫓겨나는 신세가 되었고, 미국인들이 누리는 삶의 질은 베트남전 이전보다 더 나빠졌다. 급기야 정전 사태가 일어나기 2년 전인 1975년, 뉴욕시는 시 재정이 바닥나는 바람에 파산 위기에까지 이르렀다.

하지만 제럴드 포드 대통령이 파산 직전에 놓인 뉴욕시를 돕기 위한 작업에 늑장을 부리자, 〈뉴욕 데일리 뉴스New York Daily News〉 신문은 "쓸모없는 포드는 꺼져라Ford to City: Drop Dead!"라는 과격한 헤드라인을 내놓을 정도였다. 비단 〈뉴욕 데일리 뉴스〉만이 아닌 미국인들의 가슴속에서 불타오르고 있던 포드와 현실에 대한 불만을 한마디로 요약했다고 봐야 할 것이다.

뿐만 아니라 미국인들은 전쟁 이후, 새로운 적을 발견했다. 미국 전체가 베트남전을 치르느라 정신이 팔린 사이, 경제 부흥에 성공한 일본이 무섭게 미국 시장을 잠식해 들어갔다. 1960년대까지만 해도 서구 제품들을 흉내낸 '짝퉁' 밖에 만들지 못한다며 조롱을 받던 일본은 도요타와 닛산 같은 우수한 자동차들을 생산하여 명실상부한 제조업 강국으로 발돋움했고, 자신들에게 자동차 제조 기술을 가르쳐 준 미국보다 더 뛰어난 성능의 자동차를 만들어 내기에 이르렀다.

일본 자동차의 약진은 베트남전 못지않게 미국 경제에 치명타를 안겨 주었다. 싼 가격과 우수한 성능의 일본산 자동차들이 밀려오자 미국산 자동차들의 판매량이 급감했고, GM과 포드를 비롯한 미국 자동차 회사들은 수익 악화에 시달리다 수많은 사원들을 해고하고 자

뉴욕시 정전 사태 당시 발생한 약탈을 1면 표지 사진으로 실은 《타임》.

동차 생산 지점들을 폐쇄해 버렸다. 한때 미국 자동차 산업의 중심지였던 디트로이트가 황량한 유령 도시로 변한 것도 그 무렵이었다.

이렇게 경제가 나빠지자 미국인들의 생활은 더욱 엉망진창이 되었고, 자연히 사회에 대한 분노가 쌓여가게 되었다. 그러다가 결국 '정전'이라는 돌발 사태를 만나 사람들의 마음속에 축적되어 있던 응어리가 폭발하고 말았던 것이다.

7월 17일, 부스윅Bushwick에 위치한 성 바바라St. Barbara 교회에서 예배를 가진 가브리엘 산타 구즈Gabriel Santa Cruz 목사는 이틀 동안의 무법천지를 겪은 소감을 "지금 우리는 신 없이 살고 있다."라고 한탄 섞인 말로 표현했다. 뉴욕 시민들 스스로도 자신들이 벌인 혼란과 난동을 보고 무척이나 당혹스러웠던 모양이다.

세계 최고의 문명 도시지만, 역시 세계 최고의 범죄율로 몸살을 앓는 도시 뉴욕. 이런 뉴욕을 미국 속어로 '고담Gotham'이라고 하는데, 이 고담이 바로 마블 코믹스의 간판 만화 배트맨의 중심 무대이다. 만화와 도시의 분위기가 무척이나 잘 어울리지 않는가?

21

환경의 역습, 해산물 오염의 확산

많은 사람들은 좁은 우리 안에서 기르는 소보다는 넓은 바다에서 나는 생선들이 더 깨끗하고 건강에 좋을 것 같다고 생각한다. 실제로 많은 일본인들도 그런 이유로 자국의 생선초밥과 생선회에 높은 자부심을 느끼고 있다. 광우병을 유발하면서까지 쇠고기를 먹는 서구인들의 그것보다 더 건강식이라고 말이다.

하지만 사실은 그렇지 않다. 광우병이나 조류독감AI 같은 질병으로 쇠고기나 닭고기가 안전성에 의심을 받는 것처럼, 생선 역시 심각한 문제를 안고 있다.

참치를 즐겨 먹다 유산한
호주의 한 부부

몇 년 전, 국내의 모 방송국에서 실제로 방송된 다큐멘터리의 내용이다. 호주의 한 부부는 바닷가에 살면서 평소부터 참치를 좋아해서 거의 매일같이 참치를 즐겨 먹었다. 그런데 그들은 아이를 세 번이나 가졌다 모두 유산하고 말았다. 놀란 부부는 어떻게 된 일인지 궁금해 병원에 가서 진찰을 받아 보니, 체내의 수은 농도가 일반인보다 무려 30배나 높다는 결과가 나왔다.

그 원인은 바로 평소에 먹던 참치 때문이었다. 참치에 포함된 수은과 카드뮴 같은 중금속이 부부의 몸에 몇 년 동안 다량으로 축적되어 아이가 유산되고 만 것이었다. 이것은 괴담이 아닌 엄연한 실화이다.

사실 이 호주의 부부 같은 경우가 한둘은 아니다. 이미 인류는 산업혁명 이후, 셀 수 없이 많은 공업용 폐수를 바다에 버려 왔다. 족히 100년이 넘는 동안 수은과 카드뮴 같은 중금속이 바다로 흘러갔고, 그 바다에 사는 어류에 축적되어 온 것이다.

참치의 일종인 황다랑어. 고급 어종으로 평가되며, 인기 있는 수산물이기도 하다. 하지만 체내에 많은 수은이 함유되어 있다는 사실을, 사람들은 간과하고 있다.

그리고 생태계의 먹이 구조상, 미생물인 플랑크톤으로부터 멸치 같은 소형 어류에서 참치나 대구, 고래 같은 상위 포식자로 올라갈수록 축적되는 중금속의 양은 더욱 증가된다고 한다. 따라서 참치나 대구 같은 대형 어류를 즐겨 먹을수록 그 사람은 중금속에 더 많이 노출되는 셈이다!

이런 이유로 2004년, 미국의 식품의약국^{FDA}과 환경청^{EPA}은 국민들을 대상으로 참치캔같이 대형 어류를 요리한 식품들을 1주일에 2회 이상 먹지 말라는 권고를 하고 있다. 특히 임신한 산부들의 경우는 태아에 치명적으로 유해하니 결코 먹어서는 안 되며, 정 생선을 먹어야겠다면 멸치 같은 작은 종류가 안전하다고 말하고 있다.

영국에서도 비슷한 일이 벌어지고 있다. 영국인들이 즐겨 먹는 대중 음식인 '피시 앤 칩스^{fish and chips}'는 대구나 가자미 같은 흰살 생선들을 감자칩과 함께 튀긴 요리인데, 여러 환경 단체들은 국민들을 상대로 '피시 앤 칩스'의 위험성을 경고하고 있다. 영국 근해의 바다들이 너무나 오염되어서 생선 튀김을 많이 먹을수록 중금속을 체내에 축적하게 되어 건강을 해친다고 말이다.

또한 일본의 식품 안전 연구가들의 말에 의하면 바다에 사는 어패류들은 엄청난 중금속 오염 물질 축적에 따른 부작용을 심각하게 앓고 있는데, 그 정도가 오히려 소나 돼지 같은 육상 생물보다 더욱 심해 개중에는 암수의 성별이 뒤바뀌는 경우도 허다하다고 한다. 호르몬의 분비가 교란되면서 생긴 부작용 중 하나다. 바다가 오염되어 그 안에 사는 생선이나 어패류들이 인체에 유해한 중금속을 잔뜩 함유하고 있는데, 그런 해산물들을 원료로 해서 만들어지는 초밥과 생선회가 과연 인체에 아무런 문제가 없을까? 조금만 생각해도 결론이 나온다.

수산물 업계에 종사하는 사람들은 "생선에 축적된 수은이 인체에 큰 해를 끼치는 것은 아니며, 먹을 때는 좋은 영양소도 인체에 섭취된다."라고 반박하기도 한다. 그러나 해산물에 포함된 수은이 인체에 들어갈 경우, 얼마나 위험한지를 확실하게 보여 주는 사례가 있다. 1956년에 발생한 일본의 유명한 공해병인 미나마타병은 지금까지 1784명의 환자가 목숨을 잃고 2265명이 수족마비와 실명과 관절염 등의 증세로 고통을 받게 했다.

병의 원인은 신일본질소 주식회사 소유의 공장에서 메틸수은 같은 폐수를 바다에 무단으로 방류하면서 거기에 중독된 조개와 생선을 주민들이 먹었기 때문이었다. 당시 주민들이 먹었던 해산물을 수거해 환경단체에서 조사해 보았더니, 무려 2030피피엠 이라는 엄청난 양의 수은이 함유되어 있어 일본 사회를 깜짝 놀라게 했다.

싸구려 생선초밥의
무서운 비밀

양식장에서 나오는 생선들도 비슷한 문제를 안고 있다. 일본인들은 생선초밥이나 생선회가 안전한 먹거리라고 자랑한다.

하지만 2007년 1월, 일본의 대표적인 시사잡지인 《주간문춘週刊文春》에서 활동한 기자인 아가츠마 히로시 마사루가 낸 《회전수사回転寿司「激安ネタ」のカラクリ》란 책에 따르면 실제로 일본에서 유통되는 양식 생선들 중 상당수가 병들어 죽었거나 화학약품으로 범벅이 되어 기형이

된 물고기라고 한다. 이런 불량 생선들을 먹은 사람들이 장차 어떻게 될지, 생각만 해도 아찔하다.

비슷한 예로 인체에 유해한 지방이 잔뜩 함유된 심해어들을 고급 생선으로 둔갑시켜 버젓이 파는 경우도 적지 않다. 2년 전, 그런 심해어 중 하나인 기름치를 고급 참치라고 속여 초밥 식당에 유통시켰다가 국내 언론에 적발된 일을 아직까지 기억하는 사람들이 많을 것이다. 기름치는 인체에 유해한 지방 성분을 포함하고 있어서, 먹었다가는 심한 복통과 설사에 시달리게 된다.

일본인들이 깨끗한 먹거리라고 여겨왔던 생선초밥이 사실은 약품에 오염되어 죽거나 기형 물고기들의 살로 만들어진 위험한 음식이었다는 충격적인 사실을 폭로한 책 《회전수사》.

중금속 덩어리
고래 고기

참치에 못지않게 문제가 되는 해산물(?)이 하나 더 있는데, 바로 고래다. 현재 세계의 많은 국가들은 고래잡이를 금지하고 있으며, 그린피스나 씨 셰퍼드Sea Shepherd 같은 고래 보호 단체들은 고래를 잡는 나라들의 어선들에 몰려가 격렬한 반대 시위를 벌이는 것으로 유명하다.

그리고 이런 고래잡이 금지에 제일 거세게 맞서는 나라가 바로 일본이다. 일본인들은 자신들이 2000년 전부터 고래를 잡는 포경을 해 왔으며, 고래 고기는 엄연히 일본의 전통 음식 문화이니 서구권 국가들이 주축이 된 포경 금지 조치는 결코 받아들일 수 없다고 반발하고 있다. 또한 오래전부터 일본의 각 지방자치단체들은 고래 고기를 요리한 음식들을 선보이며, 초등학생들에게 급식으로까지 제공하고 있다.

위험천만하게도 이런 것들은 명백히 건강을 해치는 일이다. 일본에서 합법적으로 판매되고 있는 돌고래 고기 같은 경우는 인체에 유해한 수은과 메틸수은, 카드뮴과 DDT 등으로 범벅이 된 상태라, 거의 중금속 덩어리나 마찬가지다.

씨 셰퍼드가 일본 타이지 현에서 판매되고 있는 24개의 고래 고기 제품을 수거해 조사한 결과, 표본의 91퍼센트가 수은 함유량의 국제 기준치를 초과했으며 개중에는 그 수치가 최고 1600배나 높은 것도 있었다고 한다.

여기서 씨 셰퍼드는 서구의 단체이니, 일본의 고래잡이를 일부러 위험한 것으로 보이기 위해서 과장이나 허위 정보를 유포하는 게 아니냐고 물을 사람이 있을지 모른다.

그러나 일본 홋카이도 대학의 엔도 테츠야 교수가 시중에서 유통되고 있는 돌고래 고기를 직접 수거해 수은 함유량을 조사한 결과, 국제 기준치인 0.4피피엠ppm을 무려 5000배나 초과한 2000피피엠에 달했다. 더욱 기가 막힌 것은 이렇게 위험한 돌고래 고기가 일본 타이지 현의 초등학생들에게 급식으로 제공되었다는 사실이다.

다행히 최근에 일본 정부의 명령으로 타이지 현에서 초등학생들을 대상으로 한 급식에서 돌고래 고기가 금지되었다고 한다. 그들 스스로도 돌고래 고기의 위험성을 인정함 셈이다.

일본 이외에도 포경을 자주 하는 지역이 있는데, 덴마크 영토인 페로스Faeroes 제도의 주민들이다. 그들은 10세기부터 고래 고기를 먹어왔는데 덴마크 정부를 비롯하여 각국 환경단체들의 압력에도 불구하고 계속 포경을 고집하고 있다.

하지만 그 결과, 페로스 제도의 주민들은 남녀노소 할 것 없이 수은 중독의 후유증으로 고통을 받고 있다. 2009년 5월 29일, 영국의 신문 〈데일리 메일〉이 보도한 기사에 따르면 페로스 제도의 주민들 중 5000명이 고래 고기를 먹고 체내에 수은이 축적되는 바람에 정신 지체와 관절염 및 두통에 시달리고 있으며, 그중 상당수가 10세 미만의 어린아이들이라고 한다. 덴마크 정부가 어린아이들을 대상으로 체내의 수은 축적도를 검사해 본 결과, 평균치가 무려 21피피엠에 달할 정도였으니 이 정도면 매우 위험한 상황이다.

한국도 안심할 수 없다. 2005년, 국제동물복지기금IFAW이 후원하는 한국의 환경운동연합이 전국에 유통되고 있는 고래 고기들을 수거해 조사한 결과, 평균적인 수은 농축 수치가 국제 기준치인 0.4피피엠을 8배나 초과한 약 3.51피피엠에 달했으며, 그중 고래의 간에는 수은 잔류량이 23.6피피엠에 이르렀다고 한다.

인간이 만든 환경오염은 다시 재앙이 되어 인간을 습격하고 있다. 하루 빨리 이를 위한 거시적인 정책과 즉각적 실천이 필요하다. 그리고 언젠가 고래 고기를 먹을 기회가 생긴다면 그 위험성을 다시 상기해 봐야 할 것이다.

22

731부대의 후예, 미도리주지

세계적인 의료 구조 활동을 벌이고 있는 단체를 하나 꼽으라면 누구나 적십자赤十字(세키주지, International Red Cross)를 말할 것이다. 그런데 이런 적십자와 비슷한 성격을 가진 단체가 하나 더 있는데 바로 미도리주지綠十字이다.

하는 일과 이름이 비슷하니 두 조직은 종종 같은 계열의 회사로 오해받지만, 실상은 전혀 다르다. 적십자는 1863년 스위스의 앙리 뒤낭이 제네바에서 창설한 조직이고, 미도리주지는 1950년 설립된 일본 블러드 뱅크Japan blood Bank가 1964년에 미도리주지ミドリ十字로 이름이 변경된 것이다.

731부대 출신 요원들이 만든
어둠의 의료 단체, 주지

미도리주지를 설립한 주요 인물들은 다름 아닌 제2차 세계대전 당시,
일본이 지배하고 있던 괴뢰국인 만주국에서 악명 높은 생체 실험을
자행하던 731부대의 핵심 요원들이었다.

731부대는 나치와 더불어 제2차 세계대전에서 가장 잔인하고 반
인륜적인 만행을 자행한 조직이었다. 731부대에서는 조선인과 중국
인 및 전쟁 포로로 잡힌 영국인과 미국인들을 상대로 생체 실험을 했
다. 그들을 상대로 탄저균을 비롯한 세균 무기를 배양하여 전쟁에 이
용하려는 목적에서 비롯된 일이었다.

실제로 중일전쟁에서 일본군은 중국군을 상대로 세균 무기를 자주
사용했고, 패전 이후에도 731부대가 만든 세균들이 기지 밖으로 배출
되어 만주에서는 자주 전염병이 발생했다.

제2차 세계대전에서 일본은
패망했고 수상 도조 히데키를
비롯한 정치계와 군부의 많은
거물들은 전쟁 범죄자로 분류되
어 교수형을 당했지만, 731부대
요원들은 전범 재판에서 모두
면죄부를 받았다. 그들이 만주
에서 자행했던 생체 실험의 자

생체 해부 장면을 참관하고 있는 나이토 료이
치. 731부대에서 생체 실험을 자행한 이들 미
치광이 의사들은 자신들의 잘못을 전혀 반성하
거나 참회하지 않고, 전쟁이 끝난 후에도 일본
극우파의 핵심 인물로 활동했다.

료를 탐낸 미군이 그들에게 실험 자료를 전수받는 대가로 법정에 세우지 않았기 때문이었다.

그렇게 해서 교수대에 서지 않은 731부대 출신 전범들은 군복을 벗고 의사의 가운을 입고는 사업가로 변신했다. 이런 선례 때문인지, 일본 사회에서 극우파로 활동 중인 인물 중에는 의사 출신들이 많다고 한다.

731부대의 핵심 인물인 나이토 료이치와 기타노 마사지, 이시이 시로 등이 1950년 설립한 회사가 바로 앞에서 말한 일본 블러드 뱅크였다. 이시이 시로는 1959년 10월 9일 사망했지만 남은 두 사람인 나이토 료이치와 기타노 마사지는 함께 일본 블러드 뱅크를 운영해 나갔다. 그리고 이 블러드 뱅크가 1964년에 미도리주지 ミドリ十字라는 상호를 새로 내걸고 활동했던 것이다.

하지만 사람을 상대로 바이러스와 세균 실험을 하던 '미치광이 의사'들이 갑자기 자애로운 인술을 베푸는 '백의의 천사'로 탈바꿈할 수는 없는 노릇이다. 옛날에 저질렀던 행위들을 계속 기억하고 있던 이들은 731부대 시절의 악습을 버리지 못하고 다시 한 번 생체 실험을 해 보기로 한다. 그것도 아주 대규모로.

에이즈 바이러스가 들어간 혈액으로
혈우병 약을 만들다

1967년, 미도리주지는 설사 예방약의 임상 실험을 육상 자위대 대원들을 대상으로 실시했으며, 그 결과 실험 참가자 1089명 중 절반가량인 577명이 급성 식중독 증세를 일으키는 사태를 초래하기도 했다.

그리고 1970년대 후반부터 일본 미도리주지는 해외에서 혈청을 사들여 혈우병 환자들을 위한 혈액 응고 약품을 제작하기 시작했다. 그런데 이 혈청들 중에는 다름 아닌 에이즈 환자들의 것도 포함되어 있었다. 문제는 미도리주지 측에서 이런 혈청들을 원료로 혈액 응고 의약품을 만들었다는 것이다. 에이즈에 걸린 혈액인지를 조사하지도 않았고, 혈액을 가열해 병원균을 소독하는 조치도 하지 않은 채로 말이다.

더욱이 이 사실이 뒤늦게 알려졌지만, 미도리주지 측은 문제 삼지 않고 그대로 에이즈 감염 혈액을 기반으로 한 의약품 제작을 서둘렀으며, 끝내 시중에 유통시켰다.

이렇게 해서 만들어진 혈우병 약품들은 미도리주지 본사가 있는 일본뿐 아니라 지사가 진출해 있는 미국과 캐나다, 프랑스에서도 혈우병 환자들을 대상으로 팔려 나갔다. 미도리주지에서 판매한 혈우병 응고 약품을 사들인 혈우병 환자들은 몇 년 후, 조금씩 이상해지는 몸 상태를 느끼다 소스라치게 놀랐다. 어느새 자신의 몸에 괴상한 붉은 반점들이 생겨나 피부를 뒤덮고 있는 것이 아닌가. 도대체 어떻게 된 일일까? 병원으로 달려가 검진을 받은 환자들은 더욱 큰 충격을 받았다. 자신들이 에이즈에 걸렸다는 것이다!

놀라운 일은 이것만이 아니었다. 미도리주지는 처음부터 환자들이 에이즈에 걸린다는 사실을 알고 있었다. 심지어 혈우병 증세가 심해져 자사 소유의 병원에 입원한 환자들에게 에이즈 균이 포함된 혈우병 치료제를 무단으로 투입하여, 그들에게서 에이즈의 발병 과정을 관찰하고 기록까지 했다. 옛날 731부대 시절에 했던 것보다 더욱 규모가 크고 치명적인 생체 실험이었던 것이다.

하지만 그들의 비뚤어진 탐구욕으로 발생한 후유증은 너무나 끔찍했다. 일본에서만 자그마치 2000명에 이르는 혈우병 환자들이 에이즈에 감염되어 언제 죽을지 모르는 비참한 신세로 전락했고, 미국과 프랑스에서도 500명이 넘는 환자들이 역시 미도리주지에서 판매한 혈우병 치료제를 복용하다 에이즈에 걸려 그중 수백 명이 사망했다.

부패하고 사악한 대기업을 무너뜨린 용감한 시민들

영문을 알지 못해 당황해하는 환자들 중 일부는, 미도리주지에서 나온 혈우병 치료제를 산 이후부터 이런 일이 생겼다는 사실을 알고는 미도리주지 측을 상대로 집단 에이즈 감염에 대한 책임을 묻는 한편, 이 사실을 일본 법원에 정식으로 고소했다.

그러나 미도리주지 측은 "우리 회사에서 개발한 혈우병 치료제와 당신들의 에이즈 발병과는 아무런 관계도 없습니다."라고 거짓말을 늘어놓았다. 일본 법원에서도 "혈우병 치료제가 에이즈를 감염시켰다는 환자들의 주장은 근거가 부족하여 납득하기 어렵다."라는 입장을 보였다.

1980년대 초반까지만 해도 에이즈는 성관계에 의해서만 전염된다고 알려졌으며, 수혈에 의해 걸린다는 사실은 아무도 알지 못했다. 그래서 에이즈 감염은 동정이 아닌 도덕적 비난과 야유의 대상이었다. 미도리주지의 혈우병 치료제를 사서 복용하다 에이즈에 걸린 피해자들도 처음에는 "자신들의 성적 문란을 숨기기 위해 애꿎은 기업을 걸고넘어지는 게 아니냐?"라는 조롱과 야유를 받았다.

하지만 환자와 그 가족들은 쉽게 포기하지 않았다. 그들은 에이즈에 걸려 고통스러운 와중에도 미도리주지 측이 에이즈에 감염된 혈액으로 만든 혈우병 응고제를 시중에 유통시켰다는 증거를 수집해 나갔다.

그리고 최초의 에이즈 환자가 발생한 1984년으로부터 자그마치 9년 동안에 걸친 치열한 소송을 벌인 끝에, 그들은 법정에서 마침내 미도리주지가 판매한 혈우병 치료제가 에이즈를 유발시켰다는 판결을 받아냈다. 정치인이나 기업인, 지식인도 아닌 평범한 시민들이 거대 권력 집단을 상대로 마침내 승리를 거둔 것이다.

법원의 판결이 떨어지자 미도리주지 측은 항소했지만 또다시 패소했다. 더구나 이 사실이 해외에 알려지자 미도리주지에서 제조한 혈우병 치료제 때문에 에이즈에 걸린 미국, 프랑스, 캐나다의 환자들도 일제히 미도리주지 측에 집단 항의를 하는 사태까지 벌어졌다.

결국 더 이상 버틸 수 없음을 알게 된 미도리주지의 최고 간부 6명은 1996년 2월, 에이즈 환자와 가족들에게 공식 사과를 했고 이 장면은 TV를 통해 일본 전역에 생방송으로 공개되었다. 하지만 사과 현장에서조차 간부들은 마지못해 사과하는 태도를 보였고, 이 때문에 환자와 가족들의 분노는 매우 격렬하게 타올랐다.

에이즈 사건의 여파는 이것으로 끝나지 않았다. 간부들의 사과 장면이 TV로 방송되면서 미도리주지의 사회적 이미지는 추락할 대로 추락했다. 거기에 미도리주지에서 제작된 의약품들의 판매량도 급감해, 경영 위기에 봉착했다. 미도리주지에서 나온 약 때문에 무려 2500명이 에이즈에 걸려 인생을 망쳤는데, 누가 그 회사에서 만든 약을 사려고 하겠는가?

1998년, 미도리주지는 경영난을 이기지 못하고 요시도미 제약 회사에 합병되었고, 이후 다나베 미쓰비시 제약에 인수되어 사실상 법인 자격이 소멸된 상태이다.

미도리주지 사건은 지금 현재의 역사를 제대로 판단하여 정리를 하는 것과 과거 역사의 오류와 잘못을 바로잡는 것이 얼마나 중요한 일인지 다시 한 번 보여준다. 한번 잘못 끼워진 역사의 단추는 두고두고 후세에까지 피해를 주게 되기 때문이다.

끝으로 이 글에 나온 '미도리주지'는 한자로 녹십자緣十字란 뜻이지만, 한국의 의약품 제조사 녹십자사와는 아무런 관련이 없음을 밝혀 둔다.

23

인류의
역사는
모방과
표절의
연속이었다

우리가 즐겨보는 TV 드라마와 영화, 만화 같은 대중문화 작품들을 두고 심심치 않게 불거져 나오는 시비가 바로 표절 문제다. 어느 드라마나 영화가 좀 잘나간다 싶으면 무슨 작품을 베꼈다는 식으로 표절이 거론된다.

2009년 MBC의 인기 드라마였던 〈선덕여왕〉은 〈무궁화의 여왕〉이라는 연극의 내용과 비슷하다고 해서 표절 문제가 불거졌고, 같은 해 개봉되어 전 세계적으로 큰 인기를 끈 제임스 카메론 감독의 〈아바타〉도 일본 만화인 〈원령공주〉나 〈바람계곡의 나우시카〉와 비슷하다고 하여 표절 논란에 휩싸였다.

사실 모방이냐 표절이냐 하는 문제는 명확하게 판단하기가 어렵다. 단순히 비슷한 내용이 들어간 오마주나 패러디의 경우도 엄격히 따지면 표절 시비에 걸릴 수 있으니 말이다.

그리고 인류 역사상, 외부의 영향을 전혀 받지 않고 100퍼센트 순수한 창작으로 이루어진 산물은 없었다. 비단 우리만이 아니라 서구나 일본의 예술 작품들도 엄밀한 잣대를 들이대자면 표절이나 모방의 범주에 들어가는 경우가 많다.

고대인들도 했던
모방과 표절

여러분은 그리스 신화를 좋아하는가? 동화나 만화의 형식으로 만들어진 그리스 신화를 재미있게 본 사람들은 매우 많을 것이다. 하지만 서구 문화의 토대가 된 그리스 신화가 그리스인들만의 독창적인 작품일까?

그리스 신화에서 가장 아름다운 여신인 아프로디테는 아름다운 청년 아도니스와 사랑에 빠진다. 하지만 저승의 여신인 페르세포네도 아도니스를 좋아하는 바람에 두 여신은 아도니스의 소유권을 두고 다툰다. 결국 둘은 합의 끝에 1년을 둘로 나눠 각각 여섯 달씩 아도니스와 함께 지내기로 한다. 그러나 아도니스는 사냥을 나갔다가 멧돼지에게 받혀 죽게 되고, 아프로디테와 그녀의 숭배자들은 이를 매우 슬퍼하여 매년 봄마다 아도니스를 기리는 축제를 열어 그의 상여를 만들고 눈물을 흘리며 울었다.

그런데 그리스 신화보다 더 일찍 만들어진 수메르 신화에도 이와 꼭 닮은 내용이 나온다. 아프로디테처럼 사랑의 여신인 이난나는 남편인 풍요의 신 두무지가 죽자 직접 저승에 내려가 그곳의 통치자인 여신 에레쉬키갈과 만나 두무지를 다시 이승으로 돌려보내 달라고 애원한다. 하지만 미남인 두무지에 반한 에레쉬키갈은 그와 결혼하고 이난나에게 보내주려 하지 않았다.

화가 난 이난나는 에레쉬키갈과 싸우다 마침내 합의를 하는데, 1년 중 절반은 두무지가 에레쉬키갈과 함께 있고 나머지 절반은 자신과 함께 있게 하자는 것이었다. 그리고 두무지가 저승에서 돌아오는 계절로 알려진 매년 봄마다 이난나와 그녀를 섬기는 여사제들은 두무지의 죽음을 슬퍼하며 통곡하는 축제를 만들었다.

여신과 애인(또는 남편)의 이름만 제외하고 보면 거의 똑같다고 해도 과언이 아니다. 그리스와 수메르라는 두 지역에서 어떻게 이런 식으로 신화 구조가 비슷할까? 답은 간단하다. 후발 주자인 그리스인들이 이미 만들어진 수메르 신화의 구조를 가져다 조금만 바꿔서 사용한 것이다. 요즘 말로 표현하면 무단 도용과 전재인 셈이다.

또 구약성경 창세기에 등장하는 유명한 전설인 노아의 홍수는 아카드 신화에 언급된 우트나피쉬팀Utnapishtim의 홍수와 그 전개 구조가 완전히 일치한다.

늙은 현자인 우트나피쉬팀은 아득한 옛날, 슈르파크란 마을에 살고 있었는데 인간들이 내는 소음이 너무나 커서 화가 난 신들은 대홍수를 일으켜 지상을 조용하게 만들기로 결정했다. 그러나 신들을 정성스럽게 섬기며 산 우트나피쉬팀과 그의 가족은 살려주기로 하고, 그에게 방주를 만들어 가족과 동물들을 태우라고 명령했다.

방주를 만든 우트나피쉬팀은 가족과 동물들을 태우고, 6일 동안 지구를 뒤덮는 대홍수를 견디며 니시르 산기슭에 도착했다. 그리고 비둘기와 제비, 까마

메소포타미아 신화가 기록된 점토판.

귀를 보내서 물이 빠지고 마른 땅이 드러난 것을 안 우트나피쉬팀은 가족들을 이끌고 방주를 나와 신들에게 감사의 제사를 지냈다.

우트나피쉬팀을 노아로, 신들을 기독교의 유일신으로 대체하고 6일이란 숫자를 40일로 고친다면 두 신화는 너무나 흡사하여 분간할 수 없을 정도다. 물론 연대상으로는 아카드 신화가 구약성경보다 오래되었으니, 유대인들이 아카드 신화를 베껴서 자기 식으로 조금 고쳐 성경에 넣었으리라.

그리고 세상의 종말이 올 때, 신과 악마가 싸워 결국에는 신이 승리하고 악마와 그를 숭배한 인간들은 모두 지옥에 떨어져 영원히 고통 받게 된다는 기독교의 교리는 다분히 페르시아의 조로아스터교에서 영향을 받았다. 조로아스터교는 고대 아케메네스 왕조 페르시아의

페르시아 제국의 수도인 페르세폴리스의 유적지에 남아 있는 아후라 마즈다의 조각상.

예언자였던 조로아스터가 만든 종교로, 선의 신 아후라 마즈다와 악의 신 아흐리만이 우주를 둘로 나눠 지배하며 서로 인간을 자기편으로 끌어들이기 위해 싸우다 최후에는 선한 신이 악신을 물리쳐 지옥으로 추방한다고 가르쳤다. 이것은 사도 요한이 신약성경의 요한 계시록을 쓴 때보다 500년이나 더 앞선 것이다.

즉, 기원전이라 불리는 최소한 2000년 전에도 이런 식의 짜깁기와 베끼기는 곳곳에서 성행했었다. 그것도 별 볼일 없는 삼류 역사서가 아닌 오늘날 인류 문명의 성립에 지대한 공헌을 한 헬레니즘과 헤브라이즘의 대표적인 문헌에서 버젓이 저지른 것이다.

고대 신화와 성경을 짜깁기한 〈반지의 제왕〉

이제 옛날 신화가 아닌 현대의 모방 사례들을 하나씩 찾아보자. 할리우드에서 세 편의 시리즈 영화로 제작되어 세계적인 인기를 불러일으킨 〈반지의 제왕〉은 원작 자체가 북유럽과 켈트 신화의 주요 내용들을 그대로 가져와서 만들어졌다.

몇 가지 예로 〈반지의 제왕〉 이전의 시대를 다룬 소설 《실마릴리온 Silmarillion》에서 등장하는 악의 화신 모르고스는 공포의 철퇴 그론드 Grond를 사용한다. 그론드는 한 번 내리칠 때마다 땅이 움푹 패고 산이 흔들리는 가공할 무기로 묘사되고 있는데, 이는 게르만 신화에서 천

〈반지의 제왕〉과 〈실마릴리온〉의 표지.

둥신 토르가 휘두르는 천둥 망치 묠니르Mjolnir가 변형된 것이다.

또한 모르고스를 따르는 무시무시한 불의 괴물 발로그Balrog들은 북유럽 신화에 등장하는 불의 거인들인 무스펠Muspell이다. 무스펠은 불의 세계인 무스펠헤임에 살면서 세상의 종말인 라그나뢰크 때, 선한 신들을 상대로 싸우고 세상을 불태워 없앨 기회만 노리고 있다. 발로그들도 불이 타오르는 지하 세계에 숨어 있다가 그들의 주인인 모르고스의 명령이 떨어지면 즉시 나타나 중간계의 인간과 엘프들을 상대로 불의 검과 채찍을 휘두르며 싸운다.

너무나 유명해서 이제는 판타지를 잘 모르는 사람들도 한 번쯤 그 이름을 들어보았을 신비의 종족 엘프Elf는 바나헤임Vanaheim에서 온 풍요의 신 프레이르가 다스리는 세계인 알프헤임Alfheim의 주민 알브족Alf의 영어식 발음이다. 알브족들은 금발의 머리카락과 하얀 피부에 푸른 눈을 가졌으며 선량한 종족이라고 〈에다〉에 묘사되는데, 〈반지의 제왕〉은 이 설정을 그대로 따왔다.

엘프에 못지않게 유명한 종족 드워프Dwarf 역시, 지하에 살면서 각종 무기나 도구 개발에 능숙한 요정인 드베르그족Dvergr에서 따온 것이다. 판타지에 단골로 등장하는 요괴인 트롤Troll도 게르만 신화에서 태양을 쫓는 하늘의 늑대 스콜^{Skoll}의 별명이었다.

그러나 뭐니뭐니 해도 작품의 핵심 주제인 절대 반지를 빼놓을 수 없다. 절대 반지는 게르만 신화를 바탕으로 한 중세 독일의 서사시 〈니벨룽겐의 반지〉에서 따왔다. 악신 로키에게 반지를 빼앗긴 드베르 그족인 안드바리가, 소유한 사람에게 파멸을 가져다주리라고 저주를 퍼부은 반지는 〈반지의 제왕〉에서 주인인 사우론 이외에는 누구도 사용할 수 없고 사악한 유혹으로 소유자를 망하게 만드는 절대 반지로 다시 태어났다.

〈니벨룽겐의 반지〉의 영향은 더 있다. 〈반지의 제왕〉에서 엘프족들이 아라곤의 조상인 엘렌딜이 가지고 있던 보검 나르실의 부러진 파편을 모아 안두릴이라는 명검으로 재탄생시키는 장면이 있다. 이는 〈니벨룽겐의 반지〉에서 드워프족 대장장이 레긴^{Regin}이 주인공 지그 프리드의 아버지 지크문트가 쓰던 검인 발뭉의 부서진 조각을 모아서 그보다 더욱 훌륭한 명검인 그람^{Gram}으로 만들어낸 광경을 패러디한 것이다.

물론 〈반지의 제왕〉에는 게르만 신화만 담겨 있는 것이 아니다. 켈트 신화의 흔적도 보인다. 작품의 끝 부분에서 주인공 프로도와 샘은 현자 간달프를 따라 머나먼 서쪽 바다 너머의 땅으로 떠난다. 이것은 켈트 신화에 등장하는 서쪽 바다 건너에 있는 축복받은 섬

《반지의 제왕》에 큰 영향을 준 〈니벨룽겐의 반지〉가 수록된 책의 표지.

인 하이 브라실Hy Brasil의 다른 모습이다. 켈트족들은 먼 서쪽 바다에 영원불멸의 선한 자들이 살고 있는 낙원이 있다고 믿었고, 그 이름을 하이 브라실이나 아발론이라고 불렀다.

이 밖에도 〈반지의 제왕〉에는 독실한 기독교인이었던 톨킨의 취향이 반영된 기독교적인 시각도 나타난다. 태초에 세계를 창조한 절대신 엘루는 기독교의 절대 유일신 엘로힘Elohim에서 유래했으며, 그가 만든 존재인 발라(천사)들 중에서 가장 강력한 힘을 가졌고, 자신이 모든 세계의 권력을 차지하려 반란을 일으킨 멜코르(모르고스)는 타락 천사 루시퍼의 다른 모습이다.

이처럼 〈반지의 제왕〉은 서구 문명의 정신적 근원이라 할 수 있는 유대-기독교 문화와 게르만-켈트 신화를 저자의 입맛대로 뒤섞고 모방해서 만들어낸 작품인 셈이다.

모방과 표절로 얼룩진 일본 만화

서양이 아닌 동양 쪽은 어떨까? 동양 역시 별반 다를 바 없다. 현대 일본 문화의 상징이라고 할 수 있는 일본 만화들 중 명작으로 인정받는 〈드래곤볼〉과 〈베르세르크〉〈슬램덩크〉 등도 다른 문학 작품들을 상당 부분 모방한 것들이다.

〈드래곤볼〉의 주인공은 누구나 알다시피 손오공이다. 하지만 그 이름은 작가인 도리야마 아키라가 독창적으로 만들어 낸 것이 아니다. 16세기 중국에서 나온 환상소설 〈서유기西遊記〉의 주인공 이름을 그대로 가져다 쓴 것이다.

〈드래곤볼〉에서 손오공을 비롯한 사이어인들은 보름달을 보면 거대한 원숭이로 변신해 폭주하는데, 이는 서유기에서 벌거벗은 채로 날뛰며 천상계를 닥치는 대로 파괴하던 손오공의 모습이 다분히 반영되어 있다.

후기로 갈수록 〈드래곤볼〉은 SF화 되지만, 초기의 손오공은 근두운을 타고 여의봉을 휘두르는 서유기의 손오공과 똑같은 모습이었다.

그렇다면 〈드래곤볼〉의 토대라 할 수 있는 〈서유기〉는 독창적인 작품일까? 물론 아니다. 많은 연구가들의 이론에 따르면 서유기의 주인공인 손오공은 기원전 3세기에 쓰여진 인도의 서사시 〈라마야나 Ramayana〉에 등장하는 원숭이왕 하누만Hanuman에서 비롯되었다고 한다. 불교와 함께 인도 문화가 중국으로 전래되어 하누만이 손오공으로 탈바꿈한 것이다.

〈라마야나〉에서 하누만은 최고신 비슈누의 화신인 라마와 함께 마왕 라바나를 무찌르기 위해 모험에 나서서 마침내 승리한다. 그리고 그의 공적이 인정받아 신이 된다. 불

비슈누를 도와 마왕을 쓰러뜨리는 원숭이왕 하누만.

경을 구하려 삼장법사를 모시고 천축으로 떠나 득도하여, 부처가 되는 손오공의 모습과 겹치지 않는가?

어둡고 음울한 중세의 분위기를 잘 살려냈다는 평을 받는 미우라 켄타로의 〈베르세르크〉는 다분히 영국의 클라이브 바커^{Clive Barker} 감독이 만든 공포 영화 〈헬레이저^{Hellraiser}〉와 브라이언 드 팔마^{Brian Russell De Palma} 감독이 제작한 〈낙원의 유령^{Phantom of the Paradise}〉을 모방한 작품이다.

〈베르세르크〉에서는 베헤리트라는 소품이 등장하는데, 이 베헤리트를 사용하면 순식간에 현실 세계에서 지옥으로 들어갈 수 있다. 그리고 마왕 고드핸드^{God Hand}들이 등장하여, 인간으로부터 제물을 받고 대신 소원을 들어준다.

그런데 이 두 가지는 영화 〈헬레이저〉에서 나오는 악마의 퍼즐과 지옥의 수도승들^{Monk}과 너무나 흡사하다. 악마의 퍼즐을 움직이면 자신이 살고 있는 장소가 지옥으로 변하면서, 지옥의 수도승들이 나와 주인공의 소원을 들어준다.

만화에서 나온 고드핸드들의 복장을 잘 보기 바란다. 작품의 무대가 엄연히 중세 유럽인데도 불구하고 한결같이 광택이 나는 검은 가죽옷 차림에 선글라스까지 끼고 있다. 그 모습을 보면서 뭔가 시대상과 어울리지 않는다고 느껴 본 적이 없는가? 그 이유는 바로 고드핸드가 지옥의

〈낙원의 유령〉의 한 장면. 윌리엄 핀레이가 쓴 가면의 형태와 가죽 옷을 잘 보라. 〈베르세르크〉에서 페무토의 복장과 거의 같다.

수도승들을 모델로 했기 때문이다. 이 부분은 작가인 미우라 켄타로 본인도 시인한 바 있다.

또한 〈베르세르크〉의 주인공인 그리피스는 동료들을 고드핸드들에게 제물로 바치고 자신도 페무토라는 이름을 가진 고드핸드가 되는데, 그 디자인은 영락없이 〈낙원의 유령〉의 주인공인 윌리엄 핀레이 William Finley가 입은 의상과 똑같다.

결정적으로 〈베르세르크〉라는 제목 자체가 북유럽 신화에 등장하는 오딘을 숭배하는 포악한 전사Berserk를 그대로 따온 이름이다.

1990년대 한국의 고등학생들에게 농구 열풍을 불러일으킨 다케히코 이노우에의 〈슬램덩크〉는 강백호와 채치수를 비롯한 주인공들이 다른 고교팀과 농구 시합을 벌일 때 보인 포즈들 중 상당수가 미국 NBA 선수들의 시합 장면을 찍은 화보집에서 나온 사진들과 완전히 판박이였다.

NBA 선수들의 화보집을 찍은 사진 기자가 슬램덩크의 내용을 크게 문제 삼지 않겠다고 한 덕분에 무사히 넘어갔지만, 엄밀히 말해서 다케히코 이노우에의 행동은 저작권 침해에 해당된다.

잘 만든 짝퉁, 원조가 부럽지 않다

이상에서 살펴보았듯이, 다른 작품이나 자료를 보고 모방한 문화 예술 작품들은 예나 지금이나 동서양을 막론하고 무수히 많다.

하지만 그렇다고 모방을 단순히 나쁘다고만 치부할 수 있을까? 경우에 따라서는 모방이 원조보다 더욱 좋은 효과를 낼 수도 있다.

로마가 카르타고와 지중해의 패권을 놓고 치열한 포에니 전쟁을 벌이던 시절의 일화다. 초기의 해전에서 로마는 카르타고와 싸우는 족족 패배했다. 오랫동안 육지에서 농사만 짓고 살아온 농경 민족인 로마인들로서는 뛰어난 뱃사람들이자 해상무역의 제왕이었던 카르타고와 해전에서 도무지 상대가 되지 않았던 것이다.

어떻게 하면 카르타고를 해전에서 이길 수 있을까를 놓고 고민하던 로마인들은 전투에서 노획한 카르타고 함선들을 일일이 분해했다. 그리고 수많은 시행착오 끝에 부품들을 다시 조립하여 전함을 완성시켰고, 뱃머리에 코르부스(까마귀)라는 이름의 사다리를 장착해서 전선에 투입했다.

로마군 함대를 본 카르타고인들은 손가락질을 하며 비웃었다.

"저게 대체 뭐냐? 우리 배를 그대로 가져다 베껴 만들다니! 게다가 뱃머리에 요상하게 단 건 뭐에 쓰는 물건이냐?"

하지만 막상 전투가 시작되자 카르타고는 로마군에게 일방적으로 몰리면서 참패하고 말았다. 카르타고인들이 사용하던 군함과 똑같은 성능을 발휘하는 배와 카르타고인들의 함선에 사다리를 걸친 다음, 육전에서 단련된 로마군 병사들이 몰려가 육박전을 벌이는 전술에 카르타고인들은 도무지 저항할 수 없었다. '짝퉁-모방'이 '원조'를 이긴 셈이다.

1950년대와 1960년대, 한창 경제 발전에 골몰하던 일본은 해외여행을 나가는 국민들에게 한 가지 지시를 내린다. 미국이나 유럽의 공장들에 견학을 가면, 카메라로 공장 기계들을 모두 사진으로 찍어 오라는 지침이었다. 정부의 말에 잘 순종하는 일본 국민들은 그대로 시행했고, 미국과 유럽의 수많은 공장들의 도면은 그대로 일본 기업들이 짓는 공장의 샘플이 되었다.

그러자 서구 언론들은 이런 일본의 모습을 심하게 비아냥거렸다. 일본 기업들이 독창적인 개발은 하지 않고 미국이나 유럽의 제품들을 흉내만 내는 짝퉁이나 만든다는 것이었다. 특히 일본의 자동차 업체들이 GM이나 포드, 크라이슬러 같은 미국 자동차들의 디자인과 내부 구조를 그대로 베껴 만들자, "일본인은 원숭이처럼 남을 따라하기만 하고 창의력은 없는 민족이냐?"라고 야유를 퍼붓기도 했다.

그러나 1907년대와 1980년대에 이르자, 그런 식의 폄하는 쑥 들어갔다. 수많은 모방 끝에 도요타와 닛산 같은 일본의 자동차 업체들은 자신들이 보고 배웠던 미국의 자동차들보다 더욱 뛰어난 성능과 저렴한 가격까지 갖춘 자동차들을 연이어 출시하여 세계 자동차 시장을 휩쓰는 기염을 토했다.

인터넷상에서 자주 거론되는 화제가 중국 제품들이 한국 제품들의 디자인과 상호 등을 무단으로 베껴서 짝퉁이나 만든다는 것이다. 그러나 알고 보면 한국도 그다지 다를 것 없다. 1970년대와 1980년대에 일본 제품들을 열심히 보고 베낀 나라가 한국이었으니 말이다. 물론 일본 역시 미국과 유럽 제품들을 부지런히 배우고 모방하여 오늘날의 수준에 이르렀다.

　모방은 무조건 나쁜 것일까? 앞서 말했듯이 그리스 신화나 성경, 〈반지의 제왕〉〈드래곤볼〉〈베르세르크〉〈슬램덩크〉 등이 다른 문화권과 문학 작품들을 모방했다고 해서 "아무런 가치도 없는 쓰레기다!"라고 일축하며 쓰레기통에 처넣어야 올바른 태도일까? 그건 아닐 것이다.

　자신보다 훌륭한 장점을 가진 외부 문물을 배우고 익혀서 그보다 더 좋게 다시 만든다면 모방이야말로 창조의 아버지가 아닐까? "태양 아래 새로운 것은 없다."라는 고대 그리스의 속담도 있다.

　끝으로 덧붙이자면 이 글은 창작자들의 노력을 폄하하거나 표절을 두둔하기 위해 쓴 것이 아님을 밝혀둔다.

가일스 밀턴, 이충섭 옮김, 《화이트 골드》, 생각의나무

강병조, '위기의 한국 불교 살리는 7계명', 문화일보

고원, 《알라가 아니면 칼을 받아라》, 동서문화사

공일주 · 전완경, 《북아프리카사》, 미래엔

김부식, 이병도 옮김, 《삼국사기》, 을유문화사

김정위, 《중동사》, 대한교과서

김형준, 《이야기 인도사》, 청아출판사

김희영, 《이야기 중국사》 청아출판사

닉 맥카시, 박미영 옮김, 《알렉산더》, 루비박스

닐 퍼거슨, 김종원 옮김, 《제국, 민음사

다케루베 노부아키 외, 박수정 옮김, 《켈트 북구의 신들》, 들녘

라이너 테츠너, 성금숙 옮김, 《게르만 신화와 전설》, 범우사

레이몬드 카 외, 김원중 · 황보영조 옮김, 《스페인사》, 까치

로버트 베어, 곽인찬 옮김, 《악마와의 동침》, 중심

로렌스 라이트, 하정임 옮김, 《문명전쟁: 알 카에다에서 9 · 11까지》, 다른

로저 크롤리, 이순호 옮김, 《바다의 제국들》, 책과함께

류징청, 이원길 옮김, 《중국을 말한다》, 신원문화사

르네 그루세, 김호동 · 유원수 · 정재훈 옮김, 《유라시아 유목 제국사》, 사계절

마이클 무어, 김남섭 옮김, 《이봐, 내 나라를 돌려줘!》, 한겨레신문사

마크 C. 엘리엇, 이훈 · 김선민 옮김, 《만주족의 청 제국》, 푸른역사

무경 엮음, 박희병 옮김, 《베트남의 신화와 전설 - 영남척괴열전》, 돌베개

박윤명, 《상식 밖의 동양사》, 새길

발레리 베린스탱, 변지현 옮김, 《무굴 제국: 인도이슬람왕조》, 시공사

백양, 김영수 옮김, 《맨얼굴의 중국사》, 창해

버나드 루이스 엮음, 김호동 옮김, 《이슬람 1400년》, 까치

버나드 루이스, 《중동의 역사》, 이희수 옮김, 까치

부쎈투이, 배양수 옮김, 《베트남 베트남 사람들》, 대원사

빅터 데이비스 핸슨, 남경태 옮김, 《살육과 문명》, 푸른숲

사만 압둘 마지드, 주섭일 감수, 주세열 옮김, 《이라크 전쟁과 사담의 비밀》, 사회와연대

사이드 K 아부리쉬, 박수철 옮김, 《사담 후세인 평전》, 자전거

세르주 그뤼진스키, 윤학로 옮김, 《아스텍 제국: 그 영광과 몰락》, 시공사

손주영·송경근, 《이집트 역사 100장면》, 가람기획

스기야마 마사아키, 임대희 옮김, 《몽골 세계 제국》, 신서원

스기야마 마사아키, 《유목민이 본 세계사》, 학민사

스티븐 테너, 김성준·김주식·류재현 옮김, 《아프가니스탄》, 한국해양전략연구소

시노다 고이치, 신동기 옮김, 《무기와 방어구: 중국편》, 들녘

시오노 나나미, 김석희 옮김, 《로마인 이야기》, 한길사

신항섭, 《스페인 제국과 무적함대의 흥망》, 랜드앤마린

아드리안 골즈워디, 강유리 옮김, 《로마전쟁영웅사》, 말글빛냄

아민 말루프, 김미선 옮김, 《아랍인의 눈으로 본 십자군 전쟁》, 아침이슬

안효상, 《상식 밖의 세계사》, 새길

압둘 호세인 자린쿠·루즈베 자린쿠, 태일 옮김, 《페르시아 사산 제국 정치사》, 예영커뮤니케이션

에드워드 기번, 윤수인·김희용 옮김, 《로마 제국 쇠망사》, 민음사

에르난 코르테스, 앙헬 고메스 엮음, 김원중 옮김, 《코르테스의 멕시코 제국 정복기 1, 2》, 나남

에릭 힐딩거, 채만식 옮김, 《초원의 전사들》, 일조각

엘리스 데이비슨, 심재훈 옮김, 《스칸디나비아 신화》, 범우사

오카다 히데히로, 이진복 옮김, 《세계사의 탄생》, 황금가지

완서, 박희병 옮김, 《베트남의 기이한 옛이야기 - 전기만록》, 돌베개

유인선, 《새로 쓴 베트남의 역사》, 이산

유흥태, 《고대 페르시아의 역사》, 살림출판사

유흥태, 《에스파한: 제국의 흥망성쇠를 담고 있는 이란의 진주》, 살림출판사

유흥태, 《이란의 역사: 이슬람 유입에서 이슬람 혁명까지》, 살림출판사

유흥태, 《페르시아의 종교》, 살림출판사

율리우스 카이사르, 엄미희 옮김, 《갈리아 전기》, 느낌이있는책

이강혁, 《스페인 역사 100장면》, 가람기획

이브 코아, 김양미 옮김, 《바이킹: 바다의 정복자들》, 시공사

이중톈, 강경이 옮김, 《제국의 슬픔》, 에버리치홀딩스

이치카와 사아하루, 이규원 옮김, 《환상의 전사들》, 들녘

이희수, 《터키사》, 미래엔

임계순, 《청사: 만주족이 통치한 중국》, 신서원

임웅, 《로마의 하층민》, 한울

저스틴 폴라드, 한동수 옮김, 《알프레드 대왕: 영국의 탄생》, 해와비

정병조, 《인도사》, 미래엔(대한교과서)

조녀선 D. 스펜스, 양휘웅 옮김, 《신의 아들: 홍수전과 태평천국》, 이산

존 워리, 임웅 옮김, 《서양 고대 전쟁사 박물관》, 르네상스

존 H. 엘리엇, 김원중 옮김, 《스페인 제국사 1469-1716》, 까치

존 K. 페어뱅크 엮음, 김한식 · 김종건 등 옮김, 《캠브리지 중국사 10권》(상,하) 새물결

찰스 스콰이어, 나영균 · 전수용 옮김, 《켈트 신화와 전설》, 황소자리

최병욱, 《동남아시아사》, 미래엔

카에망 베르낭, 장동현 옮김, 《잉카: 태양신의 후예들》, 시공사

케네스 C. 데이비스, 이충호 옮김, 《세계의 모든 신화》, 푸른숲

케빈 크로슬리-홀런드, 서미석 옮김, 《북유럽 신화》, 현대지성사

크리스티안 엘뤼에르, 박상률 옮김, 《켈트족》, 시공사

크세노폰 저, 천병희 옮김, 《아나바시스》, 단국대학교출판부

킴 매쿼리, 최유나 옮김, 《잉카 최후의 날》, 옥당

타임라이프북스, 이종인 옮김, 《바이킹의 역사》, 가람기획

타카시마 토시오, 신준수 옮김, 《중국, 도적황제의 역사》, 역사넷

타키투스, 박광순 옮김, 《연대기(Chronicle)》, 범우사

페터 아렌스, 이재원 옮김, 《유럽의 폭풍》, 코기토

폴 카트리지, 이종인 옮김, 《알렉산더: 위대한 정복자》, 을유문화사

폴 C. 도허티, 한기찬 옮김, 《알렉산더》, 북메이커

프랑수아 슈아르, 김주경 옮김, 《알렉산더》, 해냄

프랭크 매클린, 조윤정 옮김, 《철인황제 마르쿠스 아우렐리우스》, 다른세상

플라톤, 최명관 옮김, 《플라톤의 대화편》(개정판), 창

플루타르코스, 이성규 옮김, 《플루타르크 영웅전》, 현대지성사

피에르 브리앙, 홍혜리나 옮김 《알렉산드로스대왕》, 시공사

필립 아리에스 · 조르주 뒤비 · 폴 벤느 엮음, 주명철 · 전수연 옮김, 《사생활의 역사》, 새물결

하선미 엮음, 《세계의 신화 전설》, 혜원출판사

하정식, 《태평천국과 조선 왕조》, 지식산업사

한스 크리스티안 후프 엮음, 이민수 옮김, 《역사의 비밀 1》, 오늘의책

한스 크리스티안 후프 엮음, 천미수 옮김, 《역사의 비밀을 찾아서》, 오늘의책

헤로도토스, 박광순 옮김, 《헤로도토스의 역사》, 범우사, 임한순 등 옮김, 《에다》, 서울대학교출판부 , '마카베오서' , 구약성경

다큐멘터리 영화 〈더 코브The Cove〉

cafe.daum.net/shogun/4xA8/3(이란인의 〈300〉 비판, 작성자 KWEASSA)

www.blackout.gmu.edu/archive/a_1977.html

www.upi.com

위키피디아

http://panicnarrative.com(이상 '문명 속 야만, 뉴욕 정전 사태')